TROYES ET SES ENVIRONS

GUIDE

HISTORIQUE ET TOPOGRAPHIQUE.

TROYES ET SES ENVIRONS

GUIDE

HISTORIQUE ET TOPOGRAPHIQUE

PAR

M. AMÉDÉE AUFAUVRE.

Établissements publics
Biographies
Monuments civils et religieux
etc., etc.

TROYES

BOUQUOT, ÉDITEUR-CO-PROPRIÉTAIRE, RUE NOTRE-DAME, 43.

PARIS

SCHULZ ET THUILLIÉ, LIBRAIRES-COMMISSIONNAIRES,
RUE DE SEINE, 12.

1860.

AVERTISSEMENT.

—

Ce ne sont pas les monographies qui manquent à Troyes. Il y en a sous toutes les formes et dans tous les formats.

La topographie, les institutions, la voirie, les monuments, les hommes célèbres, les vieilles coutumes, les grands faits historiques ont fourni des sujets nombreux, les uns effleurés, les autres minutieusement étudiés.

Il n'est presque pas de côtés par lesquels des écrivains ne soient entrés, plus ou moins, dans le passé de la ville. Les cours d'eau, les remparts, les rues, les vieilles maisons, les établissements de toute nature ont fourni aussi les éléments de travaux particuliers. Eux-mêmes, les chiffres, ont trouvé des historiographes sous la forme de dépenses somptuaires, militaires ou de bâtisse. Il ne reste guère maintenant à faire qu'une *Histoire* d'ensemble, travail difficile, il est vrai, rendu plus difficile encore par la valeur des travaux qui l'ont préparé.

Cette histoire sera la bien venue, si elle est bien faite, si l'érudition, la patience, la méthode et le style s'y montrent, et si surtout les notes et les pièces justificatives ne l'encombrent pas.

En attendant, il n'existe rien qui résume le passé et le présent de Troyes, et réunisse les éléments de son histoire épars sous tant de formes dans tant de publications. C'est la modeste tâche de combler cette lacune que nous avons entreprise.

Le lecteur nous tiendra compte des nécessités résultant de la concision rigoureuse imposée à des ouvrages du genre de celui-ci, car, à côté de l'obligation d'être rapide et bref au point de mentionner souvent sans pouvoir expliquer, s'élève le danger de trop sacrifier.

Abstraction faite des nomenclatures et des cadres réclamés par quelques parties de l'ouvrage, nous avons pris Troyes *sur le vif* en l'étudiant de quartier à quartier, de rue à rue. C'était le seul moyen d'atténuer la sécheresse à laquelle certains détails eussent été condamnés, et de signaler des choses qui, sans ce procédé, n'eussent pu trouver de place.

Le public et la critique qui nous ont habitué à une bienveillance si soutenue, quelle qu'ait été la direction de nos travaux, jugeront si le but a été atteint.

La multiplicité des ouvrages consultés ne nous a pas permis d'indiquer successivement toutes nos autorités, mais nous ne nous croyons pas dispensé de citer ici les noms de MM. Corrard de Breban, d'Arbois de Jubainville, Harmand, Vallet de Viriville et Deniel, qui, par des notes ou par leurs ouvrages, ont particulièrement facilité notre travail. L'ouvrage de M. F. Arnaud (*Voyage Archéologique*); celui de Courtalon (*Topographie historique*), les *Mémoires* et *les Ephémérides* de F. Grosley, et quelques autres publications, sans parler des documents manuscrits ou inédits, nous ont également fourni de nombreux renseignements.

PLAN DE LA VILLE DE TROYES
& DE SES ENVIRONS.

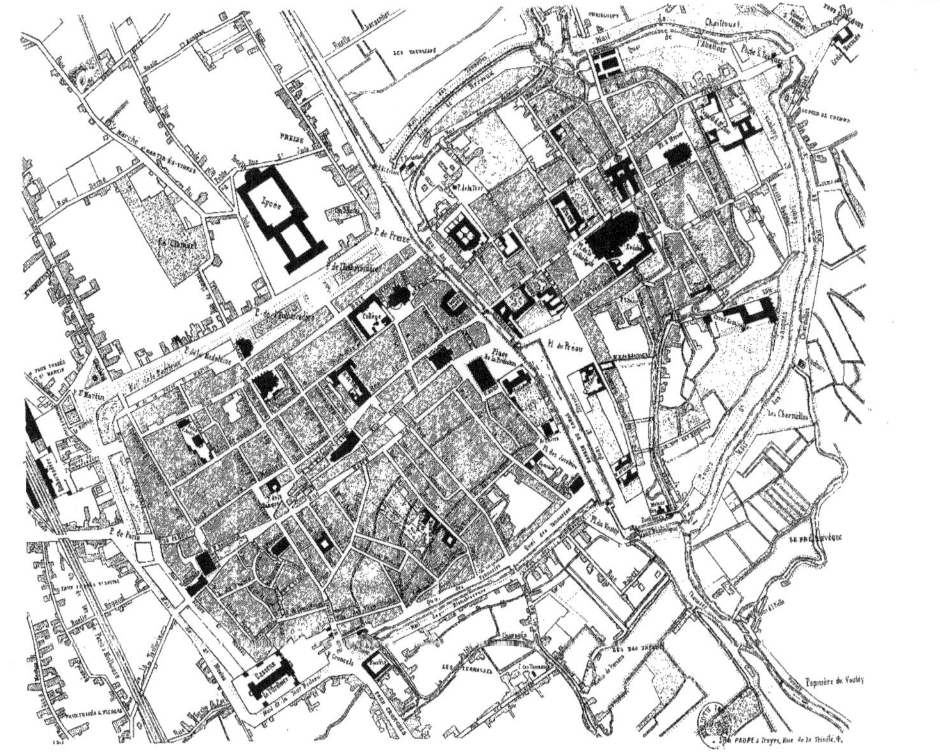

TROYES ET SES ENVIRONS.

COUP-D'ŒIL HISTORIQUE.

Bien avant la conquête des Gaules par Jules-César, Troyes était déjà le centre de l'ancien *Civitas Tricassium* dont parlent les géographes et les historiens romains.

Mais, comme la plupart des villes gauloises, Troyes était plutôt un point militaire et un lieu de refuge qu'une ville selon les habitudes modernes. Le moindre village occupe assurément plus de place que l'ancien *Oppidum* ou *Cité* des premiers habitants. En effet, la cité se composait d'un carré fortifié, inscrit entre deux petits cours d'eau aujourd'hui confondus avec les deux dérivations de la Seine, dont le canal de la Haute-Seine, celui des Trévois, le ru de Meldançon et le ru Cordé sont les principales branches.

On côtoie l'ancien Troyes de la période gallo-romaine, en partant de l'angle droit de la rue de la Cité sur le quai, en suivant le mur de la terrasse de l'Hospice, les rues du Vert-Galant, du Pont-Rognon, du Bon-Pasteur, de la Pierre-d'Amour, des Godets; en traversant la rue de la Cité pour prendre les rues du Petit-Cloître-Saint-Pierre et de Molême. Arrivé là, en remontant le cours d'eau qui borde l'ancien jardin de la Santé, aujourd'hui la Recette Générale, on trouve, à l'extrémité de la place de la Tour, le ru Cordé, puis le canal qui permet de remonter jusqu'au point de départ.

Des débris de maçonneries gallo-romaines, semés presque géométriquement le long de ce parcours, jalonnent l'ancien *Oppidum*.

De très-nombreuses découvertes sur les points les plus éloignés de la ville actuelle, particulièrement dans le Quartier-Bas, ont permis d'établir authentiquement ce qui n'était qu'une conjecture.

Aux abords de la Cité se trouvaient de nombreux établissements, des maisons importantes où l'on a constaté la présence de restes considérables de mosaïques et de peintures à fresque, de poteries de belles formes, de divers échantillons de la céramique gallo-romaine.

Ces habitations, en groupes ou isolées, répondent assez exactement à la constitution capricieuse des villages moitié agricoles, moitié industriels de certaines contrées.

Lorsque les comtes féodaux de Champagne et de Brie furent en possession de Troyes, ils développèrent les clôtures défensives de l'ancienne *Cité* à peu près jusqu'où elles se trouvaient au XVIᵉ siècle, lorsque l'invasion de Charles-Quint provoqua de toutes parts un redoublement de mesures militaires.

L'ensemble des fortifications imposantes dont la Seine et la Vienne baignaient le pied a successivement disparu. C'est de 1830 surtout que date le début de sa destruction. Jusque-là la vieille cité féodale avait imperturbablement traversé les siècles; elle offrait, vivante et palpable, l'histoire de son passé. Chaque pierre était pour ainsi dire un témoin et une caution.

Aujourd'hui, en suivant dans tous ses développements le grand bras de la Seine qui, de la porte Croncels, coule vers les Tanneries et le port, et du déversoir du Gouffre, porte ses eaux à travers les Charmilles, Gournay, Chaillouet, les prolongements des Tauxelles, on côtoie les anciennes contrescarpes. Si de l'Ecluse on suit les boulevards de la ville jusqu'à la porte de Croncels, on marche le long des anciens murs détruits ou enfouis, comme les restes de la porte de Paris et du fort Belin ; on passe en face de ce qui fut le fort Chevreuse, le boulevard de l'Isle, la porte Saint-Jacques, le Ravelin, la porte de Belfroy, la Tour-Baleau et la porte de Croncels.

Mais nous aurons à revenir sur ce sujet, rentrons dans le cadre de l'histoire.

Les empereurs Julien, Adrien, Antonin et Marc-Aurèle vinrent à Troyes, où ils passèrent pendant leur règne ; c'est de leur temps que datent la plupart des vestiges retrouvés aux environs de la Cité.

Dès le IVe siècle, ce fléau de la décadence romaine, qu'on appelle l'invasion des Barbares, frappa la ville. Les Germains d'abord, puis après eux, au Ve siècle, les Huns et les Vandales se montrèrent aux yeux épouvantés de la population.

Tout le monde sait que le fameux Attila, battu dans les champs catalauniques (entre Troyes et Châlons), se replia sur Troyes, qu'il n'épargna que sur les instances de l'évêque saint Loup.

Le premier roi des Francs, Clovis, a donné à un coin

obscur du territoire de Troyes une renommée historique. Ce fut à Villery, village voisin de Troyes, qu'il
vint recevoir Clotilde, fille du roi de Bourgogne.

Jusqu'à Pépin-le-Bref, l'histoire de la ville se confond dans l'histoire générale. Rien de bien important à
constater pendant l'écroulement de la puissance romaine dans les Gaules ; ce qui s'y produisit n'est guère
que du domaine de la géographie politique : les faits
spéciaux sont rares. A Troyes, comme dans toutes les
contrées où ils se rencontrèrent, les soldats de Sya-
grius et ceux de Clovis ravagèrent le pays ; mais lors
de la fameuse invasion sarrazine du viii° siècle, la présence des Maures fut épargnée aux habitants, car sur
le territoire sénonais commencèrent la défaite et la retraite des envahisseurs.

Les incursions normandes, les compétitions, avant-
coureurs du démembrement féodal, se traduisent aussi
par des désastres, des contributions, des pillages et des
incendies.

En 859, Charles-le-Chauve entre solennellement à
Troyes, et y fait de nombreuses largesses. 878 est la
date d'un concile tenu à Troyes par le pape Jean VIII.
Au x° siècle, Robert de Vermandois, après avoir battu
l'évêque Anségise, qui voulait s'emparer de la ville, pose
les fondements de sa dynastie. Comme nous l'avons
déjà dit ailleurs, « tous les genres de célébrité arri-
» vèrent à Troyes, sous le gouvernement de ses comtes,
» et particulièrement de Henri Ier et des Thibault. »

Sous leur règne habile et fécond, Troyes s'agrandit,
s'améliora, devint une ville importante et riche, dont
la renommée s'étendit dans toute l'Europe et jusqu'en

Orient. Sous leur impulsion, l'industrie prit un essor inconnu ; les foires de Troyes, plus que toutes celles de Champagne, attirèrent des marchands du fond des contrées les plus éloignées. C'est à cette période glorieuse et prospère que remonte, sinon l'établissement complet de la distribution des eaux de Troyes, au moins la création des dérivations les plus utiles à l'industrie. Les églises, les hôpitaux, les couvents, ces asiles de la science au moyen-âge, s'élevèrent de toutes parts, témoignant de l'intelligence et des libéralités de leurs fondateurs. On jugera de l'étendue des ressources et des générosités du comte Henri Ier par un seul détail. Il fonda et enrichit treize églises collégiales, treize hôpitaux, et une foule d'établissements religieux.

Pendant plus de trois cents ans, Troyes, capitale du comté de Champagne, fit envie aux plus grandes villes de France ; mais à la fin du xiiie siècle, lorsque Jeanne, la dernière comtesse de Champagne, eut épousé Philippe-le-Bel (1284), commença une période de décadence, inévitable d'ailleurs, car l'ancienne capitale du comté, n'étant plus que la principale ville d'une province, avait perdu les avantages et les priviléges qui avaient créé sa prospérité.

En 1180, la mort, à Troyes, du comte Henri Ier ; un grand incendie, en 1188 ; un siècle plus tard, l'établissement des *Grands Jours de Troyes,* et pendant la durée du xiiie siècle, la fondation de la cathédrale actuelle et de la collégiale de Saint-Urbain sont les points culminants de la chronique de Troyes. Vers 1226, Troyes fut assiégé par l'armée des grands vassaux, dont Thibaut IV avait déserté le parti pour soutenir la cause de Louis IX. Le sire de Joinville repoussa les assiégeants.

Au XIVᵉ siècle, c'est la guerre anglaise qui fournit les éléments de l'histoire locale. C'est le drame militaire qui a la parole. Toutes les misères de l'occupation armée tombent sur les environs, si elles sont épargnées aux villes fermées et bien défendues. L'évêque Henri de Poitiers bat les Anglais aux portes de Nogent (1359) et près de Saint-Just, après les avoir repoussés de Troyes; mais la ville n'en fournit pas moins, en qualité de *bonne ville* (il y avait 19 *bonnes villes*), des ôtages à l'Angleterre pour la rançon du roi Jean. Outre les malheurs engendrés par la guerre et par le brigandage qui lui fait cortége, Troyes voit se continuer la ruine des foires qui avaient fait sa fortune. L'interdiction prononcée par Louis-le-Hutin à l'encontre des marchands Flamands, Génois et Provençaux, avait été un premier coup, les circonstances firent le reste. Notons, en 1375, une peste qui engendra une grande mortalité.

Au XVᵉ siècle, Troyes est momentanément le siége du gouvernement. Charles VI et la reine Isabeau de Bavière y installent la Cour et le Parlement, en 1417, de concert avec le roi d'Angleterre, Henri V. C'est à Troyes, le 21 mai 1420, qu'est signé le honteux traité connu dans l'histoire sous le nom de *Traité de Troyes*. Par cet acte, la reine Isabeau, dominant et dirigeant l'esprit affaibli du malheureux Charles VI, donne la France aux Anglais, sous la réserve d'un usufruit. Après Charles VI, ce n'est pas Charles VII, le Dauphin, qui doit régner, ce sont Henri V et ses successeurs. La France n'est plus qu'une province anglaise. Rien ne manque

aux mesures prises pour dénationaliser le pays. A
Troyes, 1,500 notables sont forcés de jurer fidélité et
obéissance au roi d'Angleterre ; à Paris, les bourgeois
et les trois Etats acceptent le traité de 1420 comme une
loi de l'Etat. Il semble que tout soit consommé, car la
plupart des pairs et des grands seigneurs du royaume
ont fait comme le duc de Bourgogne, l'un des instiga-
teurs de cette trahison, ils se sont ligués contre le Dauphin et ont déserté la cause de la nation. Mais la résistance et les protestations germent dans tous les esprits.
Malgré la présence des agents et des soldats de l'Angleterre, le sentiment national s'élève hautement contre le
Traité de Troyes, même et surtout dans les Etats du duc
de Bourgogne. Et lorsque Jeanne d'Arc, la noble
paysanne champenoise, subissant la divine et patriotique inspiration qui lui fait abandonner Domremy,
va trouver le Dauphin, l'esprit et le cœur de la France
sont avec elle. Troyes, où s'était médité et signé le
traité, est l'une des premières villes qui s'ouvrent devant Charles VII allant à Reims y chercher la couronne
et l'onction qui le sacre roi de la France *française*.
C'est le 7 juillet 1429, malgré la garnison anglo-bour-
guignonne qui l'occupe et l'anglais Salisbury qui y
gouverne, que la ville se rend à Jeanne d'Arc. L'ins-
pirateur de cette reddition patriotique est l'évêque
Jean VIII Léguisé, digne successeur de cet Henri de
Poitiers, qui trois fois s'était d'évêque improvisé général pour repousser l'ennemi.

Au moment où le *Traité de Troyes* était devenu définitif
entre les contractants, le 2 juin 1420, Henri Ier, d'Angleterre, épousa, dans l'église Saint-Jean de Troyes,

Catherine de France, fille de Charles VI et d'Isabeau, croyant ainsi consolider un acte que devait bientôt déchirer l'épée de la Pucelle. Le lendemain, la Cour de Charles VI et les troupes avaient quitté la ville.

En 1433, les Troyens, qui tiennent pour le roi et répudient tout ce qui vient de l'Angleterre, déclarent Philippe-le-Bon, duc de Bourgogne, ennemi de la ville, en assemblée générale. Cette manifestation du 14 juin est suivie, le 4 juillet, de l'arrivée du duc et de son armée sous les murs de Troyes. Heureusement la ville est bien fortifiée et bien armée, et sur ses murailles se montrent de nombreux défenseurs. Le surlendemain, Philippe, craignant un échec, lève le siége et s'éloigne.

Peu de temps après, la population fut décimée par une peste. Sous le règne de Louis XI (1470), la commune de Troyes, affranchie par Thibault IV en 1230, vit s'étendre le cercle des pouvoirs municipaux.

Le 12 mai 1486, le roi Charles VIII entre solennellement à Troyes, au milieu d'un déploiement d'allégories, de décorations, de troupes de jeunes filles, et d'un cortége dont les merveilles laissent bien loin en arrière les solennités officielles modernes. Louis XII fait aussi son entrée dans la capitale champenoise, et la population lui offre une coupe d'argent pesant 40 livres, et renfermant mille écus au soleil, frappés à cette occasion.

La peste qui éclatait presque périodiquement dans les villes, au moyen-âge, ravage Troyes avec une violence inouïe, en 1518; l'année suivante, de peur d'un retour du fléau, la police fait brûler tous les meubles et tous les habits à l'usage des habitants.

En 1521, le 18 mars, François Ier vient à Troyes plutôt comme général que comme souverain en tournée ; il s'agissait de mettre la ville en défense ; en 1523, une compagnie de l'arquebuse s'établit, et la ville déploie toutes ses ressources pour résister à Charles-Quint, qui a envahi la Champagne ; elle s'approvisionne de munitions, de projectiles, lorsqu'un événement, plus terrible que les conséquences matérielles d'un siége, vient jeter la population dans la stupeur. Un incendie éclate sur plusieurs points à la fois. Sa date est marquée en chiffres ineffaçables dans l'histoire du pays. C'est le 25 mai 1524. Tout l'espace occupé par vingt-deux rues, les plus riches de la ville, est couvert de décombres et de ruines. Trois mille constructions sont la proie des flammes ; six édifices, églises et chapelles, sont gravement endommagés ou détruits.

Malgré ce sinistre, les Troyens ne perdent pas courage ; ils rebâtissent les maisons, veillent aux murailles, dégagent les abords de la place en prescrivant la démolition et la destruction de tout ce qui est bâti ou planté à 100 toises de la contrescarpe des fossés. C'est de 1529 a 1540 qu'on édifie le boulevard de la Tour-Baleau, remplacé aujourd'hui par la caserne d'infanterie. Successivement, quatre nouveaux boulevards s'élèvent, à la porte Saint-Antoine, à la porte de la Madeleine, entre les Cordeliers et le Joli-Saut, enfin au pont de Rioteuse. Henri II, préoccupé comme son père François Ier de la défense du pays, vient à Troyes en 1549.

Après les dangers de la guerre étrangère, la guerre des idées et des croyances éclate à Troyes. Essentiellement religieuse et catholique, la population résiste à l'invasion du protestantisme, et repousse les luthériens et les calvinistes, qui sont secrètement soutenus par l'évêque Caracciole, puis ouvertement par ce prélat qui donne, en 1561, le spectacle inouï d'une apostasie.

A partir de cette époque, les agitations et les troubles religieux grandissent en intensité. En 1562, on se bat dans les rues, aux abords des endroits où les protestants avaient brisé des images de saints, sans parler des luttes extérieures et des attaques à main armée.

La Ligue ne pouvait manquer d'adhérents dans une ville depuis longtemps cléricale et monastique, où les protestants étaient au ban de l'opinion et exclus des charges publiques. Troyes fut la première ville de France où l'on signa le traité d'association appelé la *sainte Ligue*. La Champagne et la Brie, gouvernées par Henri de Lorraine, duc de Guise, suivirent l'exemple. Les signataires s'engageaient par serment, « à sacrifier » leurs biens et leur vie à la défense de la religion ca- » tholique, envers et contre tous, excepté contre le roi, » la famille royale et les princes ses alliés. »

A peu près secrète entre les engagés, individuelle surtout, et limitée à la Champagne, l'association de *la Ligue* ne se répandit au dehors qu'après 1576. On comprend dès lors que la Saint-Barthélemy dût avoir un écho à Troyes. 1572 est une date sanglante qu'il faudrait pouvoir effacer partout, car si les causes immédiates des massacres de Paris peuvent être discutées, leurs causes générales et l'identité de leurs victimes ne sauraient l'être. Avant de noter les faits dont Troyes fut le théâtre en cette année 1572, il faut signaler l'entrée, en 1564, de

Charles IX et de Catherine de Médicis, qui furent reçus en grande pompe par les habitants, puis les mouvements militaires opérés dans la banlieue par les armées du prince de Condé et de Charles IX (1568) ; enfin le cautionnement et le paiement par la ville de plus d'un million de livres tournois, au profit du duc Casimir, en l'acquit du roi pour l'évacuation des armées du duc (1568). Ce fait, qui prouve l'importance des ressources de Troyes et sa bonne renommée, fut le résultat de la demande formelle du duc Casimir, qui préféra, à la garantie du duc de Lorraine et à celle des banquiers allemands, l'engagement des bourgeois de Troyes.

Le massacre des Huguenots avait eu de nombreux avant-coureurs, sans parler des luttes individuelles et collectives, et de la Franc-maçonnerie de la Ligue. En 1568, le rôle des Huguenots avait été dressé ; leurs réunions étaient prohibées, à peine de destruction des maisons où elles seraient tenues. Quelques jours après, les associés à la Ligue juraient publiquement la ruine et l'extermination des hérétiques. Du 27 août au 2 septembre, plusieurs protestants furent massacrés dans les rues et dans les prisons de la ville, situées alors dans l'ancien château de la Tour. De particulière qu'elle était jusquelà, la Ligue devint officielle. Le duc de Guise décida la municipalité, qui prit officiellement parti pour l'association, et s'engagea à fournir des hommes et des chevaux (1577). Alors les persécutions redoublent de rigueur, après quelques hésitations et des scrupules du corps de ville dissipés par le duc de Guise. Les particuliers riches lèvent des troupes pour tenir garnison au nom de l'association ; le corps de ville décide l'expul-

sion absolue des Huguenots ; les arrestations se succèdent, puis, par un de ces retours subits que les luttes
de parti engendrent si souvent, l'affiliation se discrédite
au point de faire repousser le cardinal de Guise. Mais
le duc de Mayenne paraît quelque temps après et entre
militairement en ville. L'agitation et les conspirations
se multiplient. Les Ligueurs reprennent hautement l'a-
vantage. Le comte de Saint-Pol, lieutenant-général pour
la Ligue, vient organiser la résistance à l'avènement
d'Henri IV (1590). Les fortifications sont retenues, les
abords de la ville dégagés sur un rayon inusité et à des
distances considérables, au moyen de la pioche et de
la hache ; toute la population est mise sur un pied militaire ; les boutiques et les ateliers sont fermés ; on
élève de nouveaux travaux défensifs autour de l'enceinte.
Le clergé lui-même paie de sa personne après avoir payé
de ses ressources son tribut à la Ligue.

C'est sur ces entrefaites que, le 17 septembre 1790,
d'accord avec les royalistes et les politiques, Eustache
de Mesgrigny essaie de placer par surprise la ville de
Troyes sous l'autorité d'Henri IV. Après avoir escaladé
les murailles pendant la nuit, ses troupes sont battues
sur tous les points au milieu des barricades élevées à
la hâte par les habitants, et contraintes de s'enfuir en
laissant environ mille des leurs tués, blessés et prisonniers. Cette journée, pendant laquelle les religieux et
notamment les chanoines de Saint-Etienne se battirent
bravement, s'appelle la *journée de saint Lambert*, à
cause du vocable de la date. Des émeutes et un redoublement de rigueurs furent la conséquence de cette
tentative. Plusieurs personnes s'enfuirent clandestine-

ment, et le comte de Saint-Pol continua à agir militairement à Troyes et dans les environs. Quoiqu'il en soit, l'idée de reconnaître Henri IV faisait son chemin malgré les ligueurs passionnés, et le 5 avril 1594 la ville ouvrait ses portes au maréchal de Biron, commandaut les troupes du roi, cantonnées au village de Torvilliers. L'année suivante, Henri IV entrait en personne dans la ville, qui déploya à cette occasion un grand cérémonial.

Un peu auparavant, en 1586, une émeute avait ensanglanté les rues et amené des pillages. Elle avait eu pour motif un impôt sur les métiers.

Au commencement du XVIIe siècle, l'ordre des Jésuites devint la cause d'une lutte passionnée qui se prolongea pendant près de vingt ans. La ville de Troyes obtint enfin l'expulsion de ce corps célèbre en 1624. Dans les mêmes temps, la première *Fronde* agita et passionna la population. La ville prit un instant parti pour les princes, et mit son matériel de guerre à la disposition des Frondeurs. Un peu plus tard, en 1629, Louis XIII faisait son entrée à Troyes, où il séjournait; en 1650, c'étaient Louis XIV et Anne d'Autriche qui y étaient reçus. En 1668, Louis XIV, en revenant de la Franche-Comté, entrait de nouveau dans la ville.

Le XVIIe siècle fut marqué par une décadence inconnue jusque-là. La population, dont l'industrie ne se relevait point, avait considérablement diminué. L'appauvrissement de la ville et des maladies contagieuses avaient amené ce triste résultat.

Dans la première moitié du XVIIIe siècle, aucun fait important ne fait relief à la chronique locale. Il n'y a à mentionner, en 1744, que le passage de Louis XV ; mais dans la seconde moitié viennent se placer les agitations et les sinistres conséquences de la période terroriste. La Révolution de 1789 eut, à Troyes, un sanglant début. Le 3 septembre, le maire de la ville, M. Huez, accusé par une abominable clameur d'être complice de prétendus empoisonnements de farines amenées du dehors pour faire face aux besoins que multipliait la disette, souleva autour de lui la haine aveugle d'une populace ignorante et stupide. Vainement la fable de l'empoisonnement fut réduite à une décomposition résultant d'avaries ; vainement le maire lui-même sévit contre ceux qui avaient vendu la marchandise avariée, les nombreux ennemis politiques que l'anthipatie de M. Huez, pour le nouveau courant de l'opinion, lui avait suscités, entretinrent et stimulèrent la calomnie. En plein tribunal de police, M. Huez fut saisi, renversé par une bande de misérables. Foulé aux pieds, les yeux crevés, et traîné de rue en rue, une corde au cou, le malheureux maire fut abandonné expirant dans la rue du Cimetière-Saint-Jean ; son cadavre fut relevé et porté à l'église. La preuve des inimitiés politiques qui avaient poussé la populace se trouve dans l'opposition des gardes nationaux de service à l'hôtel-de-ville, qui empêchèrent la troupe cantonnée aux abords de prêter secours à la victime. Dans le même temps on eut la preuve d'une conspiration qui tendait à l'assassinat de plusieurs nobles et de prêtres ; d'énergiques mesures durent être prises pour la sûreté des gens menacés.

L'assassinat du maire de Troyes fut puni d'une manière éclatante : sur soixante dix-sept inculpés, cinq furent condamnés à périr sur la roue et par la corde, vingt-deux autres subirent diverses condamnations.

1790 est marqué par les fêtes populaires qui se multipliaient sous l'influence des actes de la Constituante ; 1793, par des incarcérations sous le prétexte d'incivisme et d'aristocratie. Des prisons furent improvisées pour loger les suspects ; Rousselin de Saint-Albin, commissaire de la République, frappa la ville d'une contribution de près de deux millions, laissa faire les pillards, fit dresser devant la cathédrale un échafaud permanent, ferma les églises, spécula sur les arrestations, et se rendit tellement odieux, qu'il dut s'enfuir en toute hâte après quelque temps d'administration. Traduit devant le tribunal révolutionnaire de Paris, il reçut en récompense de ces exploits la *couronne civique !* Son dénonciateur Augustin Guélon, courageux citoyen dont le nom ne doit pas être oublié, fut arrêté ; il devait monter à l'échafaud le jour même où tomba Robespierre. La réaction de thermidor le sauva. C'est à cette funeste époque qu'appartiennent la destruction et le pillage des trésors de Saint-Etienne et de la cathédrale, riches au-delà de toute expression, en objets d'art et d'histoire, qui ont disparu pour la plus grande partie: Tous les genres de folies semblent avoir marqué l'époque terroriste. Les églises profanées devenaient des salles de clubs, des lieux de débauche ; les citoyens, d'amis devenaient ennemis : tout était prétexte à suspicion ; et si Troyes ne vit pas les scènes terribles qui ont marqué en lettres de sang le nom des Carrier, des Lebon et de quelques autres, il n'en paya pas moins son tribut aux échafauds de la *Terreur*. Plusieurs habitants honorables, traînés devant le tribunal révolutionnaire de Paris, n'en sortirent que pour passer par les mains du bourreau.

L'histoire des assignats renouvelés sur une plus grande échelle des coupons de la banque de Law sous le Régent, n'est pas un des faits les moins caractéristiques de l'administration terroriste. Cette fiction monétaire tomba dans un tel discrédit que le secrétaire de la mairie fut appointé, de 1,200 francs en numéraire, à 36,000 francs en assignats. Encore, et le supplément à l'air d'une épigramme, lui paya-t-on son pain *à part !*

Avec le coup d'état qui plaça Napoléon Ier sur le trône, le calme revint à l'intérieur. Après avoir reçu la visite de l'Empereur à l'apogée de la puissance, et fait une réception solennelle au pape Pie VII, Troyes eut la visite de Napoléon au moment de sa chute. En 1814, les plaines champenoises furent le champ de bataille où se décidèrent les destinées de l'Europe. A dix lieues à la ronde, Troyes entendit le bruit du canon et aperçut la lueur d'innombrables incendies. Arcis, Méry, Nogent, Brienne, Bar-sur-Aube, Troyes, sont désormais des noms du domaine de l'histoire militaire de l'Empire. La contrée qui depuis Attila avait éprouvé tant de fois les misères de la guerre, sous tous ses noms et tous ses prétextes, la revit dans un cadre considérablement élargi avec ses dévastations, ses victimes, ses contributions forcées, ses pillages. La peste vint compléter les épreuves imposées à la population. Dans le va-et-vient des armées coalisées, Troyes fut occupé à la fois par Alexandre Ier de Russie, le roi de Prusse Frédéric-

Guillaume III, l'empereur d'Autriche François Ier, qui y tinrent des conseils diplomatiques et militaires.

Pendant la Restauration, le duc d'Angoulême et le roi Charles X visitèrent la ville. Après la Révolution de 1830, Louis-Philippe Ier, accompagné des ducs d'Orléans et d'Aumale, ses fils, fit son entrée à Troyes. Après la Révolution de 1848, Napoléon III, alors président de la République, y vint à son tour. Il s'y arrêta au mois d'août 1858, mais il ne sortit pas de la gare du chemin de fer, où il reçut les fonctionnaires et des députations. La Restauration des Bourbons et le temps auxquels correspondent le règne de Louis-Philippe, la République de 1848 et la Restauration de l'Empire, outre qu'ils ont fourni peu d'événements comparables en importance à ceux des siècles passés, ont encore aujourd'hui l'inconvénient de manquer de la perspective nécessaire à l'histoire. Nous devons donc arrêter ici la chronique particulière à la ville de Troyes, envisagée à travers les événements généraux.

GÉOGRAPHIE.— HYDROGRAPHIE.— GÉOLOGIE.— TOPOGRAPHIE.

GÉOGRAPHIE. — Ancienne capitale de la Province, et auparavant du comté de Champagne et de Brie, la ville de Troyes est située sous le 1 44 41 degré de longitude, et le 48 18 3 de latitude septentrionale, à 180 kilomètres de Paris. Son altitude, au niveau de la mer, dans le centre de l'ancienne cité, est d'environ 110 mètres.

HYDROGRAPHIE. — Troyes est placé au milieu d'un réseau de dérivations de la Seine, grossies par les affluents de la Barse et de la Vienne.

Dans les temps primitifs, la Seine s'écoulait tout entière dans la portion de son lit qui s'étend depuis le village de Saint-Julien, situé en amont, jusques du côté et en aval du moulin de Fouchy, où les eaux du lit primitif et celles des dérivations artificielles se réunissent. Ce ne fut que sous le gouvernement intelligent et fécond des comtes de Champagne que les eaux de la Seine furent distribuées dans la ville et dans sa banlieue. Auparavant, la Vienne et la fontaine de la Vacherie pénétraient seules dans le territoire de la ville. Le cours de ces deux ruisseaux fut modifié de façon à compléter et fortifier le système hydrographique adopté par les comtes de Champagne. L'ensemble de ces grands travaux, de l'aveu même des ingénieurs les plus habiles, n'est rien moins qu'un chef-d'œuvre. Or, comme l'entreprise de ce gigantesque travail ne peut remonter au-delà des débuts du xie siècle, si l'on s'en rapporte à l'histoire étayée de preuves et d'indices, il s'ensuit que le moyen-âge, déjà si remarquable au point de vue de l'art, possédait encore, et à un degré éminent, la plupart des sciences exactes nécessaires à l'architecture et à l'hydraulique.

Pour ne s'en tenir qu'à la dérivation de la Seine et à sa distribution, il faut dire que les comtes de Champagne maintinrent la tête de la dérivation à une hauteur suffisante pour créer six chutes d'eau successives, représentant une force motrice de plus de mille chevaux, qui, remplacée par des machines à vapeur, équivaut à un million de francs par année.

Le point de départ de ce réseau aquatique se trouve sur le territoire de Saint-Julien, où le bras unique ancien n'est plus que l'exutoire des trop pleins de la rivière. Avant d'entrer en ville, la dérivation se subdivise en deux bras à la Grande-Pointe, et l'un de ces deux bras arrive bientôt à Croncels, après avoir donné l'impulsion à plusieurs usines et alimenté un grand nombre de prises d'eau industrielles et horticoles. L'autre se subdivise à la Petite-Pointe, au-dessus des moulins de la Moline et de la papeterie Le Roy, et vient, en triplant son partage, se distribuer entre la chute du Gouffre, le bief du canal et la Planche-Clément. Tous les cours d'eau qui sillonnent la ville en si grand nombre, et qui naguère venaient baigner le pied des murailles, ne sont ou n'étaient que des sections des deux grandes dérivations que nous venons d'indiquer. Sauf quelques exceptions dues surtout à des barrages de construction moderne, la course des eaux n'est pas moins rapide dans la traverse de Troyes qu'en amont et en aval. C'est autant dans l'habileté qui a présidé au calcul des pentes dans tous les traversins de ce labyrinthe aquatique, que dans les forces hydrauliques accumulées sur les points occupés par les grandes usines que se manifestent l'intelligence et la capacité des ingénieurs du moyen-âge. Leur œuvre subsiste dans toute son intégrité depuis sept cents ans, et n'a pas cessé de donner le travail, la vie et la prospérité à la vieille capitale féodale. Souvent, sur le penchant de sa ruine, sous l'influence des événements et des catastrophes dont son passé est rempli, Troyes a toujours pu se relever, grâce à l'admirable instrument de travail dont ses souverains l'ont doté.

Moyen tout puissant de production pour l'industrie, la Seine, ainsi partagée, ne pouvait se prêter facilement à la navigation telle qu'on la pratique aujourd'hui. Plus accommodants, nos ancêtres, privés des bonnes routes, trouvaient de grands avantages à faire transporter par eau les produits du sol ou de leurs industries. Mais c'était au prix de lenteurs infinies et d'obstacles renaissants. Néanmoins, la navigation avait une telle supériorité sur les moyens de transport par terre, que, malgré ses inconvénients, on la multipliait sur tous les points et sous toutes les formes. Les plus minces affluents de la Seine portaient bateau. La Vienne et la Barse ont elles-mêmes prêté leurs eaux irrégulières et si peu profondes au transport des bois et des marchandises pendant plusieurs siècles.

Abandonnée graduellement, à mesure du développement et de l'amélioration des voies de terre, la navigation revit maintenant par d'autres moyens que ceux du passé. Un canal, alimenté d'ailleurs par les eaux amenées dans la ville de Troyes, a été creusé de 1808 à 1812, en vertu d'un décret impérial. Inachevés pendant plus de vingt-huit ans, les travaux furent enfin repris en vertu d'une décision des Chambres législatives, sous le gouvernement de Louis-Philippe. De 1840 à 1842, le canal de la Haute-Seine fut enfin terminé, et sa traverse dans l'intérieur de Troyes présenta l'aspect qu'elle offre aujourd'hui. Sans la concurrence du chemin de fer, la navigation aurait bientôt acquis un immense développement, en jugerait-on seulement par les résultats qu'elle donne aujourd'hui. Un projet de prolongement de ce canal en amont, jusqu'au-delà de Bar-sur-Seine, a été conçu et ébauché en 1848. Son achèvement assurerait à la navigation de très-nombreux éléments de prospérité.

COMMUNICATIONS. — Quatre routes impériales passent dans la ville de Troyes : ce sont celles de Paris à Bâle (nº 19) ; de Nancy à Orléans (nº 60) ; de Dijon a Troyes (nº 74) ; de Sedan à Nevers (nº 77).

Le chemin de fer de Paris à Mulhouse passe au nord-ouest et au sud-ouest de Troyes. La station établie au sommet du Quartier-Haut est la plus importante du parcours. Il en sera question au chapitre des établissements particuliers du tour de ville.

GÉOLOGIE. — C'est au milieu d'une large vallée que la ville de Troyes est bâtie sur un plan incliné du côté du Quartier-Haut, sur une surface à peu près unie dans le Quartier-Bas, ce qui explique les deux désignations. Dans plusieurs endroits, les maisons s'élèvent sur des terrains d'alluvion moderne et des terres rapportées. On trouve au-dessous des lits de tourbe, des bancs de terre bouleversés; mais la constitution du sol est celle des terres à gravier et à argiles calcaires superposées à la craie. Dans la banlieue les terres mélangées, graveleuses et sableuses, dominent et permettent une culture maraîchère très-justement renommée pour la qualité et l'abondance de ses produits; elles donnent de belles plantations, des chanvres et des froments. Au nord-ouest, et dans la plupart des dépendances du faubourg Saint-Martin, le sol, d'une apparence grisâtre, est composé de calcaire graveleux d'une qualité très-médiocre.

ASPECTS. — La situation de Troyes, au fond d'une vallée, ne permet pas au regard de saisir la ville dans son ensemble. Cependant, du pont du chemin de fer, sur la route de Sedan à Nevers, on voit la ville sous un angle assez ouvert pour embrasser une grande partie du Quartier-Haut.

De ce point jaillissent les sommets des principaux monuments qui permettent de juger les profondeurs des plans qui se dérobent à la vue; mais, de ce côté comme de tous les autres, on ne voit qu'un ensemble de lignes tranquilles et prolongées. Des files de peupliers et des masses d'arbres qui continuent en s'y soudant, les profils de cet amas de constructions, dissimulent les points de départ et les limites urbaines de la vieille cité.

Mais si le pittoresque, le mouvement et la surprise sont absents de l'ensemble vu dans le sens horizontal, regardée des hauteurs de la cathédrale, la ville offre un vaste panorama plein de contrastes et de curieux tableaux.

Les caprices d'une voirie sinueuse brusquement entrecoupée, les lignes mouvantes et fugitives des cours d'eau qui apparaissent et disparaissent en éblouissants éclairs aux rayons du soleil, sans que l'on voie d'où ils sortent, où ils vont, la variété des groupes surpris à vol d'oiseau suffisent à retenir longtemps l'attention.

Les oppositions abondent. A côté des monuments brunis par la patine des siècles s'élèvent leurs voisins de date moderne avec leurs teintes blanches ou grises. De toutes parts se multiplient les étrangetés architecturales, les bizarreries, le neuf et le vieux, l'édifice en pierre de taille et la maisonnette de torchis avec ses membrures disloquées ; le surplomb coudoie partout l'aplomb, la ligne droite, la ligne brisée ; impossible de trouver une percée que le rayon visuel puisse parcourir sans se heurter, sans fléchir. Des hauteurs de grandes toitures à versants exagérés qui trahissent le moyen-âge ou tout au moins la Renaissance, le regard tombe en cascade sur une série de croupes moutonnantes qui répètent dans les airs les fantaisies géométriques auxquelles se livrent toutes les sections de la voirie.

Ainsi regardé, du haut de son église cathédrale,

Troyes semble être vu à travers les âges, depuis le onzième siècle tout au moins, que représente à droite la porte militaire du château de la Tour ou du Donjon.

Les temps de la splendeur politique, industrielle et monastique de Troyes, qui s'étendent du XIIe siècle au XIIIe, ont des témoins dans la cathédrale, sous les pieds du spectateur, en avant dans les cours d'eau, en arrière dans le vieux cloître, en face et de tous côtés dans la masse aérienne de Saint-Urbain qui donne l'illusion d'un brouillard condensé, enfin dans l'église de la Madeleine.

Le XIVe siècle se fait cautionner par Saint-Jean et le clocher de Saint-Remy, par cette même cathédrale où toutes les époques se donnent la main et s'enchaînent, par plusieurs vieux bâtiments qui se trouvent enfouis et cachés pour le passant, mais que l'observateur devine et découvre des hauteurs où il plane.

Le siècle d'Isabeau, de la Pucelle d'Orléans, de Louis XI, est affirmé dans presque tous les monuments religieux par des fragments, des réseaux, par la petite chapelle rustique de Saint-Gilles, la nef de Saint-Jean, la nef de la cathédrale et une foule de maisons des vieux quartiers.

Quant aux temps de Louis XII, de François Ier, d'Henri IV, de Louis XIV, de Louis XV, c'est par centaines que se présentent les habitations contemporaines. Saint-Martin, Saint-Nizier, Saint-Pantaléon, Sainte-Savine, le minaret enluminé de Saint-Jean où s'arrondit le galbe d'une grosse cloche, la toiture en carène des Visitandines, le parallélogramme de Saint-

Loup, l'évêché, l'hôpital, l'hôtel-de-ville, prennent le pas dans ce défilé historique.

L'époque actuelle montre ses halles, ses prisons, son canal, ses chapelles neuves, ses moulins. Les cheminées d'usines qui s'élèvent comme un jeu de quilles de Titans, en balayant les airs de leurs longs panaches de fumée, disent assez haut le nombre et l'importance des industries qui ont dû demander à la vapeur une force à laquelle les vieilles chutes de la Seine ne suffisaient plus. Les végétations arborescentes qui enveloppent la ville, les longues surfaces jardinières et la multiplicité de cultures vigoureuses qui se révèlent de tous côtés, témoignent à leur tour de la fécondité du sol et des labeurs de ceux qui le font produire.

Certes, un pareil tableau vaut un livre, ou, plutôt, il est l'*illustration* et le commentaire matériel de l'histoire et de la chronique ; il donne à l'intelligence et à la mémoire les franches coudées de la fantaisie et de la mise en scène. Un fragment devient un ensemble ; on renverse, on édifie, on restitue sans dommage pour les personnes et pour les choses ; on peut comparer, juger et conclure...... à vol d'oiseau, comme on voit.

Population. — Pour tous les siècles sur lesquels les renseignements ont quelque certitude, on a la preuve que la population de Troyes a varié d'une manière sensible. Il est prudent de ne pas accepter sans beaucoup de réserves les conjectures arbitraires qui donnent de 70 à 80,000 âmes à Troyes, sous le gouvernement des comtes.

Si dans le périmètre actuel, qui était déjà occupé au

douzième et au treizième siècles, les rues étaient plus étroites qu'elles ne le sont aujourd'hui ; si les habitudes et les nécessités aggloméraient dans les maisons un plus grand nombre d'individus, il faut reconnaître aussi que les trois châteaux militaires compris dans l'enceinte couvraient de grandes surfaces. Il en était de même relativement aux dépendances monastiques, aux ateliers de tannerie, de teinture, de draperie, etc., si nombreux et auxquels de grands emplacements étaient nécessaires. Le nombre des institutions, juridictions, arsenaux, cantonnements, halles closes servant aux grandes foires, les entrepôts permanents et le peu d'élévation des maisons tendent aussi à ramener le chiffre de la population à des proportions moins exorbitantes. L'exhaussement actuel des maisons, le remplacement des petits moulins d'autrefois par de grandes usines où se réunissent des centaines d'ouvriers, la suppression des châteaux forts, la multiplication des constructions de banlieue, l'extension des anciens faubourgs et le nivellement des ouvrages avancés, aujourd'hui couverts de maisons, permettent de supposer que le nombre des habitants de Troyes ne dépassait guère celui que l'on compte aujourd'hui.

'A partir de la fin du xiii⁰ siècle, époque de l'annexion de la Champagne à la France, il n'est pas contestable que la décadence des foires et de l'industrie, les guerres civiles et religieuses du xiv⁰ au xv⁰ siècle, n'aient eu une influence sensible sur le chiffre de la population. Au xvii⁰ siècle, sous Louis XIV, cette décroissance continue avait atteint ses dernières limites. On évaluait à 15,000 seulement le nombre des habitants de Troyes.

Après une progression lente, interrompue, des oscillations nombreuses, et sous l'influence de l'essor que prirent les industries du coton, succédant à celles du lainage et de la draperie, la population reprit une marche ascendante. On compte aujourd'hui à Troyes, de population officielle, un peu plus de **33,000** âmes. En évaluant très-modérément la population flottante, on peut fixer le chiffre des habitants sédentaires et temporaires à **35,000** individus.

ANCIENNES ADMINISTRATIONS ET JURIDICTIONS DE TROYES.

Daus un rapide sommaire comme celui que nous avons à esquisser ici, nous ne pouvons suivre les filiations et les substitutions administratives depuis la féodalité jusqu'à la Révolution ; il ne s'agit que d'indiquer les établissements civils, judiciaires, ecclésiastiques, administratifs et militaires qui ont été brusquement renversés ou remplacés à la fin du XVIIIᵉ siècle.

Outre les gouverneurs et leurs lieutenants, qui représentaient le roi dans toute l'étendue de la province, il y avait, dans les centres importants, des délégués du pouvoir provincial. Le plus important, à Troyes, par exemple, était le bailli, premier en titre de la Champagne ; ses fonctions, d'abord et tout à la fois militaires, politiques, judiciaires et financières, finirent par ne plus être que des sortes de commandements ayant pour objet la levée et la conduite du ban, puis seulement de l'arrière-ban de la noblesse quand il fallait qu'elle prit les armes. Vers la fin de leur existence, les baillis avaient des prérogatives plus apparentes que réelles. Ainsi, les lieutenants-généraux civils et criminels, les juges présidiaux, les prévôts des maréchaux se partagèrent les plus importantes de leurs attributions.

Du bailliage dépendaient, après en avoir été distinctes

et séparées, la prévôté et la mairie des quatre faubourgs. Dans ces cinq institutions se confondaient, comme dans la plupart des anciennes administrations, tout à la fois le droit d'action et celui de répression, c'est-à-dire que, préposées à certains commandements et chargées de perceptions dans les subdivisions où elles étaient placées, elles appliquaient elles-mêmes des condamnations pour ce qui les regardait. Le siége de la prévôté était sur la place de la Banque.

Le présidial n'était pas autre chose que l'équivalent des tribunaux civil, correctionnel et de police.

Les *Grands-Jours de Troyes* étaient une juridiction supérieure et souveraine qui ne siégeait que deux fois par année, et qui touchait autant à la législation, à l'administration qu'à la justice.

Les *Assises,* qui équivalaient à la réunion de toutes les Chambres d'une Cour, avec plus de pouvoir, étaient la monnaie des *Grands-Jours.* Le bailliage, en séance extraordinaire et assisté de tous ses officiers subalternes, écoutait et appréciait toutes les plaintes, et jugeait tous les pourvois sans appel.

Avec plus de solennité, la *Lieutenance générale de Police* était la représentation des tribunaux de police actuels.

La *Chambre de l'Édit* tenait de la justice de paix. Le *Bureau des Hypothèques,* la *Maîtrise des Eaux et Forêts,* qui ont des équivalents, ne demandent aucun commentaire. Seulement, les eaux et forêts, comme beaucoup d'autres institutions, jugeaient elles-mêmes les délits au civil et au criminel.

L'*Élection de Troyes,* comme ses pareilles, répartissait l'impôt, jugeait les cas civils et criminels relatifs aux aides, aux tailles, aux subventions. C'était une institution fiscale et judiciaire en même temps; 247 paroisses en dépendaient.

Le *Grenier à sel* était un entrepôt juridique, chargé, comme les autres administrations, de statuer sur les infractions à la législation qui avait fait du sel un monopole. Son hôtel existe encore. 52 paroisses relevaient du grenier de Troyes.

Jusqu'en 1775 existèrent les *Traites foraines*, tribunal qui statuait sur les droits d'entrée et de sortie, sur les contraventions relatives aux marchandises de l'extérieur. L'Election absorba ces deux juridictions.

La gendarmerie moderne avait pour équivalent la *Maréchaussée;* mais cette institution, comme tant d'autres, se complétait par une juridiction. — Les différends de la noblesse étaient jugés par le *Tribunal du Point d'honneur,* relevant des maréchaux de France. Troyes possédait un hôtel des Monnaies, qui subsista depuis les comtes de Champagne jusqu'en 1772. Le *Domaine* — l'*Hôtel de ville,* ou pouvoir municipal, sont assez fidèlement représentés par les institutions actuelles qui les remplacent, pour dispenser d'une explication. Il suffit de rappeler que la commune de Troyes, d'abord restreinte dans les limites fiscales et étroitement administratives que comportaient les affranchissements de la féodalité, ne date régulièrement que de Louis XI, si on veut comparer le passé au présent. Depuis lors, elle prit une grande importance et comprit dans ses attributions des pouvoirs qu'elle n'a plus aujourd'hui; elle était chargée de la garde de la ville, de l'entretien des murailles, des fortifications, des rues, des ponts et chaussées, etc.

La *Juridiction Consulaire,* représentée par le tribunal de commerce, fut établie par édit de Charles IX, en 1563.

Il y avait encore une foule d'institutions et de juridictions féodales et judiciaires. La *Vicomté*, délégation administrative, fiscale et judiciaire du pouvoir des comtes féodaux, devint un fief héréditaire, démembré dans plusieurs de ses droits et profits, par héritages, ventes et cessions. La vicomté de Troyes se résumait, surtout vers la fin de son existence, par des perceptions sur différents objets, par des droits seigneuriaux et de justice. La police de la Seine et de ses affluents appartenait au *Bureau de la ville de Paris;* la vérification des pesées contentieuses était une juridiction. Du reste, on est effrayé quand on entre dans le dédale des justices seigneuriales, monastiques, religieuses, royales qui régnaient sur le pavé de la ville seule. Dans les faubourgs, dans chaque quartier, d'une rue à une autre rue, d'une portion de place à une autre, se dressaient des justices et des fiscalités particulières, sans parler des juridictions générales. L'emplacement de l'évêché appartenait au bailliage épiscopal; les rives de la place et les cloîtres Saint-Pierre étaient de la grande mairie du Chapitre; le cloître Saint-Etienne et quelques rues adjacentes revenaient à la grande mairie des chanoines de cette église; Preize et Saint-Martin étaient, au même titre, dans la dépendance de Saint-Jean-Châtel. Même situation pour le couvent de Saint-Loup, pour celui de Notre-Dame-aux-Nonnains, dont la grande mairie comprenait une partie des rues de Notre-Dame, de l'Hôtel-de-Ville, de Saint-Paul, de la rue Perdue, de la Petite-Tannerie et des quais. La Commanderie du Temple bornait son ressort au pourpris de son établissement. Saint-Urbain avait son juge de la mairie, qui ne disparut qu'en 1782, faute de justiciables. Les Trinitaires de Saint-Jacques avaient juridiction sur une partie du faubourg et sur ses prolongements, compris le Labourat. La mairie royale de Chaillouet comprenait une partie du même faubourg, les moulins et l'écart de Chaillouet. Le garde-justice du couvent de Montiéramey siégeait au bout de la ruelle des Chats, autrefois ruelle Maillard, du côté de la Poulaillerie. Celui de Montier-la-Celle s'installait sur les bancs de la rue de la Trinité, du côté du marché aux oignons. Outre ces prérogatives, il y en avait encore d'autres résultant de démembrements, d'érections en fiefs, de donations ou d'acquisitions qui subdivisaient à l'infini les obligations personnelles, pécuniaires et honorifiques dont la population était frappée. Parmi les juridictions d'exception, il faut noter celle des administrateurs des hôpitaux, qui avaient la justice des contributions de l'aumône, et celle des punitions à infliger aux *pauvres, belîtres* et *vagabonds*. On peut juger jusqu'à quel point se multipliaient leurs variétés sur ce seul fait : Un bourgeois de Troyes, en récompense d'un prêt fait à Henri IV, avait reçu à titre gracieux: le droit de lever une taxe sur les cheminées!

Poussée dans d'autres directions, cette esquisse bien sommaire révélerait d'innombrables causes de vexations, de conflits, de prétentions, de compétitions : c'étaient les ponts et les puits qui étaient imposés; c'était le bourreau qui avait ses revenus hypothéqués sur les prostituées et les marchands de comestibles ; le Chapitre de la cathédrale, qui contraignait à moudre à son moulin de Jaillard, sous peine d'excommunication ; la maladrerie de Bréviandes-les-Troyes, qui percevait des redevances en nature, accompagnées d'un cérémonial, sur le corps des bouchers. Les couvents, les paroisses avaient aussi sans cesse des décimateurs en campagne. C'était une variété d'impositions, et surtout de perceptions, qui tenait toute l'année le contribuable et le corvéable en haleine. Ce n'est assurément pas l'imagination qui manque au fisc actuel, mais la simplification de ses rouages et ses procédés ont supprimé les causes d'irritation dont fourmillait la vieille fiscalité. Il ne se passait guère de semaine et parfois de journée que l'habitant n'eût quelque compte à régler avec l'impôt civil, municipal, royal ou clérical ; avec l'agent d'une administration ou d'un particulier, substitué aux domaines publics ; avec les inspecteurs et les gardes. A chaque sortie, il fallait faire le calcul des frais de son itinéraire, à cause des collecteurs des péages, des pontages, qui tendaient la main à tous les passants, de quartier à quartier, de ville à faubourg. Ce droit si élémentaire d'aller et de venir, de travailler, de vendre, d'acheter, d'importer, d'exporter, de sortir et de rentrer, même de s'habiller, était paralysé de cent façons. Il y avait des restrictions, des droits, des chartes de communauté, des obligations continuelles de corvéable, de soldat, de guetteur, de milicien ; des prohibitions de jour ou de nuit, des quarantaines, des lois somptuaires, sans parler de la multiplication quotidienne des calamités publiques :

guerres étrangères, civiles, religieuses, émeutes, pestes, pendant lesquelles le *Salut public* obligeait à des sacrifices et à une abnégation dont nous n'avons pas l'idée.

Et cependant, il est quelque chose qui surprend plus encore que tout cela, c'est la patience, l'énergie intelligente et le courage qui en ont triomphé pour laisser tant de témoignages de la virtualité et de l'initiative de nos ancêtres.

ANCIENS ÉTABLISSEMENTS RELIGIEUX,

D'ÉDUCATION, DE REFUGE, D'ASILE, ETC.

Dans la revue détaillée des monuments de la ville et de la banlieue, on retrouvera la plupart des édifices qui rappellent les établissements religieux et monastiques d'autrefois, les hôpitaux, les écoles, etc. Nous n'en donnons ici la liste que pour permettre une comparaison.

Il n'y avait pas moins de cinquante-un églises, chapelles, couvents, congrégations d'hommes et de femmes, d'hôpitaux et d'écoles tenus par des religieux.

ÉGLISES COLLÉGIALES. — La Cathédrale. — Saint-Étienne. — Saint-Urbain.

ÉGLISES PAROISSIALES ET SUCCURSALES. — Saint-Jacques-aux-Nonnains. — Saint-Jean-au-Marché. — Saint-Remy. — Sainte-Madeleine. — Saint-Nizier. — Saint-Denis. — Saint-Aventin. — Saint-Frobert. — Saint-Pantaléon. — Saint-Nicolas. — Saint-Gilles. — Sainte-Savine. — Saint-Martin-ès-Aires.

COUVENTS D'HOMMES. — Jacobins ou Dominicains. — Commanderie de Saint-Jean-de-Jérusalem. — Capucins. — Cordeliers. — Augustins de Saint-Martin-ès-Aires. — Augustins de Saint-Loup. — Trinitaires ou

Mathurins. — Bénédictins de Montier-la-Celle. — Chartreux. — Oratoriens.

Couvents de femmes. — Abbaye royale des Bénédictines de Notre-Dame-aux-Nonnains. — Sœurs de la Charité. — Visitation. — La Congrégation. — Les Carmélites. — Les Sœurs régentes. — Les Ursulines. — Les Bénédictines de Notre-Dame-des-Prés, près Troyes. — Les Religieuses bénédictines de Foicy. — Les Augustines de l'Hôtel-Dieu.

Séminaires. — Collége. — Écoles et Prieurés. — Grand et Petit Séminaires. — Collége dirigé par les Pères de l'Oratoire. — (Autrefois plusieurs grandes et petites Écoles étaient l'équivalent des Colléges et des Écoles actuels.) — Les Frères des Écoles chrétiennes. — Prieuré de Saint-Blaise. — Prieuré de Saint-Quentin. — Prieuré de Notre-Dame-en-l'Isle.

Institutions hospitalières. — Les sept hôpitaux réunis, en 1630, et administrés par les mêmes commissaires, étaient : l'Hôtel-Dieu-le-Comte. — Les Orphelines de l'Hôtel-Dieu. — L'hôpital Saint-Bernard. — L'hôpital du Saint-Esprit, cédé aux Oratoriens. — Les Orphelines de l'Enfant-Jésus. — L'hôpital de Saint-Abraham. — L'hôpital de la Trinité.

Chapelle particuliére. — Notre-Dame-de-l'Echerelle.

ADMINISTRATIONS. — INSTITUTIONS. — JURIDICTIONS ACTUELLES.

Tout l'ancien mécanisme administratif a été refondu ou simplifié depuis 1792. On en jugera par l'énoncé des institutions actuelles, comparées aux anciennes administrations.

ADMINISTRATIONS CIVILES ET MILITAIRES. — Préfecture. — Subdivision de la 1re division militaire et de la 20e légion de gendarmerie. — Subdivision de l'inspection (Nord-Est) des Mines, et de la 3e inspection des Ponts et Chaussées. — Recette générale. — Bureau de Payeur. — Sous-Intendance. — Direction d'Enregistrement et Domaines. — Direction des Contributions directes. — Direction des Contributions indirectes et des Douanes. — Direction des Postes. — Station télégraphique. — Conservation et inspection forestières. — Inspection de la navigation. — Archives départementales.

JURIDICTIONS. — Cour d'assises. — Tribunal civil de 1re instance. — Tribunal correctionnel. — Tribunal de Commerce. — Trois justices de paix. — Conseil de Prud'hommes. — Maison d'arrêt et de correction.

INSTITUTIONS INDUSTRIELLES, COMMERCIALES, SCIENTIFIQUES, ETC. — Chambre de commerce. — Société d'agriculture, sciences, etc. — Chambre consultative d'agriculture. — Halles aux grains, aux vins, à la bonneterie et à la toilerie. — Foires en mars et en septembre. — Succursale de la Banque de France.

Établissements divers. — Hôtel-de-Ville. — Musée de peinture, de sculpture, d'archéologie, d'histoire naturelle. — Bibliothèque publique. — Théâtre. — Cours gratuit d'anglais et d'allemand. — École gratuite de dessin et d'architecture. — Orphéon. — Écoles de chant. — Gymnase. — Caisse d'épargnes. — Bureau de bienfaisance. — Casernes.

Institutions charitables et de secours. — Hôtel-Dieu-le-Comte. — Hospice des vieillards et des enfants (Saint-Nicolas). — Hospice des orphelines de Saint-Martin-ès-Aires. — Société de charité maternelle. — Sociétés libres de bienfaisance, sur chaque paroisse urbaine. — Conférence de Saint-Vincent-de-Paul. — Sociétés de Secours mutuels entre les membres de divers corps d'état.

Instruction publique. — Lycée impérial du ressort de l'Académie de Dijon. — École normale primaire. — Dix-neuf écoles primaires. — Quatre salles d'asile. — Dix-sept pensionnats. — Inspection académique.

Clergé et Communautés religieuses. — Évêché existant depuis l'an 340 de J.-C.; il compte une suite de 97 évêques, dont 9 ont été canonisés. Ses limites diocésaines, en prenant la circonscription départementale, ont absorbé une partie des anciens diocèses de Langres et de Sens, et délaissé ses anciens prolongements dans la Marne et Seine-et-Marne. — Grand et Petit Séminaires. — Douze communautés, congrégations ou maisons religieuses, savoir : Maison des Prêtres auxiliaires. — Monastère des Carmélites (cloîtré). — De la Visitation (cloîtré). — Couvents des Ursulines. — Filles de Saint-Vincent-de-Paul. — Sœurs du Bon-Pasteur. — Sœurs de la Providence. — Sœurs de Bon-Secours. — Dames du Sacré-Cœur ou de Picpus. — Sœurs hospitalières de la congrégation de Nevers. — Augustines. — Franciscaines. — Les Ursulines, les Sœurs de la Providence, de la Visitation, du Sacré-Cœur, tiennent écoles et pensionnats ; les sœurs de Bon-Secours gardent et soignent les malades au-dehors : les Augustines, précédemment attachées à l'hôpital, ont fondé une maison de retraite, et elles soignent les malades en ville ; les Franciscaines et les Sœurs du Bon-Pasteur recueillent les filles repenties ; la Congrégation de Nevers est attachée au service des trois établissements hospitaliers de Troyes ; les religieuses de Saint-Vincent-de-Paul ont à la fois un ouvroir et une maison de refuge ; elles visitent les malades pauvres et distribuent les médicaments et les secours délivrés par le Bureau de bienfaisance. — Dix paroisses, dont une suburbaine : — Saint-Pierre. — Sainte-Madeleine. — Saint-Jean. — Saint-Remy. — Saint-Urbain. — Saint-Pantaléon. — Saint-Nicolas. — Saint-Nizier. — Saint-Martin-ès-Vignes. — Sainte-Savine (*extrà-muros*). — Un temple protestant dépendant de la Consistoriale de Meaux.

INDUSTRIES.

Dans les siècles passés, les grandes industries établies à Troyes étaient nombreuses et prospères ; on y remarquait la papeterie, la draperie, le tissage des étoffes, les blanchisseries, la teinturerie, la fabrication des cartes à jouer, les tanneries, la chapellerie, la passementerie, la pelleterie, la poterie d'étain, l'épinglerie, la fabrication des alènes, des contre-pointes, du bougran, des basanes, des cordes, des armes blanches, la fonte des métaux.

De ces industries, il ne reste plus sur une grande échelle que la blanchisserie. La draperie, la tannerie, la papeterie et le tissage ne sont plus que l'ombre d'eux-mêmes.

BONNETERIE ET TISSERANDERIE.

La production industrielle de Troyes consiste surtout dans la bonneterie et la ganterie qui dominent absolument toutes les autres branches du travail. C'est depuis la disparition de la draperie que l'emploi du coton a pris surtout de l'importance et s'est répandu dans tout le département. Plus de cent trente maisons, dont un certain nombre fort importantes, composent les rouages de la fabrication et du négoce sur la place seule de Troyes.

La bonneterie, qui a pris à Troyes un développement si considérable, est une industrie relativement moderne, et qui longtemps resta stationnaire. Son introduction ne remonte guère au-delà de 1745, c'est-à-dire à une époque où déjà Arcis-sur-Aube et Dienville, grâce à leur seigneur, M. Grassin, directeur général des Monnaies, possédaient des métiers.

Ce fut M. Jean Berthelin, maire de Troyes en 1751, et alors administrateur des Hospices, qui prit l'initiative, de concert avec MM. Lemuet, Riembault et Camusat de Marmoret, ses collègues.

Les orphelins de l'hôpital de la Trinité furent les premiers ouvriers bonnetiers de Troyes.

La tentative ayant réussi, l'industrie se répandit au dehors, mais ses progrès furent lents, car elle avait en face d'elle la draperie, la tisseranderie et une foule de professions manufacturières qui avaient pour elles des cadres tout préparés, l'habitude et l'expérience.

L'existence simultanée des fabriques d'Arcis-sur-Aube, de Dienville (où la tentative ne réussit pas), de Romilly-sur-Seine, dont la création concorde à peu près avec celle de la manufacture de Troyes, de Marigny-les-Etangs, était en flagrante opposition avec l'ordonnance de 1700, rendue par Louis XIV. Cette ordonnance défendait d'établir des métiers à bas ailleurs qu'à Paris, Dourdan, Rouen, Caen, Nantes, Oleron, Aix en Provence, Nîmes, Toulouse, Uzès, Romans, Lyon, Metz, Bourges, Poitiers, Amiens et Reims. L'introduction de la bonneterie dans le rayon de Troyes fut une exception due sans doute à l'influence de ses patrons, et dont l'honneur remonte au directeur général des Monnaies.

La décadence de la tisseranderie, de la draperie et des professions qui en dépendaient, rallia à la bonneterie les ouvriers déclassés. Mais dans les premières années de ce siècle, c'est-à-dire de 1800 à 1810, après la disparition des anciens privilèges, la bonneterie ne laissait pas encore soupçonner ce qu'elle deviendrait plus tard. L'élévation du prix des tricots produits par les métiers rectilignes, des concurrences puissantes qui taxaient la fabrication de Troyes d'infériorité, et les mille difficultés que rencontre la grande fabrication à ses débuts, engendrèrent plus d'un mécompte et d'une catastrophe. Cependant la bonneterie de Troyes, après de nombreuses vicissitudes, parvint à dominer la situation. Le métier circulaire, en rapprochant le tricot de toutes les classes de consommateurs, donna une extension immense à la production, sans cependant annuler le métier rectiligne. Aujourd'hui, Troyes est la première place de bonneterie de France ; elle répand ses produits jusqu'à l'étranger, et elle centralise la plupart des tricots fabriqués dans le département.

On compte, dans l'arrondissement de Troyes, plus de 3,600 métiers consacrés aux bas, aux pantalons, aux gants, aux mitaines, aux tricots à la pièce. En poids, les métiers circulaires absorbent environ les trois quarts du coton employé dans la fabrication.

L'arrondissement de Nogent compte près de 5,500 métiers (Romilly en a la meilleure partie).

L'arrondissement d'Arcis, un nombre à peu près égal.

L'arrondissement de Bar-sur-Aube n'a que 20 à 25 métiers.

L'arrondissement de Bar-sur-Seine, de 30 à 40.

Le total, en moyenne, des métiers en action dans le département de l'Aube, dans ces dernières années, était de 10,500. Il a dû augmenter.

Quant à la tisseranderie appliquée au tissage du coton, dans tout le département, elle ne compte pas plus de 1,100 métiers. Le chanvre, l'étoupe et la laine en emploient environ 200.

On n'évalue pas le montant des matières premières employées à moins de 9 à 10 millions de francs, et celui des salaires payés au-dessous de 8 millions.

On voit quelle importance l'industrie du coton a prise à Troyes.

Quant à la tisseranderie, elle se survit représentée par une douzaine de fabricants dont un seul emploie des procédés du domaine de la mécanique. Il n'y a pas plus de trente ans, dans toute la rue du Bois, depuis la Madeleine, dans le Marché-aux-Trapans et les rues secondaires des quartiers Saint-Jacques et des Prisons, au pied de presque chaque maison, s'ouvrait un large larmier vitré de papier huilé derrière lequel on entendait battre sans relâche les métiers à finette et à toile de coton. Maintenant, quatre ateliers rue du Bois, et les autres égrenés par unités, rues de Fort-Bouy, de Vieille-Rome, de Surgale, de Saint-Nizier, des Moines, de Saint-Loup et du Marché-aux-Trapans, représentent seuls cette bruyante fabrication qui comptait les ouvriers par centaines. La rue Surgale, dernier refuge du caribari, jusques dans ces dernières années, n'a plus que deux ateliers! Pour concilier cette décadence avec la prospérité de la vente des tissus de coton, sur la place de Troyes, il faut songer que le commerce utilisant la vieille et excellente réputation de la fabrique, couvre de son pavillon beaucoup de produits extérieurs.

FILATURES DE COTON.

Aujourd'hui concentrée dans neuf grandes usines, la filature du coton a débuté par l'emploi de petits métiers à main exploités à domicile.

Après avoir alimenté exclusivement la tisseranderie, le filage prépara les cotons employés par la bonneterie, mais ce filage, qui laissait beaucoup de besogne aux fabricants, ne pouvait échapper aux nécessités industrielles qui ont amené la création des grandes filatures.

La première filature de Troyes date de 1798; elle fut établie dans les bâtiments de l'ancienne Commanderie de St-Jean de-Jérusalem, rue du Temple, par MM. Truelle-Lemaire et Ferrand aîné. Elle était mue par un manège. En 1800, les associés s'étant séparés, l'un d'eux, M. Ferrand, établit une seconde usine dans la même rue du Temple, au numéro 45, à côté de celle qui existe maintenant cour Bouvin.

Peu de temps après, MM. Huot frères créèrent, rue de la Trinité, un troisième manège, tandis que M. Berthelin, fils de l'introducteur de la bonneterie, établissait une quatrième filature à bras dans les bâtiments de l'ancien couvent de Saint-Abraham-ès-Aires.

Les nouvelles entreprises soulevèrent une véritable tempête de doléances et de clameurs dans la classe des fileurs au petit métier, qui comprirent que c'était la fin de leur industrie.

Jusqu'en 1804, il ne s'éleva pas d'autres usines, et leurs propriétaires obtinrent chacun du gouvernement impérial une prime de 4,000 fr. à titre d'encouragement. Mais de 1804 à 1814, sept ou huit autres filatures du même genre furent créées.

A ce premier pas en succéda un second qui consacrait définitivement le succès du filage en grand. Vers 1817, le moulin de la Tour prêta sa force motrice aux métiers de MM. Truelle frères. Puis, en 1820, on établit aux moulins de Saint-Quentin un atelier dont le matériel fut transféré plus tard à Jaillard. Dans la même année, la filature s'établit à la Moline; en 1822, aux moulins Brusley (Chaillouet); en 1824, au moulin de Meldançon, qui fut brûlé en 1831, dans la nuit de Noël, et immédiatement reconstruit; en 1826, les moulins de Jaillard commencèrent à prêter leur force hydraulique à la filature du coton.

L'avènement de la vapeur eut pour effet de seconder les effets de la force hydraulique, de parer aux chômages, et de permettre l'établissement de filatures et d'usines dans des endroits où l'eau ne pouvait servir de moteur. La Moline — Meldançon — les usines de Chaillouet — Jaillard — sont maintenant et à peu près exclusivement des filatures de coton. Les moulins de Fouchy ont adopté la bourre de soie; cette filature n'existe que depuis 1845; sa création fut la conséquence de l'incendie qui détruisit, en 1844, la filature à vapeur élevée à côté du moulin de Paresse. — Les autres filatures de coton, mues seulement par la vapeur, sont celles de la cour Bouvin, rue du Temple ; de la rue du Bois, nº 44 ; de Girardon, nº 13 ; de la Tour-Boileau, nº 117. C'est, en tout, dix filatures qui ne suffisent pas à l'alimentation de la bonneterie, car onze représentants d'usines étrangères fournissent les compléments nécessaires à la fabrication.

BLANCHISSERIES INDUSTRIELLES.

Elles sont au nombre de huit, la plupart fort importantes, mais il y a loin du présent au passé.

Au temps des grandes foires, les fabricants des Flandres, de Hollande et d'Allemagne, étaient en relations continuelles et soutenues avec la blanchisserie de Troyes, qui avait une renommée européenne. On a prétendu que la beauté du blanchissage tenait aux qualités des eaux de la Seine. Nous croyons que c'est une de ces raisons banales, de pure supposition, qu'il faut prendre pour ce qu'elles valent. Pourquoi, au-dessus et au-dessous de Troyes, les villes industrielles n'eussent-elles pas utilisé, comme leur rivale, le passage des eaux de la Seine ?

Il est bien plus naturel et plus sûr d'attribuer le mérite du blanchissage de Troyes à l'intelligence et à l'habileté des ouvriers, car on voit dans plusieurs circonstances les comtes de Champagne former à Troyes des colonies de travailleurs industriels pour les établir dans des centres éloignés. Ainsi, les tanneries de Coulommiers ont été créées par des ouvriers de Troyes, et Thibault IV, devenu roi de Navarre par succession, envoya dans son nouveau royaume des artisans troyens appartenant à différents métiers.

Une circonstance presque contemporaine contribue à rectifier le préjugé dont nous parlons. Il y a quelques années, les procédés de blanchisserie adoptés dans quelques villes d'industrie obligèrent, par comparaison, les blanchisseurs de Troyes à abandonner leurs anciens errements. Aujourd'hui, les blancs de toile et de bonneterie justifient pleinement la vieille renommée des anciens établissements.

Les apprêts, qui sont le complément obligé de la plupart des produits de la bonneterie et de la toilerie, constituent une branche importante du travail local.

PAPETERIE.

Il n'y a plus que deux moulins à papier dans le rayon de Troyes; une troisième usine se trouve à la Villeneuve, près de Bar-sur-Seine.

C'est tout ce qui reste d'une industrie qui comptait au XVe siècle quarante ou cinquante moulins.

La papeterie de Troyes remonte aux premiers temps de la création de cette industrie en France; elle y acquit une immense importance. Parmi les plus célèbres papeteries du XVe siècle, il faut citer les Perrin le Camusat, les Piétrequin, les Denis, les Guillaume Journée, et surtout les Le Bé, qui à eux seuls possédaient de trente à quarante moulins à Bar-sur-Seine, Barberey, Clérey, Courcelles, Fouchères, Saint-Julien, et dans les environs de Troyes. En 1488, le corps des papetiers jurés, de l'Université de Paris, comprenait quatre fabricants de Troyes et quatre de Paris.

L'industrie du papier, qui avait pris un rapide essor, tomba presque d'un coup; au XVIIe siècle, il ne restait plus d'usines à papier qu'au moulin Le Roy et à ceux de la Moline. La famille Le Bé, en émigrant à Paris, désorganisa cette industrie qui avait à lutter alors contre des concurrences extérieures auxquelles elle céda le terrain. Disons, à propos des Le Bé, que la fille de Henri, maître d'écriture de Louis XIII, devint la mère du peintre de Louis XIV, Charles Lebrun.

Depuis qu'il existe à Troyes des papeteries, c'est-à-dire depuis le XIVᵉ siècle, le moulin Le Roy ne cessa pas d'être un moulin à papier. Le perfectionnement des moyens mécaniques et chimiques a transformé l'ancien mode de fabrication. Les produits de l'usine actuelle équivalent certainement, en quantité, à une bonne partie de ce que pouvaient fabriquer les anciens moulins établis à Troyes.

TANNERIE ET DRAPERIE.

La tannerie et la draperie de Troyes tenaient autrefois le haut du pavé.

La puissante corporation des tanneurs, qui a compté de trois à quatre cents ateliers, et qui, vers 1820, était encore importante, n'a plus maintenant que seize représentants de l'ancienne industrie, encore faut-il comprendre dans un seul groupe les tanneurs, les chamoiseurs, les mégissiers et hongroyeurs. Sans remonter plus loin que 1826, on trouve la preuve de l'amoindrissement continu de la corporation. En 1826, il y avait encore trente-quatre ateliers occupés par la préparation des peaux.

L'histoire de la draperie n'est pas moins significative ; elle précédait de quelques années seulement la tisseranderie sur la pente de la ruine.

A une époque ancienne, il y avait de deux à trois mille métiers de drapier à Troyes et aux environs. Le nombre des maîtres s'élevait à cent cinquante. Il y a maintenant une trentaine d'années, vingt grands ateliers de draperie s'élevaient encore à Troyes ; des vingt ateliers, il en reste un seul aujourd'hui ! Fabricant à peu près exclusivement la serge et les gros draps, la draperie de Troyes cessa de prospérer quand la consommation stimulée par les produits d'Elbœuf, de Louviers et de Sedan, se détourna des étoffes grossières. Elle périt faute de consommateurs. L'usine qui a survécu, vit précisément aujourd'hui de ce qui a fait périr ses rivales. Ses ratines, ses molletons, ses couvertures, ses gros draps, se vendent en Morvan, en Champagne et en Brie.

Le cartonnage, l'emballage, l'apprêt, la meunerie de commerce surtout qui est devenue une industrie importante, sont des branches de travail modernes, ainsi que toutes celles que nécessite la bonneterie. La mécanique a reçu une impulsion très-active depuis la multiplication des moteurs à vapeur et l'invention du métier circulaire. On exporte très-loin les métiers de Troyes.

Signalons maintenant le chanvre, les grains, les fromages de Troyes, qui se sont fait un renom dans le midi et à Paris, la célèbre charcuterie qui va jusqu'en Italie et en Espagne, conservant une réputation trois ou quatre fois centenaire et historiquement constatée. Enumérons les arbres et arbustes, la tuile, la brique et la poterie qui sont l'objet d'une grande fabrication, la distillerie, les huiles, les noirs de raffinerie, les engrais, les bois de construction recherchés fort loin et connus sous le nom de *chénes de Champagne* (1); le blanc de Troyes, vulgairement *blanc d'Espagne;* la fabrication des registres, des corsets, des eaux de seltz, les fontes de mé-

---

(1) Le clocher de Notre-Dame de Paris, restauré par M. Viollet-Leduc, est en chêne de Champagne.

nage et d'ornement, les peaux de lapins, les chocolats, les cierges, la chandelle, la confiserie, la sparterie, les divers emplois des plantes textiles connus sous la désignation de crin végétal, et qui ont amené à Troyes la création d'une grande usine; la corderie, l'imprimerie et la librairie si connues par leurs almanachs, sans parler des belles impressions qui les recommandent autrement. On pourrait allonger cette nomenclature, mais elle suffit à prouver que l'activité industrielle de Troyes embrasse encore un grand nombre d'objets parmi lesquels les produits du sol cèdent le pas à ceux du laboratoire, de l'usine et de l'atelier. Dans le va et vient familier à l'industrie, Troyes a fait des pertes; mais ses habitants ont su largement les compenser.

HAGIOGRAPHIES ET BIOGRAPHIES.

SAINTS ET PRÉLATS.

SAINTE MATHIE.

Vierge et probablement martyre, cette sainte naquit à Troyes dans le siècle où les premiers missionnaires vinrent y apporter l'évangile.

Ce qu'on en raconte est bien plutôt du domaine de la légende que de la biographie. Populaire dès le ixe siècle, son culte resta en honneur à Troyes, jusqu'en 1830. Encore à cette époque la date du sept mai amenait de nombreux pèlerins et surtout des jeunes filles auxquelles ce jour-là on donnait le nom de *viergeottes*. Les châsses de la cathédrale recevaient de nombreuses visites. Une foire accompagnée de danses et de divertissements se tenait sur le parvis.

SAINTE JULE.

Aux abords du grand cimetière, dans la rue Sainte-Jule, s'accomplit un martyre. C'était sous l'Empereur Aurélien. La victime était une jeune fille qui fut vénérée comme une sainte et donna son nom au lieu où elle avait été martyrisée.

Jusqu'en 1792, on alla en pèlerinage au puits creusé sur l'emplacement.

SAINT FROBERT.

D'abord moine à l'abbaye de Luxeuil, puis fondateur de l'abbaye de Montier-la-Celle près Troyes, Frobert assainit toute la partie ouest de Troyes connue sous le nom d'Ile-Germaine. Le monastère prit un développement extraordinaire, dès le VIIe siècle, époque de sa fondation. Canonisé après une vie de dévoûment remplie de grandes vertus, saint Frobert conserva à Troyes une grande popularité. Une église dont les restes subsistent dans le quartier de la Cité fut placée sous son invocation.

THIBAUT (de Troyes).

Il vivait au XIIIe siècle et parvint au siége épiscopal de Châlons-sur-Saône, dans un temps où les évêques avaient une importance spirituelle et politique considérable.

PANTALÉON ANCHER (le cardinal).

Neveu du pape Urbain IV, Ancher remplaça d'abord son oncle dans l'archidiaconé de Laon; il fut ensuite grand archidiacre de l'église de Paris.

Sous le pontificat de son oncle, Ancher Pantaléon fut nommé cardinal du titre de Sainte-Praxède à Rome (décembre 1262). Bienfaiteur de l'ancienne chapelle de Saint-Pantaléon de Troyes, exécuteur testamentaire des volontés d'Urbain IV en ce qui touche la construction de la collégiale Saint-Urbain, le cardinal Ancher mérite dans l'histoire locale une place à côté de son oncle. Par ses soins, l'église fut continuée, le chapitre consolidé. Le pape Clément IV envoya Ancher avec le titre de légat au couronnement de Charles d'Anjou, roi de Naples et de Sicile (1265).

Ancher, mourut le 1er novembre 1286. Son tombeau existe dans l'église de Sainte-Praxède à Rome, dans une chapelle à main droite de la sortie conduisant à Sainte-Marie majeure. C'est un massif en marbre blanc avec reliefs de pilastres et de draperies, sur lequel repose la statue couchée du cardinal. Une inscription latine signale sa bonté, sa droiture et sa charité.

Léguisé (Jean).

Évêque de Troyes, sous Charles VII, Jean Léguisé amena les habitants de Troyes à chasser les Anglais et à ouvrir les portes de la ville à Jeanne d'Arc, qui conduisait alors le roi à Reims. Anobli par Charles VII, Léguisé justifia cette distinction par sa conduite et son intelligence. La célèbre *Fête des Fous,* qu'on célébrait dans les églises de Troyes, fut abolie sur son initiative.

Hennequin (Odard).

1484-1544.

Né à Troyes, en 1484, d'une famille considérable alliée aux Molé, aux Balzac d'Entragues, aux Brichanteau-Nangis, etc., Jean Hennequin entra dans les ordres. Distingué par François 1er, il en devint l'aumônier. Nommé évêque de Senlis, puis de Troyes, Hennequin, qui avait en même temps le titre d'abbé commendataire de plusieurs abbayes, combattit le protestantisme par le meilleur moyen, en réformant les abus dans son diocèse, et en multipliant les actes de charité. Il mourut en 1544.

PRINCES. — SOUVERAINS. — HOMMES POLITIQUES.

Urbain IV (pape).

1185-1264.

Fils d'un pauvre cordonnier de Troyes, Jacques Pantaléon, qui devint pape sous le nom d'Urbain IV, naquit en 1185. De la maîtrise de la cathédrale de Troyes, où il était enfant de chœur, Jacques Pantaléon devint archidiacre de Laon, puis de Liége, ambassadeur du saint-siége, évêque de Verdun et patriarche de Jérusalem. Il fut élu pape le 29 août 1261, et joua un rôle historique important dans la lutte entre Mainfroy et le duc d'Anjou, entre Alphonse de Castille et Richard d'Angleterre, entre Henri III d'Angleterre et ses grands vassaux. Urbain IV, mit sur le trône de Naples le frère de saint Louis, le duc d'Anjou ; il institua la plus célèbre des fêtes populaires du catholicisme, *la Fête-Dieu*. Sur le trône pontifical, il n'oublia pas son humble origine, car sur l'emplacement même de la boutique de son père, il fit bâtir ce chef-d'œuvre d'architecture ogivale, placé sous le vocable de Saint-Urbain. Pape militant et énergique, Urbain IV mourut le 2 octobre 1264, loin de Rome, à Pérouse, où les événements l'avaient obligé de chercher un refuge.

Thibault IV (le Trouvère).

Comte de Champagne, puis roi de Navarre par suite de la mort de Don Sanche, son oncle, Thibaut IV est plus célèbre par ses inspirations poëtiques et par son amour pour la reine Blanche, mère de saint Louis, que par ses exploits et son gouvernement. Il naquit à Troyes, au commencement du XIIIe siècle.

Thibault IV a composé des poésies amoureuses. Plusieurs pièces sont de véritables élégies. Ses vers, où la grâce et le charme ont survécu à la transformation de la langue, ont du nombre et de l'harmonie.

Juvénal des Ursins.

1360-1431.

La vieille famille marchande des Juvénal, dont Troyes possède encore l'hôtel reconstruit après l'incendie de

1524, acquit un relief considérable du nom et du mérite de l'un de ses membres Jean Juvénal, né à Troyes, vers 1360. Dabord simple avocat à Paris, Juvénal montra une telle capacité qu'il devint bientôt célèbre. Quand les faveurs royales vinrent ratifier l'opinion, il devint avocat du roi, prévôt de la ville de Paris, procureur-général au Parlement. Pendant sa prévôté, Juvénal rendit de grands services à la ville de Paris ; il prit des mesures intelligentes et énergiques pour assainir les quartiers empestés du voisinage de Sainte-Geneviève. Par reconnaissance, les Parisiens lui firent don de l'hôtel des Ursins. Juvénal ajouta le nom de son hôtel à celui de sa famille. Pendant les guerres civiles qui ensanglantèrent Paris sous le règne de Charles VI, Juvénal des Ursins montra un grande loyauté, un patriotisme intelligent et un noble courage. La famille des Juvénal, attirée à Paris et mise en évidence par le prévôt, vit plusieurs de ses membres investis de hautes fontions. Juvénal des Ursins mourut en 1431. Sa statue figure dans la galerie des hommes illustres qui décorent les façades de l'hôtel-de-ville de Paris.

PITHOU (Pierre).

1539-1599.

Jurisconsulte savant, historien et littérateur, Pierre Pithou, qui naquit à Troyes en 1539, devint un des avocats les plus estimés de Paris par sa science et son caractère. On lui attribue le plan et les parties sérieuses de la *Satire Ménippée*, ce poëme burlesque et satyrique dirigé contre les Ligueurs. Envoyé par Henri IV, en qualité de procureur-général, au Parlement de Bordeaux, il s'acquitta avec succès d'une mission qui avait surtout un but conciliateur. Des hautes fonctions de la magistrature, il redescendit modestement à l'exercice de sa profession d'avocat, conservant dans son cabinet la respectueuse considération qui l'avait entouré. Pierre Pithou a laissé de nombreux travaux historiques, et des ouvrages de droit. Il fut le premier éditeur des fables de Phèdre.

PEINTRES. — GRAVEURS ET SCULPTEURS.

GENTIL (François).

Chef d'une école influente de sculpture, dans la seconde moitié du XVIᵉ siècle, François Gentil, dont la famille s'est perpétuée jusqu'ici, naquit à Troyes. Il remplit de bas-reliefs, de groupes et de statues, les églises et les couvents de son pays natal. Il fut l'émule de l'italien Domenico Rinuccini, qui fit aussi école dans la ville de Troyes. Ses statues ont le mouvement et le pittoresque qui caractérisent la sculpture et la peinture du commencement de la Renaissance, mais elles en ont l'exagération académique et le chiffonné. Saint-Pantaléon et Saint-Nicolas ont conservé beaucoup de sculptures de ce remarquable statuaire.

GONTHIER (Linard ou Lienard).

Peintre-verrier d'une immense valeur, dessinateur inventif, peintre à la touche délibérée et spirituelle, Linard Gonthier se résume par le *vitrail du Pressoir*, à la Cathédrale, et surtout par les panneaux de l'ancien hôtel de l'Arquebuse, qui garnissent les fenêtres de la Bibliothèque. Il est peu d'églises qui ne possèdent des verrières de ce peintre. Il florissait dans la première moitié du XVIIᵉ siècle; son frère, Jean Gonthier, travailla comme lui pour les établissements religieux, à peu près dans le même temps.

Mignard (Pierre).

1610-1695.

Descendant d'artisans, Pierre Mignard eut la faiblesse, commune à Le Brun, de déguiser son origine. Son grand-père était armurier et capitaine de la milice bourgeoise. Sa fille, la marquise de Feuquières, se donnait une souché anglaise, et attribuait à son aïeul un grade militaire et une origine noble.

Pierre Mignard, qui avait sous les yeux les œuvres de Gentil, de Gonthier, de Macadré et de tous les artistes de Troyes, si nombreux au xvi⁰ siècle, put développer ses dispositions et acquérir ensuite à l'école de Vouët le talent qui a fait sa renommée. Il devint peintre de Louis XIV et directeur de l'Académie de peinture. Mignard a considérablement produit. Versailles, les musées, des églises, renferment une bonne partie de ses œuvres. Presque toutes les grandes familles du temps de Louis XIV ont voulu des portraits de la main de l'artiste qui possédait les qualités que recherchent les modèles, l'élégance et la grâce. Seulement, l'afféterie, leur voisine, dans laquelle est tombé souvent le peintre de Louis XIV, la mollesse du dessin, la recherche de la couleur ont donné raison à la qualification de *mignardise*, qui caractérise justement parfois son exécution. L'une des œuvres capitales de Mignard est la décoration de la coupole du Val-de-Grâce. Cette peinture, le plus considérable ornement de l'église, exigeait un très-grand talent de composition et d'exécution, car la coupole du Val-de-Grâce est l'une des plus grandes qu'on connaisse. Il y a plus de deux cents figures religieuses dans cette peinture. La Trinité et la reine Anne d'Autriche sont particulièrement en vue. Il y a des personnages de premier plan qui n'ont pas moins de 2 à 3 mètres.

Nous préférons à cette vaste *machine*, comme disent les peintres, le *Baptême dans le Jourdain*, qui figure au grand retable de Saint-Jean de Troyes. La femme et la fille de Mignard sont peintes sous les traits de l'ange blond et de l'ange brun qui assistent au baptême.

Mignard, devenu puissamment riche, maria sa fille au marquis de Feuquières. Il mourut en 1695.

GIRARDON (François).

1630-1715.

Celui-ci resta toute sa vie bon, simple, naïf, ce qui ne l'empêcha point d'être un plus grand artiste que son concitoyen Mignard, qui le regardait du haut de ses dentelles. Né d'une famille de fondeurs en bronze et en cuivre, il débuta dans l'étude de Pierre Geoffroy, procureur, mari de sa marraine. Comme il faisait plus de croquis que de copies de pièces, on l'envoya chez Beaudesson, un menuisier-sculpteur du voisinage ; on croyait le punir, on lui ouvrit sa voie. Etudiant les œuvres de Gentil, de Dominique, de Juliot, pour lesquels il garda toujours une sincère admiration, Girardon commençait à révéler son avenir, lorsque le hasard le conduisit au château d'Estissac, chez le chancelier Séguier. Homme de goût et généreux, le chancelier envoya Girardon à Rome, pour y étudier la grande sculpture. Dirigé par Philippe Thomassin, de Bar-sur-Aube, qui fut son ami autant que son maître, le jeune homme revint à Troyes en 1652 ; de là il alla à Paris, où il retrouva le chancelier, son protecteur. Mignard et Colbert frayèrent à Girardon le chemin de la célébrité, mais Mignard gâta sa protection par la manière hautaine et blessante dont il l'exerça. Tout autre que Girardon y aurait mis moins de modestie et de reconnaissance. Sculpteur du roi, membre, puis directeur de l'Académie, Girardon était un provincial égaré à Paris. Il garda jusqu'à la fin sa rusticité candide et sa bonhomie. Ses grandes œuvres sont le *Mausolée de Richelieu*, dans l'église de la Sorbonne, et qui n'est rien moins qu'un chef-d'œuvre; des groupes et des statues au palais de Versailles; le monument consacré au marquis de Louvois (hôpital de Tonnerre); celui de Gérard Bignon, à Saint-Nicolas-du-Chardonneret, de Paris, et une foule de statues, de bustes, de médaillons consacrés à Louis XIV, à Marie-Thérèse, au grand Condé, à Colbert et à ses parents, et aux illustrations du siècle. La mythologie et l'allégorie né réussissaient pas moins à Girardon que les motifs historiques. On a de lui d'adorables angelots et des têtes d'enfants d'autant mieux réussies que la sculpture du xviie siècle modelait plus volontiers la chair que le muscle. Talent souple, facile et hardi, Girardon est toujours reconnaissable. Troyes possède seulement de ce grand sculpteur : *Un Christ en bronze*, à Saint-Remy; *Un médaillon de Louis XIV*, dans la grande salle de l'Hôtel-de-Ville; *Des ornements de bronze*, au grand autel de Saint-Jean; *Les bustes de Louis XIV et de Marie-Thérèse; Un bas-relief de marbre*, provenant du tombeau de Mme de Lamoignon; Un autre, en bronze, représentant *Saint Charles communiant les pestiférés*, au Musée; *Deux bustes d'enfants*, l'un pleurant, l'autre riant, à la Mairie.

C'est peu, car l'hôtel des Ursins, M. Dare, maire de Troyes, la famille Quinot et beaucoup d'autres possédaient des œuvres du grand sculpteur. Il est à souhaiter que Troyes fasse exécuter des copies ou des moulages, qui prendraient naturellement place à côté de l'œuvre de Simart.

Nicot (Jean).

Contemporain de Mignard, élève de Poussin, Jean

Nicot ne doit qu'à lui-même et à l'abus de son talent d'imitation de n'avoir pas laissé un nom plus populaire et plus retentissant. Il copiait ou imitait un peintre de façon à déconcerter son modèle.

Vingt ans l'élève et l'ami de Poussin, il s'effaça derrière son maître, qu'il ne quitta que pour revenir se fixer à Troyes. Les portraits de Nicot étaient fort recherchés, et ses compositions personnelles ont l'allure magistrale et la couleur vigoureuse de Poussin.

En 1675, l'artiste troyen exécuta, pour l'église de la Madeleine, dix tableaux de chevalet représentant les actes de la vie de la Madeleine. Ils y sont encore.

Ninet de l'Estaing (Jacques).

Elève de Vouet en même temps que Mignard, Lesueur et Le Brun, Jacques Ninet, auquel est resté le surnom de De l'Estaing, a beaucoup produit. Après avoir débuté à Troyes, par douze toiles représentant le *Martyre de saint Étienne,* il se fit connaître à Paris par un *Saint Paul devant l'Aréopage,* donné à Notre-Dame par les orfèvres, et par un *Saint Thomas d'Aquin,* composition allégorique, commandé par les Dominicains. Quittant brusquement Paris, l'artiste revint à Troyes, où il se fixa. L'église Saint-Remi, de Troyes, renferme plusieurs tableaux de Ninet de l'Estaing. On voit de ses œuvres dans les environs et dans quelques collections.

Carey (Jacques).
1649-1720.

Cet artiste fut un utile auxiliaire de son professeur Le Brun, avec lequel il travailla aux peintures des galeries de Versailles; mais ce n'est pas un maître. Il voyagea en Orient, dessinant en naturaliste, en archéologue et en paysagiste. Il exécuta une riche collection de dessins d'architecture, d'animaux et d'etnographie. Retiré à Troyes, dans sa famille, il fit plusieurs tableaux d'église, notamment six toiles qu'il donna à l'église Saint-Pantaléon, sa paroisse d'adoption (il était né sur Saint-Jean). Elles représentent la vie et le martyre de saint Pantaléon. On ne peut juger absolument le peintre sur ces tableaux exécutés à la fin de sa carrière, — il avait 74 ans, — malgré l'exemple qu'a donné Titien d'un talent dans sa plénitude, à l'âge de Carey. On y voit des défaillances de contour et de couleur, et un ensemble mou et blafard.

Thomassin (Philippe).

1542.

Elève des grands maîtres italiens, Thomassin acquit une grande réputation comme graveur. Il se fixa à Rome, où il aida de ses conseils et de sa protection les jeunes artistes ses compatriotes. Il est surtout connu par une riche collection de portraits de princes et de capitaines. Il eut l'honneur de compter parmi ses élèves Jacques Callat, le célèbre caricaturiste.

Joly (Jean).

1660-1740.

Sculpteur, architecte et ingénieur, Jean Joly fut élève de Girardon, avec lequel il travailla à Versailles où se trouvent plusieurs statues de sa main. C'est à cet artiste qu'appartient l'exécution de la statue équestre de Louis XIV, qui fut placée sur la place du Peyrou de Montpellier. Jean Joly, fixé dans cette ville, fut ingénieur et architecte en titre de la province du Languedoc.

Beaudesson (Nicolas).

1611-1680.

Cet artiste se fit une réputation comme peintre de fleurs. Membre de l'Académie de peinture (1679), il a laissé des œuvres estimées.

Cochin (Nicolas).

Le graveur Thomassin fut son maître. Il cultiva, outre la gravure, la peinture et le dessin. Il grava beaucoup de maîtres flamands. La famille des Cochin resta fidèle aux Beaux-Arts. De Nicolas descendait le graveur du roi Louis XVI.

Friquet (Jacques).

Gendre de Tortebat, qui avait épousé la fille de Vouët, Friquet acquit surtout la réputation de peintre savant. Conseiller de l'Académie de peinture et professeur d'anatomie appliquée aux Beaux-Arts, il ne parait pas qu'il ait beaucoup produit. En 1712, on le nommait Friquet de Vaurose.

Paillot de Montabert.

1774-1849.

Descendant d'une ancienne famille, Paillot de Montalbert commença la peinture sous David, mais c'est comme auteur du *Traité complet de la Peinture*, et de plusieurs ouvrages didactiques, qu'il s'est fait surtout un nom justement célèbre. Malgré la perte de la vue, l'artiste-auteur n'en cultiva pas moins les Beaux-Arts jusqu'à la fin.

Arnaud (François).

1788-1846.

L'artiste et l'archéologue vont de pair. M. Arnaud fut

un peintre de talent, comme l'attestent plusieurs de ses tableaux et de ses portraits. Mais l'élève de Gros et de David a rendu surtout de grands services aux Beaux-Arts en formant de bons élèves, et à l'histoire monumentale par la publication du *Voyage archéologique dans l'ancien diocèse de Troyes*, livre excellent qui ne laisse à désirer, outre quelques compléments, que plus de méthode et de clarté.

Gauthier (Martin-Pierre).

1788-1855.

Architecte, membre de l'Institut, auteur d'un ouvrage important sur les monuments de Gênes, M. Gauthier éleva plusieurs constructions où le mérite artistique est subordonné à celui de l'appropriation. Il a bâti l'hôpital de la Riboisière, à Paris ; la Halle aux blés de Troyes, et l'hospice de refuge de Saint-Nicolas, dans la même ville, œuvre malheureuse par la faute surtout des entrepreneurs, et qui conduisit l'architecte à Sainte-Pélagie, en exécution d'un jugement de responsabilité. C'est sous le coup de la contrainte par corps que M. Gauthier succomba en peu de jours.

Simart (Pierre-Charles).

1806-1857.

Dans la force de l'âge et de l'expansion de son puissant talent, Simart a succombé aux suites d'un accident vulgaire, — d'une chute de voiture. — Il était membre de l'Institut et officier de la Légion d'honneur. Quoique brusquement interrompue, son œuvre est considérable. Fervent admirateur de la statuaire grecque, Simart ramena à cet idéal tout ce qui sortit de son ciseau. C'est son défaut, c'est aussi sa grande qualité. La sculpture est restée avec lui dans les domaines élevés du grand art, seulement elle n'a pas les conditions qui ont fait de David (d'Angers) le sculpteur français par excellence. Simart était un Grec du temps de Périclès. Presque tous les moulages de ses œuvres sont au Musée de Troyes.

AUTEURS. — HISTORIENS. — POÈTES. — GÉNÉRAUX. — ACADÉMICIENS.

Sous ce titre viennent se grouper plusieurs noms recommandables par le talent, l'utilité, une valeur incontestée ; mais il n'en est guère, sauf deux, Larrivey et le célèbre ingénieur-mécanicien Gambey, qui aient acquis une renommée assez retentissante pour être populaires en dehors du cercle de la localité.

Voici rapidement les noms et les titres des personnages qui appartiennent à cette catégorie de célébrités :

Le douzième siècle fournit deux noms, celui de Pierre Comestor, doyen de la cathédrale, savant auteur d'une *Historia scholastica*, et celui de Salomon Raschi, célèbre rabbin, qui a laissé de nombreux écrits dogmatiques.

Chrestien (*de Troyes*), poëte et romancier ; Jean (*de Troyes*), greffier de l'Hôtel-de-Ville de Paris, auteur de la *Chronique Scandaleuse*, appartiennent au xIVe siècle et au xVe.

Durant la période de la Renaissance, il faut citer :

Pierre de Larrivey, chanoine de Saint-Étienne, traducteur et auteur dramatique, dont les comédies, écho du théâtre italien, sont très-recherchées ;

François Le Duchat, auteur de poésies latines ;

Jean Passerat, auteur de spirituelles poésies françaises, d'apologues ingénieux, et qui professa le cours d'Eloquence au Collége de France. Jean Passerat fut le collaborateur de Pierre Pithou et de Rapin au poëme burlesque écrit contre la Ligue, sous le nom de *Satire Ménippée;*

Nicolas CAMUSAT, chanoine, auteur de travaux historiques et hagiographiques, la piupart en latin ;

Le jésuite CAUSSIN, qui devint confesseur de Louis XIII, et composa divers ouvrages de scholastique et de religion.

Sous Louis XIV, viennent :

Nicolas DES GUERROIS, auteur de la *Saincteté Chrestienne;*

LECOINTE, oratorien, auteur d'*Annales Ecclésiastiques;*

Eustache LENOBLE, versificateur aventureux, assez fécond ;

L'EVESQUE DE LA RAVALLIÈRE, réputation locale due à des travaux d'histoire et de topographie, et à l'édition de quelques ouvrages.

Dans le siècle dernier se présente :

Pierre GROSLEY, auteur des *Éphémérides Troyennes,* des *Mémoires sur les Troyens célèbres,* de dissertations, de relations de voyage, d'opuscules narquois et sardoniques.

Après lui vient, mais à un titre bien différent, ajoutons à un degré inférieur, M. CHARBONNET, né à Troyes, en 1733. Il devint recteur de l'Université de Paris. C'est une renommée sinon surfaite, du moins en dehors des conditions qui maintiennent un nom au catalogue des biographies. M. Charbonnet, fonctionnaire excellent, honorable, lettré, a surtout fait des discours officiels, le genre le plus périssable de littérature, et que ne cultive guère la postérité.

La date de 1770 nous fournit un nom militaire, celui du général baron GAUTHERIN, qui gagna tous ses grades à la pointe de l'épée, et garda, dans sa haute position, la bonhomie et la simplicité du plus modeste bourgeois. Il était fils d'un boulanger, et il aimait à le dire en face des flagorneurs, pour leur imposer silence. Le général Gautherin fut un soldat de fortune dans toute l'étendue de l'expression : aventureux, téméraire, d'un savoir très-élémentaire, il suppléa à tout ce qui lui manquait à force de courage. Il mourut en 1849.

GAMBEY (François).

(1787-1846.)

Fils d'un horloger de Troyes, apprenti horloger lui-même, puis mécanicien, Gambey, par un de ces priviléges qui n'appartiennent qu'au génie, apprit et devina ce qu'on ne lui avait pas montré. Il végétait obscurément à Paris, travaillant en chambre pour un fournisseur de l'Académie des Sciences, lorsque le célèbre astronome François Arago le prit sous son patronage et le mit en lumière. Devenu le premier des ingénieurs constructeurs d'instruments astronomiques, Gambey fut nommé membre de l'Académie des Sciences, et reçut de tous les gouvernements des distinctions honorifiques. Le cercle mural de Gambey est à la fois un chef-d'œuvre et un effort de génie.

MONUMENTS RELIGIEUX, MILITAIRES ET CIVILS.

ESQUISSES TOPOGRAPHIQUES,
ARCHÉOLOGIQUES ET PITTORESQUES.

Quartier-Haut.

Au lieu de ranger les monuments par catégories et d'en faire une série de monographies isolées, nous croyons devoir prendre un parti moins méthodique peut-être, mais plus élastique et plus varié.

Si le lecteur veut bien nous suivre à travers la ville, et pénétrer avec nous dans tous les quartiers, il n'aura pas seulement une suite de cadres isolés sous les yeux ; il aura l'histoire de la ville entière.

Où l'histoire, la chronique et l'archéologie ne laisseront rien à glaner, nous passerons.

Où quelque fait important, curieux ou bizarre se sera accompli, on l'apprendra sur place. Si un détail qu'une classification étroite et trop absolue aurait condamné à l'oubli se présente, il sera signalé.

Ne fût-ce d'ailleurs qu'au point de vue des inductions, des constrates, des souvenirs que les habitations privées peuvent fournir, la promenade ne manquera pas d'intérêt. Presque toujours, il existe entre les maisons et les édifices publics d'une ville ancienne une corrélation plus ou moins intime, car le moyen-âge, dont les temps modernes sont plus directement les héritiers qu'on ne le suppose, groupait les industries, les classes et les professions, autour des établissements et des édifices qui étaient leurs centres naturels. Les mesures de police, écho des habitudes, des mœurs ou des nécessités, érigeaient souvent en obligation générale une tendance d'autant plus naturelle qu'elle était la conséquence des communautés et des corporations, ce lien puissant qui préservait l'individu de l'isolement. Les particularités ne manquent pas d'intérêt, car une fois constatées elles expliquent et commentent ce qui sans elles serait une bizarrerie ou un problême.

Lorsqu'au contraire c'est un contraste qui caractérise le monument et ses destinations par rapport à son entourage, il en naît une sorte d'énigme qu'il n'est pas sans intérêt de pénétrer.

Nous entendons bien éviter la glose et la dissertation, et ne pas faire faire trop longtemps antichambre au lecteur; les proportions de ce petit livre nous obligent d'ailleurs à la sobriété. Dans tous les cas, on aura toujours la faculté d'abandonner l'historiographe pour s'en tenir aux grandes stations principales que réclament les monuments importants.

Cette explication donnée, nous commençons l'excursion par la porte de Paris, autrefois de Belfroy.

Porte est maintenant une antiphrase, car la rue débouche sur une surface déblayée, où verdoient des gazons et fleurissent des arbustes. Cette entrée souriante était encore, en 1822, d'un aspect fort rébarbatif. C'était une succession de voûtes fermées à l'extérieur par un corps de logis flanqué de tours.

En avant, se dressait une terrasse ou cavalier qui obstruait l'entrée du faubourg. En dedans, s'élevait une tour où était placé le Beffroi, qui, par corruption, fit donner à la porte, le nom de Belfroy. En 1858, la base des tours, qui plongeaient jusqu'au fond du fossé, a été enfouie dans les terrassements actuels. A droite, en entrant rue de Belfroy, est la ruelle de *la Vicomté*.

Tout ce côté de la rue est relativement moderne, car l'emplacement jusqu'à l'église Saint-Nicolas, était occupé par le château de la Vicomté, l'un des trois de la ville. A partir de 1400, et surtout de 1524, date du grand incendie qui ravagea le Quartier-Haut, le château céda graduellement la place à des maisons et à des jardins. Dans la ruelle de la Vicomté se retrouvent encore des vestiges du château féodal, réduits à un fragment de mur.

De la rue de Belfroy à la place de la Bonneterie, précédemment marché au blé, autrefois du minage (marché), au xıı siècle, marché aux meules, il n'y a rien de particulier à constater. Le sommet de la place est occupé par la halle à la bonneterie et l'église Saint-Nicolas.

HALLE A LA BONNETERIE.

Après avoir longtemps possédé des halles industrielles, occupées par plus de vingt colonies étrangères, la ville n'en avait même plus pour abriter et grouper les fabricants. Les tisserands et les bonnetiers colportaient leurs marchandises de magasin à magasin, ou les déposaient dans des maisons particulières.

Pour remédier aux inconvénients d'un état de choses qui était une cause de temps perdu, de débats et d'incertitudes sur les cours, et donnait naissance à des industries interlopes préjudiciables surtout aux fabricants, la ville se décida enfin à faire construire une *halle*.

L'édifice fut livré au public en 1837.

Ce n'est pas un monument, mais son utilité et la vulgarité de ses destinations l'en dispensent.

La façade est percée d'une série d'arcades en plein cintre. Un surhaussement du comble, disposé en lanterne, éclaire

les parties supérieures. Cabinets, comptoirs et magasins d'é-
chantillons, telle est en quelques mots la disposition de l'intérieur. L'emplacement où s'élève la halle à la bonneterie
fut occupé, jusqu'en 1686, par trois hôtelleries : l'*Ecu de
Bourgogne,* le *Bon Laboureur* et la *Pomme de Pin,* incendiées le 1er septembre 1686, en même temps que l'hôtel du
Mulet dont le nom existe encore, et cinquante maisons des
rues de Saint-Nicolas, de la Pierre et de la Clé-de-Bois.

Rappelons que l'empereur d'Allemagne, Joseph II, descendit au Mulet, le 6 août 1781.

SAINT-NICOLAS-AU-CHATEAU.

C'est par l'abside que Saint-Nicolas se présente dans
l'intérieur de la ville.

Cette église était autrefois la chapelle de la Vicomté.

Détruite en 1524, elle fut rebâtie et agrandie, depuis
1526 jusqu'à 1600, au moyen du produit de quêtes et
d'emprunts stimulés par des indulgences qu'accorda
le pape Clément VII aux bienfaiteurs de l'Eglise.

Plusieurs paroissiens se montrèrent généreux. L'un
d'eux, Michel Oudin, qui avait fait le pèlerinage de Pa-
lestine, fit construire le calvaire et le sépulcre sur un
plan rapporté de Jérusalem.

Des artistes célèbres de l'Ecole de Troyes ont contribué à la décoration de Saint-Nicolas; il faut citer les
noms de Christophe Molut et de Gentil, sculpteurs;
de Chabouillé, sculpteur en bois; de Nicolas Cordonnier, peintre verrier, et de Faulchot, architecte du portail sud.

Du côté occidental, Saint-Nicolas, qui s'appuyait au
rempart, n'avait pas de portail; c'était dans l'axe de la
rue longeant la façade au midi que s'ouvrait l'ancienne
porte d'Auxerre. Depuis la démolition du rempart et de
la porte, M. Fléchey, architecte de la ville, a exécuté
des travaux qui donnent maintenant une entrée princi-

pale à l'extrémité de la nef. Les dispositions anciennes ont été combinées de façon à créer un portail sinon régulier, au moins d'une apparence assez monumentale (1858-60).

L'extérieur de Saint-Nicolas se recommande par ses deux portes latérales ; celle du nord est une composition ogivale qui indique l'antériorité de son exécution ; c'est le gothique arrivé à sa dernière expression. Deux contreforts, reliés au sommet par une corniche à maigre profil, soutiennent le départ d'une archivolte à accolades montant au milieu d'un champ de meneaux appliqués. Au-dessous des festons trilobés qui se découpent sous l'archivolte, s'ouvre une fenêtre ogivée flanquée de deux niches, dont la bordure est également festonnée. A l'appui de la fenêtre aboutit le socle que portent les contrecourbes placées sur les reins du cintre surbaissé qui constitue l'entrée. Aux ébrasements, aux rampants, aux dais, aux pilastres, s'épanouissent les végétations et les bestiaires contournés qui marquent la décadence du style ogival.

La porte sud, exécutée par Faulchot, est de cet antique de fantaisie qui en use à son aise avec les règles classiques, et donne à la Renaissance son originalité. Une superposition de pilastres doriques et ioniques portant fronton compose l'ensemble du motif.

Détails : Une porte en plein-cintre avec une clé-console ; au-dessus, une fenêtre partagée par l'arbre et les bras d'une croix à bénitier ; aux parties libres de la surface, niches bordées d'un double guillochis et surmontées de cartouches ; à l'entablement du rez-de-chaussée, belle frise de canaux, de têtes de bœuf enguirlandées et de rosaces.

L'intérieur est intéressant à plusieurs titres.

Trois nefs (pas de transsepts), fenêtres ogivées du style flamboyant garnies de meneaux plein-cintre, à la nef et au chœur, de meneaux prismatiques aux bas-côtés ; à deux voûtes des bas-côtés au chœur : deux clés en cul-de-lampe ornées de trilobes ; statues aux piliers, style de la Renaissance.

.4

A l'entrée des basses-nefs à droite, haut et large escalier conduisant au Calvaire ; à gauche un sépulcre rayé de pilastres ; à la frise, instruments de la Passion ; sur le sépulcre, un dais à colonnes abritant un Christ ressuscité de proportions colossales ; au calvaire qui traverse la largeur de l'église dans la partie supérieure, un *Eccè homo*. Les deux statues sont de Gentil. Au mur de l'autel, une grande peinture murale défigurée.

Les vitraux, dont quelques-uns d'une belle exécution, sont en partie incomplets.

On voit à la nef : *l'Adoration des bergers — les Mages — les Quatre Docteurs — un Trait de la vie de sainte Anne et la Vierge — la Vie de sainte Anne et la Résurrection.*

Au bas côté droit, deux grisailles : *les Miracles du Christ — l'Histoire de Tobie.*

Aux vitraux polychrômes : *la Légende de saint Claude — la Généalogie de la Vierge.*

Au bas côté gauche, *la Légende de l'Hostie* (belle grisaille) — *les Béatitudes,* très-beau vitrail en six panneaux ; à la partie haute de la sixième fenêtre, *la Vie de saint Roch.*

Un saint Jérôme sculpté, une jolie cuve baptismale de la Renaissance, une belle chaire à prêcher reproduisant la légende de saint Nicolas, et quelques tableaux intéressants sont les principaux objets mobiliers à signaler.

—

Sur la place de la Bonneterie, qui était bordée autrefois d'un grand nombre d'hôtelleries, se trouvaient, à gauche, l'hôpital Saint-Bernard et sa chapelle que remplace l'hôtel de France.

D'abord asile pour les voyageurs, puis refuge de filles repenties, l'hôpital Saint-Bernard cessa d'être un établissement religieux vers 1750.

Au milieu de l'ancien pavé naguère si inégal, la ville et les habitants du quartier ont fait établir un jardin en 1858.

L'aspect des arbustes et du gazon est assurément

plus agréable que celui des anciens *ornements* de la place ; vers le commencement du xvie siècle, dans le haut du marché, était un pilori hexagone dominé par un tourillon ; plus bas se dressait une potence ; enfin, en arrivant au carrefour que forment au bas de la place les rues du Dauphin, de Notre-Dame et la place de la Banque, s'élevait un troisième appareil qui servait à l'exposition des condamnés.

La multiplication des épouvantails juridiques dépasse toute croyance. Ainsi, la place de la Banque, où se trouvaient naguère l'Etape-au-Vin, et dans des temps plus éloignés, le marché à la paille, avait à côté du puits qui en occupe le centre, un pilori important.

Sur cette place, au lieu occupé par la banque et la maison voisine, s'élevaient la prévôté et la halle aux draps. Sur la gauche, le long de la rue des Croisettes, était l'hôtel de la Couronne, où la tradition place l'habitation d'Isabeau de Bavière et de Charles VI, pendant leur séjour à Troyes, en 1420.

Revenons au carrefour, et prenons la rue du Dauphin.

Dans cette voie, nommée très-anciennement de Saint-Pantaléon, à cause de l'église, puis du Dauphin, nom d'une hôtellerie, on voit à l'angle de la rue Synagogue, au n° 8, une maison très-importante, et dont les dépendances anciennes se prolongent dans la cour voisine. On croit qu'elle occupe l'emplacement de l'ancienne Synagogue. Ses escaliers en encorbellement, ses galeries et ses dispositions qui signalent une construction de la Renaissance, méritent qu'on pénètre dans l'intérieur de la cour. On y trouve l'ensemble d'une de ces curieuses et grandioses habitations d'autrefois qui vont disparaissant tous les jours.

Il y avait beaucoup de drapiers dans cette rue qui borde le chevet de l'église Saint-Pantaléon.

Longeons la rue Synagogue; elle aboutit au parvis de l'église, qui a en face d'elle l'ancien hôtel de Vauluisant. Ces deux monuments valent la peine d'être signalés et décrits.

ÉGLISE SAINT-PANTALÉON.

L'emplacement de l'église et ses abords ont été transformés à la suite de l'incendie de 1524.

Chapelle en bois de proportions étroites, Saint-Pantaléon s'élevait, dès avant le XIIIe siècle, sur les dépendances de l'hôtel de Vauluisant. Quand on la reconstruisit, on en agrandit les proportions ; il paraît que ce n'était pas sans besoin, car le 7 juillet 1522 on faisait une descente sur place pour aviser à des moyens d'élargissement, que deux ans plus tard fournit l'incendie.

Des dons volontaires, encouragés par des indulgences, procurèrent les ressources nécessaires à la reconstruction. Du reste, les paroissiens de Saint-Pantaléon étaient généralement riches ; la famille Molé comptait dans le nombre plusieurs de ses membres, dont l'un fut maire de Troyes, en 1550. Les demoiselles Sorel, marchandes épicières, se signalèrent en 1572 par un don qui représente aujourd'hui une somme énorme ; elles donnèrent, assure Courtalon, dans sa *Topographie,* plus de soixante-dix mille livres pour faire achever les parties hautes et la toiture du grand comble. Malgré les libéralités dont la prodigue ornementation de l'intérieur donne une haute idée, il est à croire que, vers la fin de l'achèvement des gros travaux, les ressources se restreignirent, car la grande voûte fut établie en bois. On ne peut croire à une préoccupation de statique, car les contreforts, qui ne sont que le prolongement des murs de refend entre lesquels sont établies les chapelles des

Troyes. — Saint-Pantaléon (intérieur).

basses-nefs, ont assez de force pour contrebuter la poussée de voûtes en pierre.

Quoiqu'il en soit, le chevet et ses retours furent construits rapidement. En 1527, on gravait au-dessous de la corniche, probablement destinée à servir de plain pied à une galerie extérieure, une inscription commémorative et invitatoire qu'on peut lire encore du côté de la rue du Dauphin. Cette inscription, composée en latin, rappelle la ruine de sept édifices religieux causée par l'incendie de 1524, et invite les fidèles à concourir à l'achèvement de l'édifice.

Saint-Pantaléon est doublement une œuvre de transition ; l'art ogival s'y combine avec celui de la Renaissance dans les parties anciennes, et la Renaissance, à son tour, s'y présente à son origine et à son déclin.

L'église est construite sur le plan d'un carré long ; elle occupe une longueur de 58 mètres, partagée en six travées sur 19 mètres 50 de large. Sa hauteur à la grande voûte est de 22 mètres 70 centimètres. Sur le plan carré du chevet, et soutenue par des contreforts ioniques et des arcs boutants, s'élève circulairement la grande nef qui, à son retour du côté du portail, est restée interrompue vers la quatrième travée. Ce fait prouve encore le manque de ressources dont on vient d'avoir l'indice au sujet des voûtes.

Le grand portail, dont l'exécution dans le style Louis XIV-XV, s'éloigne tant de celle du chevet, est indigne du reste de la construction ; c'est une sorte de grand paravent dorique à fronton auquel un amortissement cintré ionique vient se superposer.

La petite porte méridionale avec son cintre surbaissé et ses contre-courbes encadrant une niche, ses pilastres, ses applications de meneaux en trilobes dans le cadre de la montée, le tout orné de dais, de crochets, de rinceaux, est encore une œuvre où l'on retrouve l'art ogival.

Celle du nord, au contraire, appartient complètement à la Renaissance. Un cintre sous entablement est dominé par un portique trinitaire frontonné, dont l'arc central est occupé par une statue mutilée.

L'intérieur de cette petite église, où éclate un luxe remarquable de sculptures, de figures, de niches, de retables fouillés par le ciseau, serait plus attrayant encore si l'on débarassait la nef des tableaux de Carey qui bouchent les parties supérieures des travées. Quoique consacrés au patron saint Pantaléon; quoique libéralement donnés par le peintre, ces tableaux seraient mieux placés au Musée qu'à l'église où le manque de surfaces a obligé de les suspendre aux dépens du jour, de la vue et de la perspective, graves inconvénients aggravés par l'étroitesse de la nef. L'ombre du peintre ne protesterait pas contre la nouvelle destination.

Six travées partagent la longueur de Saint-Pantaléon. Ogivales jusqu'à la galerie formée par une large corniche, elles se terminent en plein-cintre à la claire-voie. Les colonnes polycylindriques à la partie inférieure se creusent de cannelures au-dessus de la galerie, et se couronnent de chapiteaux d'un composite très-indépendant. Malgré sa hardiesse, et grâce à l'interruption de la corniche, cette superposition de deux styles n'a rien de choquant. Les meneaux des fenêtres des bas-côtés sont la plupart en prisme, dans des baies ogivées; ceux des parties hautes, taillés carrément, sont d'accord avec leur encadrement; ils affectent le plein-cintre et la forme circulaire aux réseaux.

Aux bas-côtés, la sculpture a prodigué toutes les finesses et toutes les hardiesses du ciseau. Huit retables, et tout particulièrement celui de sainte Geneviève du côté du nord, sont à examiner en détail. Leurs motifs d'aspect monumental semblent un prétexte à ciselures et à guillochis; les sculpteurs ont joué avec la pierre comme les ciseleurs et les modeleurs jouent avec le métal des bijoux et la glaise. Les cadres de bas reliefs, les moulures, les cannelures, les coquilles, les arabesques, les rosaces, les rinceaux et toute sorte de fantaisies sans vocabulaire se coudoient, se succèdent, se superposent; c'est à lasser la description. La variété et la souplesse de cette prestigieuse exécution se retrouvent dans les dais qui abritent les statues de la grande nef; ce n'est que festons, frontons, pignons, nervures, cannelures, frises et consoles. Parmi les statues de Saint-Pantaléon est celle de saint Jacques représentant, à ce qu'on assure, le sculpteur Gentil qui aurait sa sépulture à Saint-Pantaléon. Les plus remarquables des statues se trouvent au calvaire. Un groupe de saint Crépin et de saint Crépinien, souvent dessiné, a été apporté des Cordeliers ; c'est un curieux spécimen de la sculpture troyenne au XVIe siècle.

Les vitraux les plus remarquables, sont des grisailles qui passent pour avoir été exécutées par Macadré. *La bataille de Constantin contre Maxence* est surtout à remarquer par la vigueur, le mouvement et le pittoresque. Citons encore la *Légende de la Croix, la Conception, la Vie de la sainte Vierge* et *l'Histoire de Daniel.*

Un grand nombre de blasons de donateurs figurent dans les verrières de la grande nef. A la chaire à prêcher sont encadrés quatre bas-reliefs de bronze représentant l'*Eglise et les Vertus théologales.* Ils sont de Simart.

HOTEL DE VAULUISANT.

En face de Saint-Pantaléon s'élève un charmant pavillon qui devrait s'appeler hôtel Hennequin, si le nom des anciens possesseurs de l'emplacement n'avait prévalu sur celui du constructeur.

Les moines de Vauluisant au diocèse de Sens possédaient, dès le XIIe siècle, un hôtel où descendaient les envoyés du couvent. On y emmagasinait les redevances en nature, on y percevait les revenus, en un mot tous les intérêts du couvent à Troyes avaient pour centre l'hôtel possédé par les religieux. Cet hôtel occupait une grande surface, car c'était sur une de ses dépendances qu'on avait élevé la petite église primitive de Saint-Pantaléon. Mais dès le XVe siècle, soit que les religieux n'eussent plus d'intérêts sérieux à Troyes, soit que les bâtiments fussent devenus inutiles, l'hôtel de Vauluisant fut démembré, loué à emphytéose, puis aliéné.

L'incendie de 1524 ayant fait place nette, une portion du terrain fut cédée par les frères Molé et Jean Dorigny, alors propriétaires, pour l'établissement de l'église. La place, les rues latérales à Saint-Pantaléon et ses dégagements sont dus à l'évènement.

Ce fut en 1564, qu'Antoine Hennequin fit construire l'élégant monument dont nous nous occupons.

Plusieurs familles considérables de Troyes possédèrent l'hôtel Vauluisant, et lui donnèrent leur nom pendant la durée de leur possession; dans le nombre se trouvèrent les Coiffart, les Lespinette, et surtout les de Mesgrigny, membres d'une famille qui depuis les croisades a occupé les plus hautes positions dans l'administration militaire et politique de la Champagne. Vers les derniers temps, l'importance de la famille et sa longue possession avaient à peu près fait oublier les moines de Vauluisant. Mais les mutations successives qui suivirent la dépossession des de Mesgrigny firent revivre le vieux nom historique.

Rien à dire des parties de l'hôtel construites par Jean de Mesgrigny, du temps de Louis XIV : tout l'intérêt est concentré dans le pavillon élevé du temps de Charles IX; dans son corps de logis à double perron, rayé de pilastres, décoré d'une frise frontonnée, d'une balustrade de galerie couronnée d'une lucarne à double baie sous fronton, et flanqué de tourelles où pyramident deux épis de plomb très-curieux. La grande salle du rez-de-chaussée possède une belle cheminée décorée de colonnes corinthiennes, et des boiseries peintes où sont représentés des sujets mythologiques, des fleurs et des chasses.

————

Le quartier de Saint-Pantaléon, profondément modifié par l'incendie de 1524, possède encore les restes du couvent des Ursulines, dans la rue de ce nom. L'édifice, occupé par un pensionnat, n'a d'autre intérêt que celui de témoigner de l'existence de ce couvent, l'un des moins anciens de Troyes;

il remonte au règue de Louis XIII. C'était une succursale de la maison établie à Châtillon-sur-Seine. La chapelle a été détruite, quand, en 1779, les religieuses se furent établies dans l'ancien couvent des Antonins, au faubourg Saint-Martin.

Dans la rue de Croncels, qui se raccorde avec celle du Dauphin, se trouvent l'hôtel de Chapelaines et la caserne de l'Oratoire.

HOTEL DE CHAPELAINES.

C'est une construction de la seconde moitié du XVIe siècle. Sa façade a pour décorations principales, au premier étage, une série d'encadrements de fenêtres composés de pilastres à demi-colonnes sous fronton, et portés par des appuis à consoles. Une galerie régnant sur toute la longueur du bahu de comble est entrecoupée de pilastres et garnie de balustres. Le rez-de-chaussée, d'une grande simplicité, n'a que des pilastres. A l'angle droit est une niche renfermant autrefois une de ces figures symboliques ou religieuses gardiennes du domicile, que prodiguaient les habitants. Dans les murailles, du côté du pignon, on distingue l'appareil brique et pierre, en échiquier, qu'on trouve si fréquemment employé dans les constructions civiles du XVe et du XVIe siècles.

La famille de Chapelaines, à laquelle appartenait cette habitation, et qui l'avait fait construire à la place de l'hôtel de Clairvaux, avait établi, dans la pièce principale, une cheminée monumentale décorée de bas-reliefs d'une très-brillante exécution. Cette cheminée a été donnée au Musée de Troyes.

Le baron de Chapelaines, capitaine de la milice bourgeoise en 1586, vit son hôtel pillé par des émeutiers recrutés surtout parmi les drapiers et les tisserands, soulevés à l'occasion d'un impôt établi sur les métiers.

Louis XIII descendit, le **23** janvier 1629, dans l'hôtel de Louis Largentier, alors bailli de Troyes. Ce fut dans cette maison que logea l'empereur d'Autriche François Ier. C'était en 1814, lors de l'invasion.

Il y tint une conférence avec Alexandre Ier de Russie et le roi de Prusse, Frédéric-Guillaume III.

CASERNE DE L'ORATOIRE.

Construite de 1849 à 1850, cette caserne, qui peut contenir de 11 à 1,200 hommes, s'élève sur l'emplacement de l'ancien couvent de l'Oratoire et du boulevard de la Tour-Boileau, dont il sera question dans la revue du tour de ville. Elle n'a d'autre prétention que celle de répondre à sa destination. Il eût été à souhaiter, seulement, qu'on n'en eût pas fait une sorte de barricade qui obstrue le retour de la promenade.

Les Oratoriens, ces célèbres adversaires des Jésuites, et dont plusieurs ont été populaires même pendant la révolution de 1792, n'étaient à Troyes que depuis 1618. Ils avaient remplacé le personnel de l'hôpital Saint-Esprit, établi depuis 1417. Les religieux hospitaliers du Saint-Esprit, de Montpellier, s'étaient fixés en cet endroit à la suite de la destruction de leur maison d'origine, qui avait été ruinée pendant la guerre anglaise. Cette maison était située, *extrà-muros*, contre la porte de Croncels.

CHRONIQUE. — TOPOGRAPHIE. — ÉTYMOLOGIES. — COMMANDERIE DU TEMPLE.

Les rues qui composent le réseau compris entre la voie de Croncels, Saint-Pantaléon, Saint-Nicolas et la caserne de l'Oratoire, méritent qu'on s'en occupe à un titre particulier, car elles rappellent un passé dont elles n'ont pas encore perdu l'empreinte. Dans ce quartier, où les maisons sont généralement basses, mesquines ou pauvrement bâties, il n'y a aucun monument, aucun établissement à signaler.

La rue du *Cheval-Rouge*, comme celle du *Bois de Vincennes*, doit son nom à une enseigne. Il y avait beaucoup d'auberges. La rue de la *Clé de Bois*, dont le nom moderne ne signale rien qu'un objet extérieur, enseigne ou décoration, s'appelait auparavant de *Montpellier*, à cause des marchands de cette ville qui y possédaient une halle; c'était aussi le quartier des marchands espagnols, qui vendaient surtout des maroquins.

Les anciens instruments des tondeurs de drap, *les forces*, ont laissé leur nom à la rue demi-circulaire qui vient déboucher sur la place de Saint-Pantaléon. On y vendait ou on y fabriquait les ciseaux des tondeurs.

Une des voies qui venaient tomber dans la rue des Forces, la rue de *Varveu* tire son nom, plusieurs fois changé comme celui des enseignes, d'une hôtellerie ou d'une habitation particulière.

La rue de *La Pierre* est sous un vocable industriel. Il y avait, sous les comtes et pendant le moyen-âge, un atelier banal où les fabricants devaient, à charge de redevance, faire presser les toiles de coton sous une pierre d'un gros volume, qui se manœuvrait probablement comme les plateformes des pressoirs. Ce foulage avait en vue les résultats que donnent aujourd'hui l'apprêt et les cylindres.

La rue des *Pigeons* devait son baptême à quelque circonstance locale : enseigne ou pigeonnier.

La rue de *Bourbereau*, dont la désignation, hélas, s'étendait au-delà de la petite rue qui la porte, ne rappelle pas un terrain fangeux ou une rue malpropre. Elle paraît avoir été connue sous le nom de Bourdeau; mais bourbe ou bourdeau, sa racine n'a rien de séduisant; dans les deux cas, il faudrait le secours du latin pour dire ce qui se passait dans cet ancien quartier, envahi jadis par la prostitution.

La rue des *Mal-Parlants* ou des Mauvaises-Paroles, digne

voisine de Bourbereau, longeait sournoisement l'Oratoir‹
pour grimper au rempart. Elle paraît avoir été une dépe‹
dance du quartier de Bourbereau, pour les mœurs com‹
pour la topographie.

Avant de quitter la rue de Croncels, nommons mais ‹
montrons pas la rue de l'Eau-Bénite, jadis désignée par u‹
composé cyniquement énergique, qui n'avait rien à démêl‹
avec les choses vénérables. Les mœurs du quartier avaie‹
provoqué cette flétrissante qualification. On prétend qu'u‹
accident vint modifier heureusement l'ancien nom. Une re‹
ligieuse serait tombée dans le puits qui avait motivé l'appe‹
lation originaire, et en aurait engendré le changement.‹
C'est du moins la version des chroniqueurs de ce vieu‹
quartier, où se trouvaient des tripots, un jeu de paume e‹
des établissements de prostitution rivaux de ceux de Bour‹
bereau.

Essentiellement commerçante, la rue du *Temple*, qu‹
s'embranche sur le quartier de Croncels, fut, jusqu'à l'é‹
poque de la révolution, peuplée de comptoirs appartenant ‹
des commerces de diverses natures. Il y avait des marchands‹
drapiers de Reims. On y trouvait aussi une caserne des‹
Suisses, au numéro 36. Cette maison faisait partie de l'an‹
cienne et vaste hôtellerie de la *Tête-Noire*, qui avait son‹
entrée rue de la Limace. Du reste, la rue du Temple possé‹
dait de nombreuses auberges, comme d'ailleurs beaucoup de‹
rues, ce qui donne la mesure du mouvement dont Troyes‹
était le centre.

Les fameux papetiers Le Bé avaient leurs étendoirs dans la‹
ruelle supprimée qui portait, qui porte encore leur nom,‹
dans la portion survivante aboutissant dans la rue de la Pie;‹
elle longeait les maisons n<os> 11 et 13. C'est dans l'hôtel Du‹
châtel (n° 11), aujourd'hui occupée par le payeur, que Napo‹
léon 1<er> descendit en 1814.

Quant au nom de la rue, il vient de la Commanderie de‹
Saint-Jean-du-Temple, qui existe encore à l'angle du retour‹
qui s'ouvre sur la rue Notre-Dame. L'ancienne chapelle de‹
la Commanderie a été démolie lors de la révolution de 1792,‹
mais l'hôtel, dont les bâtiments ne remontent qu'au siècle de‹
Louis XIV, subsiste encore.

Des mains des Templiers qui la tenaient de Raoul-le-Pesant et d'Agnès, sa femme, en 1186, la Commanderie passa en 1312 dans celles des Hospitaliers de Saint-Jean-de-Jérusalem. Avant l'installation des Templiers, la rue se nommait le *Composte*, évidente corruption de *porte du Comte*.

Dans la rue du Temple, peut-être la plus passante des rues de Troyes, débouchent la rue du *Pont-Royal*, celle de la *Pie*, et la rue de la *Montée-des-Changes*, en face de laquelle les *marchands de Provins* avaient leur halle. La maison d'angle de la Montée-des-Changes, n° 26, était l'hôtel des Gandelus. Viennent ensuite, les rues du *Cheval-Blanc* et de la *Trinité*.

Une enseigne d'aubergiste a substitué son nom à celui de *Masquerie*, que portait la rue de la Pie. Faut-il supposer que ce nom ancien vient de *maceria* (*massacrerie* ou abattoir)?

L'idée d'abattoirs privés semble prévaloir, car les bouchers du moyen-âge eurent jusqu'au XVᵉ siècle la faculté d'abattre les bestiaux chez eux. Outre celles du quartier Saint-Denis, il y avait des boucheries dans le quartier de la Pie et des Bons-Enfants.

Le *Cognot-aux-Bœufs*, recoin perdu du voisinage, tend à maintenir la présomption d'existence d'écorcheries.

La rue du *Pont-Royal*, jadis des *Trois-Pucelles* (enseigne d'auberge), renfermait une maison nommée des *Chambres du Roi*, et des étaux de bouchers appartenant au domaine.

Nommons, avant de passer outre, la rue des *Trois-Cochets*, indication parlante qui décorait une taverne; celle du *Cheval-Blanc*, qui doit son nom à une enseigne dont les hôtelleries abusent encore. La rue du Cheval-Blanc conduit au *Gros-Raisin*.

La dénomination provenait d'une sculpture remarquable qui décorait une porte de maison vers le milieu de la rue (n° 6); l'archivolte d'un arc à contrecourbes était entourée d'un cep de vigne chargé de gros raisins. Le long des rampants gravissaient deux vendangeurs. Ce quartier se nommait la *Petite-Masquerie*, ou petite boucherie.

On doit admettre l'existence d'une école dans la rue des *Bons-Enfants*, car l'expression impliquait l'idée d'une réunion d'enfants studieux, par opposition avec rue des *Mauvais-Garçons* ou des *Enfants-sans-Souci*, où s'ébattaient les vauriens. Les rues à écoles, dans beaucoup de villes, portent le même nom.

Les derniers tondeurs et apprêteurs de draps se trouvaient dans ce quartier.

Revenons sur nos pas. Au passage nous cotoyons la rue de la *Montée-des-Changes*, ainsi nommée de sa direction. La grande maison d'angle dont le rez-de-chaussée a échappé aux désastres du feu, en 1524, se nommait l'hôtel des Gandelus.

Sous le nom visqueux de la *Limace*, enseigne d'une ancienne auberge, il faut voir probablement l'escargot, ce mollusque renommé dans une classe de gourmets. Dans l'ouest de la France, les deux mots sont encore synonymes. Cela prouve qu'il n'y a rien de neuf, même en fait de cuisine. La rue de la Limace s'appela d'abord de la *Tête-Noire*.

HOTEL DE LA TRINITÉ.

Dans la rue de la Trinité, qui s'appelait autrefois du Cerf, s'élève l'ancien hôtel de Mauroy, connu d'abord sous le nom d'hôtel de l'Aigle, plus tard, sous celui qu'il a conservé et donné à la rue.

La famille de Mauroy, l'une des plus anciennes et des plus considérables de la ville, fit de cet hôtel une fondation hospitalière. Les donateurs Jean de Mauroy et Louise de Pleurs exigèrent que douze enfants, dont trois de Charmont, un d'Aubeterre, deux au choix des familles de Mesgrigny et de Mauroy, et les six autres désignés par les administrateurs de l'Hôtel-Dieu, reçussent dans la maison les soins, la nourriture, l'habillement, et qu'on leur apprît un métier.

La maison, placée sous la direction des Trinitaires, prit le nom d'hôpital de la Trinité.

Elle s'ouvrit en 1582.

Vers 1745, la bonneterie, introduite à Troyes par

Jean Berthelin et d'autres administrateurs de l'hôpital, fit ses débuts à la Trinité.

Quand l'administration eut cessé, après la révolution, de pratiquer directement l'apprentissage, l'ancien hôtel de l'Aigle fut loué à divers particuliers. Il devint salle de danse, cabaret, puis atelier de draperie. Il y a quelques années, l'hôtel fut vendu, et servit de caserne de passage. Il est maintenant le siège d'une maison de bonneterie.

Extérieurement, la façade a perdu ses anciennes dispositions. On y a pratiqué des jours qui l'ont modifiée ; mais elle conserve son appareil en échiquier, brique et pierre, une belle lucarne, des gargouilles, le tout du milieu du XVI^c siècle. A chaque extrémité s'élève un pignon faisant aile. L'aile gauche, restaurée depuis quelques années, a perdu sa porte d'entrée qui conduisait à une chapelle présentement convertie en habitation. Une belle grille garnit les fenêtres.

L'intérieur de la cour offre un véritable intérêt, car sa physionomie est sans analogues parmi les autres constructions civiles de la Renaissance. Quatre façades réunies à angles droits bordent la cour. Celle du fond, moins ancienne que les autres, doit être une addition, car ses dispositions intérieures s'isolent de celles des autres bâtiments. Une tourelle quadrilatère renfermant l'escalier porte encore son ancien revêtement d'ardoise.

La partie monumentale de l'hôtel est à gauche et sur la ligne interne du corps de logis en façade. Sur les deux faces, le rez-de-chaussée a pour supports des colonnes cannelées où courent en spirales des branches de lierre. Les chapiteaux sont de formes variées et capricieuses.

La colonnade de gauche fait relief sur le bâtiment et soutient la saillie de l'étage ; celle de la façade interne, d'un plus gros module, mais du même caractère, forme galerie et porte l'étage. Sous cet abri débouchent les escaliers et les entrées desservant l'habitation.

Une fausse galerie, divisée par quatorze colonnes en bois

qui se superposent à celles de pierre, constitue la décoration de l'étage. L'entrecolonnement est écaillé d'ardoise.

Il n'y a à noter à droite qu'une grande fenêtre à meneaux en prisme rectangles. Les modifications que la construction a subies à l'intérieur ont détruit les arrangements anciens. Il n'y a plus que le solivage et la charpente où l'on retrouve la main des ouvriers du XVI siècle. Une restauration du rez-de-chaussée à gauche donne une idée de ce qu'étaient les grands appartements d'autrefois.

———

Revenons à la rue du Temple; et avant de la quitter pour avancer vers celle de Notre-Dame, rappelons qu'elle a été le berceau de la filature de coton. En 1798, la Commanderie reçut un manège destiné à faire mouvoir de grands métiers qui firent jeter les hauts cris par les fileurs à domicile. Il est bon de dire en passant que jusques là le coton filé était le produit d'un travail individuel réalisé au moyen de *cardes à loquettes* et de *mull jenny* (métiers anglais à la main). Le coton se vendait en bottes rue Urbain IV, le long de la façade latérale de Saint-Jean. Les noms de MM. Truelle-Lemaire et Ferrand aîné se rattachent à cette initiative, comme celui de M. Jean Berthelin à la fabrication de la bonneterie. Les doléances des fileurs et celles des adversaires du tricot ont été condamnées par l'expérience.

La filature du coton compte encore une usine dans la cour Bouvin. Le bras de Seine qui coule dans le sens de la rue du Temple faisait mouvoir plusieurs roues volantes qui ont été supprimées depuis douze ou quinze ans.

Nous voici en pleine rue Notre-Dame, la grande artère de la vente en gros et en détail.

Les nouveautés y comptent au moins quinze maisons, la

rouennerie et les toiles, sept magasins, les fers, deux grands entrepôts ; la dernière fabrique de draperie occupe l'emplacement des anciennes *halles d'Ypres* ; les maisons de nouveautés qui s'étendent de l'angle de la rue du Temple à celui de la rue Saint-Vincent-de-Paul, ont remplacé les halles de Douai qu'occupèrent ensuite les marchands de Provins. Les halles de Provins furent incendiées en 1352. Les provinois, qui les tenaient à loyer du chapitre de Saint-Urbain, les abandonnèrent pour n'y plus revenir, quoique le chapitre eut fait reconstruire dans l'emplacement vers 1360.

Dans la rue actuelle, se trouvent les cafés du *Commerce,* de *Foy,* de *la Paix* ; les hôtels *Saint-Laurent,* du *Commerce,* quatre pharmacies, quatre maisons d'horlogerie, deux grandes maisons d'épicerie, des établissements de bonneterie en détail, de confiserie, de confection, de quincaillerie, de mercerie, de chapellerie, de charcuterie, de modes, de draperie.

La rue Notre-Dame a réuni, depuis 1851, quatre sections autrefois distinctes.

La première, du *Marché aux oignons,* s'étendait du Dauphin à la Trinité ; auparavant, on la nommait rue de la Clé-d'Argent à cause d'un hôtel qui faisait face à un puits du XVe siècle, dont l'armature en fer est placée au Musée depuis 1839. Au XIIe siècle, le Marché aux oignons s'appelait rue de la Draperie et de la Saveterie. Les cordonniers, qui s'y établissent encore, avaient le droit de prolonger la ligne de leurs échoppes jusqu'à la rue de la Pierre.

La deuxième section, de *l'Épicerie,* allait de la Trinité jusqu'à la rue du Temple. C'était le siège de la vente des produits levantins, qui attiraient de très-loin les chalands. La maison n° 117 possède encore de vastes cheminées et des laboratoires du XVIe siècle.

La place des *Changes,* dont il reste encore un recoin, était dans la rue de l'Épicerie. Les banquiers et les changeurs dressaient leurs échoppes dans cet endroit. En face, les marchands d'Arras avaient leur halle entre la rue de la Limace et celle de la Montée-des-Changes ; ils étaient les locataires de l'abbaye de Foigy. Sur le flanc méridional de Saint-Jean

5

était la place des marchands de Lucques. Avant la fin du
XVIIe siècle, la place était couverte de maisons. Il y en avait
une vingtaine qui furent brûlées en 1729, et remplacées par
le groupe de maisons de pierre qui s'étend entre les rues
de la Clé-d'Or et du Coing-Coignier. Près des rues Mignard
et des Changes était le poids du roi (poids public), la loge
des plaids (tribunal), et comme de raison, un pilori. Saint-
Jean était la chapelle des marchands.

La troisième division de la *Fannerie* se prolongeait seulement de la rue du Temple aux Grandes-Boucheries. C'était
le marché au foin.

La quatrième section, qui a donné son nom à l'ensemble
de la rue Notre-Dame, tirait son indication du voisinage de
l'abbaye.

On sait quels étaient les principaux établissements de
cette portion du quartier. Du côté de la halle étaient les
fameux imprimeurs Moreau, Lecoq, Oudot. La maison
d'angle près de la halle était la maison Lecoq. Sur la même
ligne, au coin de la Petite-Tannerie, était la maison des
Oudot. Dès le XVIe siècle, on trouvait à l'Image-Saint-Lau-
rent une hôtellerie ; dans l'ancien hôtel du Petit-Louvre, aujourd'hui couvent des Ursulines, était un arsenal; non loin
de là un four établi par les comtes de Champagne ; la halle
aux cuirs était aussi dans l'ancienne rue de Notre-Dame, dont
la justice et les censives appartenaient à l'abbaye.

La formation de cette grande artère industrielle, qui va
de la halle à la place de la Bonneterie, mérite d'être signalée. Au début, du temps des comtes, elle ne possédait pas
de maisons. Les Changes étaient dans le même cas. Les
grandes foires de Troyes envahissaient toutes les surfaces
bâties ou à peu près. Les marchands y eurent des étaux
mobiles, puis des loges fixes; enfin les loges devinrent des
maisons. Après la chute des grandes assises de l'ancien commerce forain, la rue Notre-Dame conserva jusqu'en 1756
ce qui restait des foires dégénérées de la ville de Troyes.

Quelques lignes pour les voies perpendiculaires à la
rue Notre-Dame.

Les *Tanneries,* où subsistent encore les derniers ateliers

qui représentent la grande industrie des cuirs, ont conservé quelques maisons historiées de la Renaissance. Les tanneries de Troyes avaient beaucoup de réputation; leurs ouvriers étaient recherchés; c'est à cette corporation qu'appartenaient les Molé, bienfaiteurs de Saint-Jacques-aux-Nonnains, dont ils firent construire le portail; c'est de cette famille qu'est sorti l'illustre Mathieu Molé, le premier président du Parlement de Paris, si célèbre par sa fermeté, son courage et son patriotisme, au milieu des factions de la Fronde.

La rue *Saint-Vincent-de-Paul*, qui rappelle maintenant la fondation en 1722, de la maison des *sœurs Grises*, par la veuve de Nicolas Paillot, s'appelait du Sauvage, à raison d'une enseigne en relief qui représentait un sauvage peint et doré. Cette rue est historique, car c'est à la rue du Sauvage que commença le grand incendie de 1524, qui causa de si terribles désastres. Les marchands de Montauban y descendaient. Au XIIIe siècle, c'était le quartier de la corderie.

Une auberge a gardé le nom de Sauvage.

La rue de *Jargondis* renfermait les halles des marchands de Provins, depuis leur émigration de la rue du Temple; ils avaient remplacé les marchands de Douai; ces halles aboutissaient à la rue Notre-Dame comme l'indiquent les comptes du chapitre de Saint-Urbain. Il y avait aussi les halles de Jargondis et l'auberge de la Tête-Rouge qui subsistait encore il y a quelques années. Un nonce du pape y descendit en 1788.

La place des Boucheries, couverte jusqu'en 1848 d'un établissement public en charpente, rappelle la corporation des bouchers dont il sera question à l'abattoir. Au lieu de l'établissement fixe ancien, cette place reçoit maintenant des étaux mobiles servant à la vente de la viande en détail.

La rue de la *Clé-d'Or*, ainsi nommée à cause d'une enseigne, était autrefois le marché aux noix; celle du *Coing-Coignier*, qui trahit assez clairement une de ces enseignes à double sens, comme le *Puits-sans-Vin*, le *Cygne de la Croix*, le *Bon-Coing*, s'appela d'abord rue de la Potence. Le voisinage de l'appareil judiciaire du quartier avait motivé le premier nom.

La rue *Mignard* était autrefois nommée du *Poids du Roi*. On y trouvait l'établissement du même nom servant au contrôle des pesées du commerce. Le nom de Mignard, donné à la rue depuis la révolution, n'implique pas qu'elle soit le lieu de naissance ou d'habitation du peintre : on ignore même si Mignard est né sur la paroisse, quoiqu'on ait lieu de le croire. Les maisons d'angle près du portail de Saint-Jean, et celles du voisinage, en tirant vers le Coing-Coignier, assujettissaient leurs acquéreurs à un serment à prêter au roi dans la ville de Châlons. C'était le dernier vestige des prérogatives domaniales dans le quartier.

Parmi les voies infectes et obscures qui sillonnent l'ancien emplacement des Changes, il n'y a guère à citer que la rue du *Petit-Credo*, si ce n'est à cause de son nom qui n'indique qu'un tableau ou une décoration extérieure, au moins à cause de la loge du prévôt qui y était établie, et faisait face à l'Étape-au-Vin (place de la Banque). Le prévôt résumait à la fois les tribunaux civils inférieurs, la police correctionnelle et la juridiction consulaire. Un pilori, marque de sa juridiction, s'élevait en face de la rue de la Limace, près des Changes, tandis que sur la place de la Banque, près du puits, s'élevait un autre appareil du même genre, qui servit plusieurs fois aux exécutions, surtout au XVI⁰ siècle. On y supplicia en 1537 un larron célèbre, le nommé Brunet dit Picard, qui fut mis en croix. En 1543, Jean du Bec, prêtre renégat, y fut brulé ainsi que plusieurs autres individus accusés de blasphème, ou d'hérésie. Près de la loge du prévôt, était l'hôtellerie des marchands de Venise.

HALLE AUX BLÉS. — PRÉFECTURE. — NOTRE-DAME-AUX-NONNAINS. — St-JACQUES, ETC.

Au bas de la rue Notre-Dame se trouve la halle aux blés ; derrière et en retraite sur le fond de la place se montre la préfecture.

La halle est située, en grande partie, sur l'emplacement de l'ancien cimetière de Notre-Dame-aux-Nonnains ; la pré-

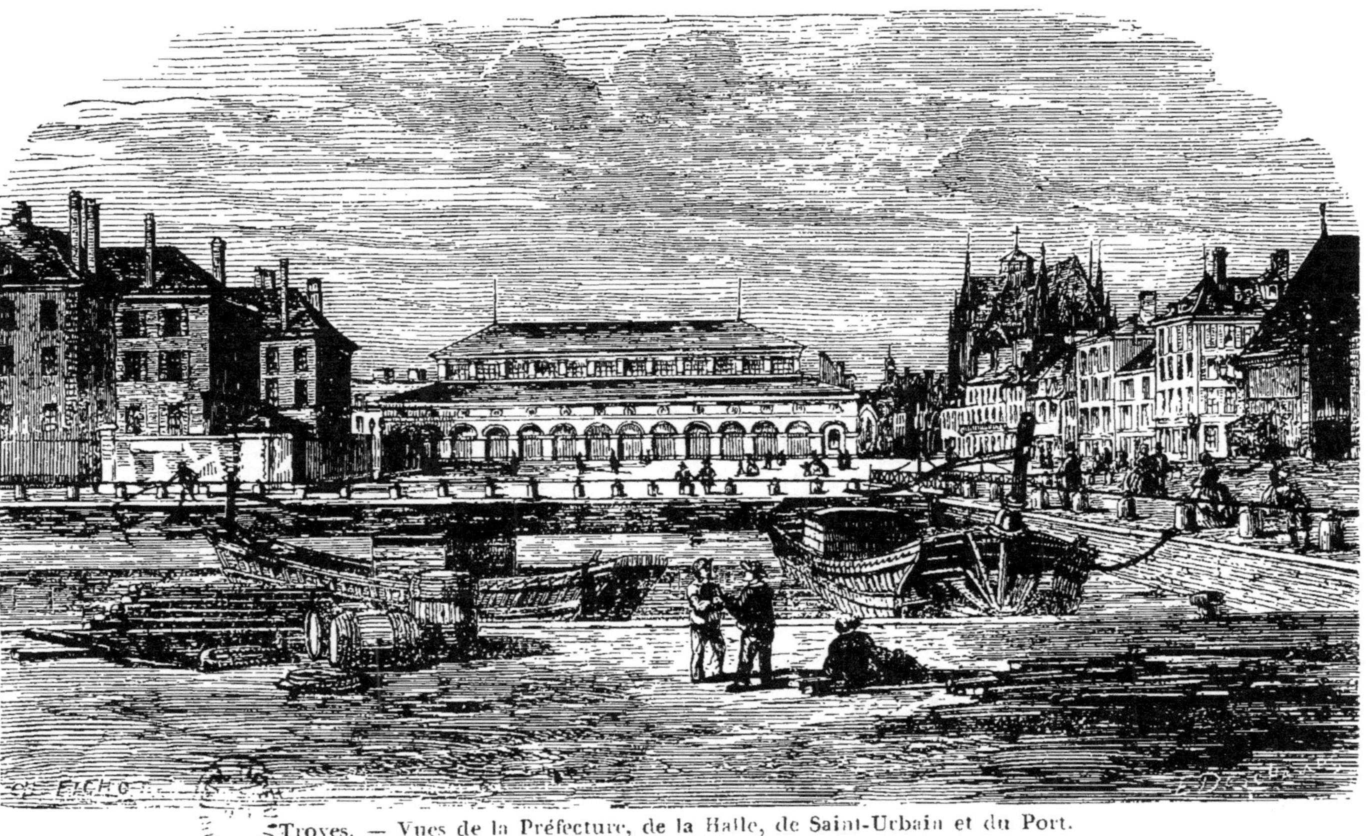

Troyes. — Vues de la Préfecture, de la Halle, de Saint-Urbain et du Port.

fecture n'est pas autre chose que l'ancien bâtiment conventuel de Notre-Dame, modifié et complété.

Construite par M. Gauthier, membre de l'Institut, la halle aux grains est un grand parallélogramme percé d'arcades et surmonté d'une toiture en lanternes. C'est tout ce qu'il y a de plus simple. On voit par là combien la parcimonie moderne s'impose aux architectes dans les bâtiments utiles. Les anciens, au contraire, trouvaient le moyen de faire de l'art décoratif partout où ils construisaient; la vulgarité des destinations n'était pas un obstacle à leur goût pour l'allégorie. Ils eussent évidemment trouvé le moyen de faire de la halle tout un poëme agricole.

La préfecture occupe le bâtiment élevé en 1778, par les soins de l'abbesse, Mme de Montmorin, et dont Mme Victoire de France, tante de Louis XVI, posa la première pierre par procuration donnée à la comtesse d'Artois, belle-sœur du roi. C'est une grande maison de pierre à deux ailes, son luxe ne peut être qu'une question de mobilier. Plusieurs tableaux de Natoire se trouvent dans une des grandes salles.

Quelques mots sur le couvent de Notre-Dame-aux-Nonnains, dont l'entrée principale regardait la rue Notre-Dame, et dont les abords étaient ornés de l'inévitable pilori pourvu de ses accessoires.

Ce couvent, dont l'origine se perd dans les ténèbres de la période gallo-romaine, possédait les droits de haute, moyenne et basse justices sur plusieurs points. Il avait encore le privilége de l'intronisation des évêques lors de leur avènement, de la présentation à plusieurs cures de la banlieue, et en outre, de celles de Saint-Jacques, Saint-Pantaléon, Saint-Jean, Saint-Nicolas.

Dans le temps de sa plus grande splendeur, le monastère était regardé comme patron et protecteur de la ville. Très-fières de leurs privilèges, les abbesses ne péchaient pas généralement par excès d'humilité; prétendant ne relever que du pape, elles en usaient très-cavalièrement avec les évêques qui n'étaient pas de leur avis. Quand l'ombre d'une contradiction s'élevait sur le chapitre de ses prérogatives, le couvent mettait en mouvement le personnel judiciaire, et quand il fallait, par une intervention immédiate, faire acte d'autorité, les moyens violents ne répugnaient pas aux religieuses, comme on le verra à propos de saint Urbain, et comme s'en aperçurent, en 1307, les Dominicains, voisins de Notre-Dame, qui, pour une simple question de clôture, virent leur enclos envahi par les gens du monastère, avec piques, haches et bâtons. Les condamnations judiciaires, les défenses, les arrêts, les sentences, l'excommunication elle-même, itérative, aggravée, réaggravée, l'interdiction de l'Eglise, du cimetière et du domaine, ne calmaient que très-imparfaitement la bouillante et altière humeur de ces religieuses habituées à la domination.

Les plus curieux privilèges de Notre-Dame étaient ceux du joyeux avènement des évêques de Troyes.

La veille de son entrée solennelle, l'évêque se rendait, monté sur une mule ou un palefroi, à l'abbaye de Notre-Dame.

Une fois arrivé, il mettait pied à terre, et sa monture devenait la propriété du couvent. En présence de l'abbesse et des religieuses qui lui faisaient les honneurs de la maison, l'évêque, que l'abbesse tenait par la main, accomplissait diverses cérémonies, il était crossé, mitré, et revêtu d'une riche chape. Puis il jurait, sur le texte des Evangiles, de respecter les droits, les libertés, les franchises, les privilèges du couvent.

Après une nuit passée dans un appartement richement meublé, et dont par parenthèse le lit lui appartenait désormais, l'évêque était levé par quatre vassaux de l'évêché surnommés les barons de la crosse, et porté processionnellement sur leurs épaules jusqu'à la cathédrale.

Ce cérémonial, qui semble appartenir aux lointains du moyen-âge, s'accomplit sans interruption, et à la lettre, jusqu'en 1606. Depuis, jusqu'en 1718, date de l'avènement de Bénigne Bossuet, qui passa outre sans autre forme de procès, les évêques se firent dispenser du cérémonial, mais ils prêtèrent le serment. Gardiennes intrépides de leurs privilèges, les religieuses protestèrent jusqu'à l'avènement du dernier évêque, pour le maintien d'un droit que la révolution put seule anéantir.

A côté du couvent, à peu près le long de la grille actuelle, et orienté comme Saint-Urbain, se trouvait l'église de Saint-Jacques-aux-Nonnains, qui servait de chapelle aux religieuses, et de paroisse au voisinage.

On y montrait la cuve baptismale où Urbain IV avait été tenu sur les fonts. Le portail, construit au XVᵉ siècle, aux frais de la famille d'où sortit le célèbre Mathieu Molé, était remarquable et populaire. On désignait l'église sous le nom de Saint-Jacques au *beau portail*.

La portion du quai qui s'étend depuis la place de la Préfecture jusqu'à la chaussée de l'écluse, a subi une profonde transformation lors de la création du canal et du bassin. Au lieu du port et de ses voies latérales, se trouvaient les jardins de l'abbaye de Notre-Dame, une portion de Saint-Jacques, les jardins des Dominicains, les dépendances des maisons claustrales de Saint-Etienne, la collégiale de ce nom, le palais des comtes, relié par des terrasses et des galeries avec l'Hôtel-Dieu.

Au milieu de tout cela coulait une prise d'eau dout le nom de ru Cordé se retrouve appliqué à la rivière du moulin de la Tour, qui représente elle-même la section inférieure de l'ancien ru. Saint-Etienne, le palais des comtes, et Saint-Jacques, ont disparu de 1806 à 1812 pour faire place au canal.

Le palais, qui avait Saint-Etienne pour chapelle, était la résidence habituelle des comtes, bien qu'ils eussent le château de la Tour, dont on voit encore la porte. Tout y était calculé pour l'agrément et les communications de l'intérieur avec la collégiale, l'Hôtel-Dieu et les jardins, dont une partie était en terrasses. Dans la partie des jardins qui correspond à l'emplacement du port au bois, autrefois le Préau, était le lieu destiné aux combats judiciaires.

Probablement bâti au XIIᵉ siècle, mais plusieurs fois remanié, le palais des comtes, après l'installation des souverains de Champagne à Provins, servit à la tenue des *grands jours,* puis de lieu de réception, ensuite, d'abri pour la foire qu'on nommait la foire du palais. On y faisait les proclamations, les publications politiques ; en 1752, on établit le siège de diverses justices au palais, qui subsista jusqu'à 1806, date de sa démolition.

Les anciens dessins ne nous ont transmis que le palais restauré et remanié, avec des fenêtres et des portes ogivales probablement du XIIIe ou du XIVe siècle. L'imagination a bien de la peine à supposer, au lieu de la mobile nappe d'eau qui remplit le bassin du port, le grand corps de logis à pignons, flanqué aux angles de tourelles, soutenu par des éperons, et percé d'ogives, qui composait ce palais, dont le perron à trois faces débouchait sur la place.

Du billot destiné aux décapitations, de la collégiale Saint-Etienne, qui joignait le palais du côté du Cloître, et dont les deux tours romanes semblaient braver la lente destruction des siècles, il ne reste plus rien ; le port a tout nivelé, son lit n'a pas même gardé la trace des fondations.

A l'endroit où s'élèvent les Archives départementales, on voit encore les restes du couvent des Dominicains ou Jacobins, dont les sombres annales renferment bien des drames. L'intérêt qu'offrent les Archives, et les souvenirs qui se rattachent aux ruines des Jacobins, nécessitent une station qu'on ne regrettera pas.

ANCIENS JACOBINS.—ARCHIVES DÉPARTEMENTALES.

L'établissement des frères Prêcheurs ou Dominicains, connus depuis sous le nom de Jacobins, était contemporain de saint Dominique, fondateur de l'Ordre. Il avait été provoqué par le comte Thibault le *Posthume,* avant son départ pour la croisade.

L'emplacement d'une ancienne chapelle, sous le vocable de saint Paul, fut choisi par le comte pour y établir le nouveau couvent. Cette circonstance fit donner aux religieux le nom de Frères de Saint-Paul, comme l'établissement des Dominicains de Paris, dans la rue Jacob, valut aux frères prêcheurs le nom de Jacobins.

Les Dominicains de Troyes, qui avaient trouvé de la part de la population un concours empressé, s'installèrent en

1232, et leur établissement s'agrandit par l'incorporation de plusieurs maisons de tanneurs aux dépendances de la communauté. On compta d'abord cent religieux groupés dans le couvent de Troyes, et ce nombre se maintint pendant plus de quatre siècles. Durant sa splendeur, la maison compta des savants, des prédicateurs célèbres, et fournit des notabilités à l'église séculière, notamment Pierre de Villiers, confesseur de Charles V et évêque de Nevers, puis de Troyes (1375) ; Guillaume Parvi, qui occupa le même siége (1518); Jean Clerié, général de l'Ordre, et plusieurs autres.

Les Dominicains de Troyes prirent une part très-active aux résistances du clergé et des catholiques, à l'encontre des doctrines luthériennes et calvinistes. Le couvent de Saint-Dominique était le siége de ce tribunal des consciences, qu'on ne peut plus ni comprendre, ni admettre, et qui a laissé de si lugubres souvenirs, sous le nom de *Saint-Office* ou d'*Inquisition*.

Quoiqu'il entre quelque exagération dans l'étendue du rôle odieux joué par l'Inquisition, il n'en est pas moins vrai qu'il n'y a rien à rabattre des persécutions dont elle fut le mobile et l'instrument. Sans aller aussi loin que le Saint-Office espagnol, l'inquisition française a un passé de tortures, de désaveux extorqués, de bûchers et de supplices qu'on ne peut contester. L'Inquisition de Troyes a eu ses cachots, ses tortionnaires et ses bourreaux, comme les autres tribunaux du même genre. Seulement, quand on apprécie la juridiction religieuse des Dominicains, il ne faut pas l'isoler du milieu qui l'avait produite, et la rendre exclusivement responsable de persécutions dont elle n'avait pas le monopole. Ils eussent été fort mal venus de décliner leur rôle au milieu d'une population de magistrats et d'administrateurs laïques, qui y mettaient moins de façons et témoignaient souvent de leur ferveur par des exécutions sommaires, par des massacres ou des assassinats. Il faut ajouter que les Huguenots usaient largement de représailles. La conclusion de tout ceci est celle qu'il faut tirer de la guerre civile, qu'elle soit religieuse ou politique, et des révolutions. Les passions amènent les excès et les violences les plus odieuses. Certes, les *suspects* du terrorisme ont été bien autrement nombreux, et traités plus

.5

sommairement que les justiciables de l'Inquisition, et pourtant les horreurs d'alors n'ôtent rien à l'idée de réforme et de justice qui a été leur point de départ.

Il faut l'ajouter pour être complètement véridique : Les Dominicains usèrent surtout de l'éloquence et de la persuasion ; ils étaient très-aimés et très-recherchés.

La maison de Troyes donna asile aux religieux de Montier-la-Celle, chassés par les Anglais pendant les guerres du XIVe siècle.

En 1766, les religieux durent céder la maison de fondation pour le casernement des Gardes-du-Corps de la garnison de Troyes. On les transféra dans la rue du Bourg-Neuf, où ils occupèrent les bâtiments délaissés par les Carmélites de la ville, à l'endroit où s'élève le Palais de Justice.

Quoique sécularisés depuis longtemps, les restes du cloître existaient encore en 1848, et la chapelle n'a été démolie qu'en 1852, pour céder la place au bâtiment carré affecté aux Archives départementales ; ce qui n'est pas une compensation, car le cloître et la chapelle avaient une valeur d'art qui manque au bâtiment neuf. Il a cependant coûté fort cher.

Il n'y a pas de frais de description à faire pour signaler cette grande masse carrée, à toiture sans développement, flanquée de pilastres sans raison d'être. De chaque côté du perron on a placé deux lions de pierre, d'après Barye, qui semblent vouloir mordre les visiteurs. S'il y a une idée dans la pose de ces étranges sentinelles, elle est peu hospitalière. Des sphinx eussent eu une signification moins rogue et plus naturelle.

La création des archives remonte au 5 brumaire an V. Une loi prescrivit, à cette date, la réunion des archives des districts aux chefs-lieux. Arcis, Bar-sur-Aube, Nogent, Bar-sur-Seine, Ervy, centres des dépôts du département depuis 1790, versèrent leurs pièces au district de Troyes.

Voici de quoi se composent les divers contingents qui constituent les archives actuelles :

Papiers des administrations et juridictions supprimées en 1790 ;

Archives des établissements religieux supprimés, savoir : évêchés, chapitres, couvents, fabriques, prieurés, etc.;

Papiers des émigrés et des condamnés à la confiscation;

Pièces administratives des districts;

Pièces administratives du département et de ses divisions.

Les archives *historiques* sont représentées par les trois premières classes de documents.

Il y a des chartes et des collections d'un grand intérêt aux archives de Troyes, et notamment des renseignements précieux sur la société féodale, sur les monuments, les insti-tutions et les mœurs. L'original le plus ancien est un di-plôme de Charles-le-Chauve, daté de l'an 854, et qui con-cerne l'abbaye de Montiéramey.

Il y a plus d'un million de documents antérieurs à l'année 1789; les plus anciens qui se recommandent par l'impor-tance des signataires sont des diplômes originaux des rois de France et des comtes de Champagne. Il n'y a qu'une seule lacune dans la chronologie qui commence à Saint-Louis et finit à Louis XVI.

Parmi les autographes, on trouve les signatures de Fran-çois Ier, de Charles-Quint, d'Henri IV, Turgot, Robespierre; des lettres de Mme de La Vallière, de Buffon, de Scaliger; des bulles de plusieurs papes, des chartes des comtes de Champagne.

Les archives de Troyes renferment le plus ancien registre de papier de chiffon qui existe en France. Il vient de l'ab-baye de Montiéramey, et date de 1309.

Les fonds les plus considérables et les plus curieux sont ceux de l'Intendance de Champagne, les archives des Cha-pitres de Saint-Pierre, de Saint-Étienne et de Saint-Urbain, des abbayes de Clairvaux, de Montier-la-Celle, de Montiéra-mey, de Notre-Dame-aux-Nonnains. Les papiers et la corres-pondance du prince Xavier de Saxe, le dernier propriétaire du château de Ponts-sur-Seine, ont un grand intérêt poli-tique.

Un ordre admirable règne dans ce vaste dépôt, qui repré-sente, outre son intérêt historique, une valeur vénale consi-dérable.

Longtemps reléguées dans les greniers de la Préfecture,

puis dans ceux de la Halle aux Blés, les pièces ont enfin trouvé un asile définitif depuis 1852. Malheureusement, les archives ont fait des pertes. Avant d'être confiées à des élèves de l'Ecole des Chartes, elles constituaient un fouillis sans ordre, auquel personne ne s'intéressait, et plusieurs fois on a vendu aux papiers à la livre des documents précieux qui ont alimenté les ateliers de relieurs et les *in-pace* de l'épicerie. Quelques échantillons sauvés du naufrage ont permis d'en juger.

En face et sur une parallèle avec la Préfecture commence la rue Urbain IV, rue célèbre qui s'étend du canal jusques par delà l'église Saint-Jean. C'était le quartier des fabricants de bourses, d'aumônières et d'escarcelles, dans sa partie supérieure nommée, de sa principale industrie, la *Bourserie*. Les *boursiers* vendaient sur des étaux mobiles, car en 1562 on fixait les dimensions et les alignements des étaux de la rue de la *Bourserie*.

Dans la section inférieure, nommée la rue Moyenne à cause de sa situation, étaient des merciers, des quincailliers, des parfumeurs.

Dans la partie où notre itinéraire nous amène, on trouvait plusieurs hôtelleries. A l'angle de celle du Chaudron, en face de la halle aux blés, s'élevait encore une potence, cette agréable limite des justices seigneuriales, royales, capitulaires ou conventuelles. La rue Moyenne, où le protestantisme paraît avoir groupé ses premiers partisans, se nommait familièrement la *Petite Genève*. Parmi les enseignes on voyait le *Lac-d'Amour*. C'est dans la maison décorée de ce jeu de mots que fut installée, en 1571, la juridiction consulaire, que le tribunal de commerce a remplacée.

Troyes. — Saint-Urbain.

COLLÉGIALE SAINT-URBAIN.

Sur l'emplacement de l'échoppe du père de Jacques Pantaléon, devenu pape sous le nom d'Urbain IV, s'élève cette belle église qui est l'expression la plus brillante de l'art ogival de la fin du XIIIᵉ siècle. Toutes les hardiesses et toutes les élégances semblent s'y être donné rendez-vous. Mérite exceptionnel, parmi les églises de Troyes, Saint-Urbain a seul été construit tout entier d'un seul jet et sur un plan uniforme. — Tout entier est malheureusement trop dire. La nef et le grand portail attendent depuis bientôt six cents ans leur complément. Les projets d'achèvement existent dans les cartons de M. Viollet-Leduc, aussi habile artiste que savant architecte. Espérons qu'il pourra les exécuter.

C'est en 1262 que fut commencé l'édifice ; il fut poussé au point où il est interrompu en moins de trente ans ; il eût été certainement achevé sans la mort d'Urbain IV, survenue deux ans seulement après l'entreprise. Cet événement entraîna une suspension de travaux, des retards, une diminution de ressources. Sans le patriotisme du cardinal Ancher Pantaléon de Sainte-Praxède, neveu du pape Urbain, et troyen comme lui, l'église n'eût pu arriver au degré d'achèvement que l'on peut constater.

Elevée sur les domaines de Notre-Dame-aux-Nonnains, la collégiale porta bientôt ombrage aux abbesses. Pendant le cours des travaux, elles firent invasion dans le chantier, dispersèrent, à main armée, les ouvriers, brisèrent les outils ou les enlevèrent. Le jour de la bénédiction, en 1268, elles souffletèrent le légat officiant, malgré sa qualité d'archevêque. Une excommunication s'ensuivit, mais l'intimidation qu'exerçaient les reli-

gieuses était telle que la consécration de l'église se fît
seulement en 1389, près de cent ans après l'exécution
des travaux.

Il y avait, primitivement, douze chanoines à Saint-
Urbain.

Philippe-le-Bel et Jeanne de Navarre comptent parmi
les bienfaiteurs du Chapitre, auquel ils accordèrent la
franchise pour une quantité déterminée de vin. Plus
heureux que beaucoup d'autres, ce privilége subsista
jusqu'à la Révolution. Saint-Urbain était le siége de la
Confrérie des peintres, des vitriers et des brodeurs
(1645).

Trois nefs partagées par des transsepts et s'arrondissant en
abside composent le plan de Saint-Urbain. Sur cette disposition, commune à tous les monuments de son siècle, l'architecte a réalisé une conception qui réunit tous les genres de
mérite : la sévérité et l'élégance, la régularité et la hardiesse ; il faut ajouter qu'une puissante originalité caractérise
l'ensemble et les détails. La Sainte-Chapelle de Paris, à laquelle Saint-Urbain a été si souvent comparé, ne permet la
comparaison que dans une certaine mesure. D'un style différent, et d'une période de l'art antérieure à celle qui engendra Saint-Urbain, la Sainte-Chapelle est un chef-d'œuvre, la
collégiale de Troyes en est un autre.

Soutenue par des arcs-boutants évidés et ajourés, qui but-
tent à des contreforts amortis en pyramidions et en pinacles,
l'église semble une véritable guipure.

En saillie devant les fenêtres, des archivoltes ogivées, trè-
flées à leur sommet et couronnées de bouquets, s'ajustent
dans la balustrade aérienne du comble, extradossées par des
roses. Trois cercles à quatre feuilles sur trois meneaux en
ogives à trilobes forment les réseaux. L'appui sculpté, évidé
en galerie, porte sur une arcature trinitaire descendant jusqu'au larmier du soubassement.

Aux faces des transsepts, les fenêtres s'accouplent. Leur
partie inférieure se perd derrière les pignons festonnés et
reliés par un motif de galerie qui constituent le porche. Les

baies et les encadrements des portes offrent le même luxe de reliefs et de saillies.

Au portail principal, inachevé malheureusement, et qui se partage en trois entrées, est une grande page de sculpture dont le sujet principal et les épisodes occupent les distributions supérieures, et particulièrement le tympan de l'ogive. C'est le grand poëme catholique du jugement dernier, avec les anges qui font sortir les morts de leurs sépulcres, avec le ciel et ses joies, l'enfer et ses tortures. Jésus-Christ, des hauteurs célestes, juge le monde, appelle à lui les bons, et précipite les méchants au fond des enfers. L'exécution est médiocre, mais la composition, dans son ensemble, est puissante.

L'enfer, symbolisé par la gueule béante d'un dragon qui vomit des flammes, semble avoir pour *portier* — si l'on veut bien excuser la liberté de l'expression, — un diable velu, cornu, crochu, abominable, assis au milieu de sauriens et de batraciens du plus vilain aspect.

Un roi et une reine sont déjà dans la gueule du monstre qui attend d'autres victimes, car un diable et sa femelle tiennent prisonniers un groupe dont un roi, un évêque et un mauvais riche sont les principaux personnages. On voit que les sculpteurs du moyen-âge ne flattaient pas les puissants. Dans les subdivisions du dessin ogival figuré au tympan sont placés des épisodes du ciel et de l'enfer.

L'intérieur de Saint-Urbain, dont les voûtes à la grande nef ont été interrompues du côté du portail principal, est aussi sobre de décoration que l'extérieur en est prodigue. L'harmonie des lignes en est le principal mérite, on y retrouve sous un aspect différent la légèreté et la hardiesse qui dominent les détails extérieurs et les commandent.

Notons la piscine du chœur où le pape Urbain et le cardinal Ancher de Sainte-Praxède, sont représentés avec les attributs des fondateurs.

Le dallage de Saint-Urbain est couvert de tombes gravées du XIVe, du XVe et du XVIe siècles. Quelques-unes sont d'un dessin très-remarquable, mais la meilleure partie de ce qu'il en existe est couvert par des bancs fixes. Juliot, sculpteur au XVIe siècle, figure dans ce nécrologe de pierre.

De belles verrières du **XIV**e siècle, surtout en grisailles d'ornement, remplissent les fenêtres de Saint-Urbain. Nous souhaitons au lecteur l'occasion d'un office de nuit pour qu'il puisse, d'un coup-d'œil, juger l'architecture de la collégiale. Quand les lueurs des cierges rayonnent dans l'intérieur, Saint-Urbain n'est plus qu'un immense kiosque flamboyant, où la pierre prend la ténuité d'une armature de fer. On se demande en vain le secret de l'équilibre de cette frêle architecture que six siècles n'ont pu faire chanceler.

A l'endroit où s'élève le clocher tronqué qui domine le grand comble, on voyait, jusqu'en 1761, une flèche élancée qui montait à 34 mètres au-dessus de la toiture. Un ouragan avait ébranlé cette charpente en 1650 ; un coup de tonnerre, en 1761, y causa de notables désordres qui nécessitèrent une démolition.

La Fabrique possédait une riche tapisserie de chœur due aux libéralités du chanoine Claude de Lirey, qui la donna en 1525. Ses dessins étaient consacrés au pape Urbain IV et à sa famille, et représentaient divers épisodes de la vie du Pontife.

Si on en excepte les incidents qui ont marqué la construction et la bénédiction de Saint-Urbain, il n'y a guère de faits notables dans l'histoire de l'ancienne collégiale. Les plus importants appartiennent aux domaines de la justice. Saint Urbain plaida pour les enfants de chœur, qui avaient droit de franchise dans les grandes et les petites écoles ; il plaida pour les préséances processionnelles, contre le Chapitre de la cathédrale ; une offrande du duc de Bourgogne, Philippe-le-Bon, qui, après avoir entendu la messe le jour de Pâques 1420, donna un mouton d'or, causa un long procès qui ne dura pas moins de neuf ans.

La possession d'une partie des dîmes de Romilly-sur-Seine, qui appartenait à Saint-Urbain, rappelle un fait assez curieux. Le Chapitre était grevé, comme décimateur, de l'obligation de distribuer aux habitants de Romilly des pains blancs de froment, le jour de Pâques, avant la messe. Chaque pain devait être de fleur de froment, et du poids de 42 onces.

Mentionnons, en finissant, une particularité qui ne manque pas d'intérêt. Les marchands de Provins, qui avaient leurs dernières halles rue Notre-Dame, les délaissèrent au Chapitre en 1352. Ce délaissement, exclusivement attribué à la décadence des foires, eut un motif particulier et immédiat; ce motif est un incendie. Dans le compte figure la dépense de réédification des maisons de l'église de Saint-Urbain, « *assises en la* » *rue Notre-Dame, où furent les halles de Provins,* » *qui avaient été arces* (brûlées). » La reconstruction date de 1360.

———

En remontant au-delà de Saint-Urbain, on rencontre à droite la rue de *la Vierge,* jusqu'à laquelle devait s'étendre le cloître de la Collégiale, si le projet d'Urbain s'était accompli. A gauche est la rue du *Croc.*

La rue de la Vierge, autrefois de Chausson, tire son nom d'une statuette qui était en vénération dans le quartier, et qui provoqua une émeute à la suite de profanations commises par les calvinistes. La rue du Croc, qui justifie encore si bien son nom, le motivait à cause des creux, *cros* de son pavé. A l'extrémité de la rue Jaillant-Deschainets, le croc Zamet, ancienne impasse bourbeuse, vient à l'appui de l'interprétation.

Nous arrivons en face du développement méridional de Saint-Jean, après avoir côtoyé la rue neuve allant à l'Hôtel-de-Ville, percée vers 1564, et le côté nord de la place des anciennes boucheries.

SAINT-JEAN-AU-MARCHÉ.

Cette ancienne paroisse certifie les données topographiques qui tendent à faire des parties de Troyes, si-

tuées au-delà de l'*oppidum* gallo-romain, une série de
groupes, de hameaux si l'on veut, avant la création de
l'enceinte féodale.

Si l'on en croit une tradition vivante encore dans un
vitrail de la Renaissance, qui se trouve à la nef, Louis-
le-Bègue aurait été couronné à Saint-Jean, par le pape
Jean VIII, en 878.

Dès cette époque, l'église ou chapelle Saint-Jean s'é-
levait sur une sorte de champ de foire, où il y avait peu
de constructions fixes. Déjà les foires de Troyes étaient
célèbres, et c'était la rue Notre-Dame tout entière, garnie d'échoppes ou d'étaux, qui en était le siège. Saint-
Jean fut donc, d'abord, la paroisse des forains.

Au quatorzième siècle, l'ancien édifice, qui datait de
la fin du xiie ou du commencement du xiiie siècle, fut
remplacé par une construction nouvelle, et tout porte
à croire que les marchands d'un quartier, qui allait sans
cesse en grandissant, firent les frais de l'entreprise.
L'église était à peu près achevée en 1395.

Un évènement notable, et qui a une grande importance historique, s'accomplit à Saint-Jean. Le 2 juin
1420, Henri V, roi d'Angleterre, qui venait de signer
le *Traité de Troyes*, dont la clause principale était
l'exhérédation de Charles VII, et la conversion de la
France en province anglaise, épousa à Saint-Jean Catherine de France, fille d'Isabeau de Bavière et de
Charles VI.

Déjà brûlé par les Normands, puis en 1188, Saint-
Jean éprouva le même sort en 1524, lors du grand incendie qui détruisit une partie de la ville haute.

Il s'ensuivit des reconstructions de deux styles
tranchés : l'un, qui appartient à la dernière époque de
l'ogive ; l'autre, qui s'épanouit en pleine Renaissance.
Le projet de reprendre toute l'église se manifeste clairement par le surhaussement de la grande nef, depuis

le chevet jusqu'à l'entrée du chœur. Ce n'était pas sans motif, car les parties anciennes ont motivé des précautions qui se trahissent par des tirans de fer à l'intérieur, et des consolidations aux arcs-boutants.

Si l'église Saint-Jean n'est pas l'un des plus beaux édifices de Troyes, c'est assurément le plus pittoresque. Dominée au bas-côté sud par un minaret auquel le vieux clocher élevé à l'entrée sert de pendant, elle offre des lignes accidentées avec lesquelles se raccorde heureusement la perspective du fond de la rue. Enveloppée de maisons au côté nord, en avant du portail, garnie d'échoppes au midi, elle donne une idée complète des habitude du moyen-âge, et continue à justifier de toutes façons sa qualification foraine.

On y entre par un porche, à l'extrémité duquel on voit se dérouler l'architecture du XIVe siècle à son déclin. Au-delà de la porte, commencent à la fois l'ogive à sa dernière expression, et la Renaissance en plein triomphe. L'ogive persiste dans les ouvertures, mais la Renaissance s'inscrit aux meneaux, et s'insinue partout où le prisme a trop tardé. Le minaret bâti en 1555 semble proclamer la défaite de l'art ancien, et promettre les nefs que l'église attend toujours.

Moins saisissant, mais aussi réel, le pêle-mêle remarqué au côté sud se montre au côté nord, dont la porte latérale du XIVe siècle mérite un coup-d'œil. Quoiqu'il en soit, la rangée des cinq fenêtres méridionales du bas-côté du chœur est un brillant échantillon des fantaisies élégantes qui ont marqué la chute de l'art ogival. Les feuilles, les animaux, les objets les plus étranges s'y montrent avec succès; on y voit jusqu'à une pièce de canon! Les découpures entre pilastres de la galerie du minaret ne choquent pas en se reliant aux ornements de transition de la balustrade du grand comble, qui semble hissé par l'effort d'arcs-boutants ajourés en trilobes, et s'épaule sur des contreforts où pyramident des dessins de pinacles.

A l'intérieur, le mélange et la fusion se retrouvent.

Les nefs trapues du XIVe siècle qui ont vu passer le cortège d'Henri V d'Angleterre et de Catherine de France,

Charles VI, Isabeau de Bavière, semblent servir d'antichambre au sanctuaire qui se déploie sous la voûte surelevée après l'incendie de 1524.

Parmi les verrières de différentes écoles qui remplissent les fenêtres, il faut noter celles du chevet : *Episodes de la vie de Jésus-Christ, la Cène*, des motifs de l'*Evangile* ; au bas côté sud, le *Martyre de Sainte-Barbe*; le *Jugement de Salomon* ; à la nef, le *Sacre de Louis-le-Bègue, par le pape Jean VIII* ; dans les grandes fenêtres du chœur, les allégories de la *Tempérance,* de la *Force,* de la *Prudence* et de la *Justice.*

Le retable du maître-autel est un grand édicule à fronton sur quatre colonnes, qui vient apporter son contingent aux contrastes dont l'église abonde. Il date de Louis XIV. Le *Baptême dans le Jourdain,* et un *Père Eternel,* de Mignard, sont encadrés dans ce retable où se trouvent des médaillons et des figurines de Girardon.

A la chapelle des fonts, le retable de pierre attribué à Juliot, et plus probablement à Gentil, qui travailla beaucoup à Saint-Jean, est bien préférable au pompeux décor qui obstrue le fond du chœur. La sculpture de la Renaissance n'a rien produit de plus énergique et de plus vivant que les bas-reliefs de la Passion.

Saint-Jean a malheureusement perdu, en 1525, la couronne d'or attribuée à Louis-le-Bègue ou à Henri V d'Angleterre. On la donna pour la rançon de François Ier. Le manteau de brocard qu'Henri V avait laissé, différents objets d'art d'un grand prix, et le jubé qui dominait la nef, ont également disparu. Le jubé a été démoli en 1648. Les artistes célèbres de l'Ecole de Troyes ont, la plupart, travaillé à Saint-Jean : François Gentil, sculpteur; Jean Macadré, Linard et Jean Gonthier, Pisset, peintres-verriers ; Papillon, ciseleur, sont les plus connus.

En laissant à gauche le quartier des Changes, qui ne peut être intéressant qu'au point de vue de la malpropreté et de la sombre obscurité des ruelles qui le composent, on arrive dans la rue d'*Orléans*, où se groupent encore les chaudronniers.

C'était une rue industrielle, le quartier-général des savetiers, puis, successivement, d'autres professions.

Traversons la place de la Banque, dont il a été question, et entrons dans la rue de *la Monnaie*, d'où l'ancienne *Election* commande l'entrée du côté des *Croisettes*. C'est une maison de la Renaissance, à pilastres cannelés, au rez-de-chaussée, sous corniche. Un entresol est pratiqué sous la saillie de l'encorbellement que soutiennent des liens décorés de pilastres. Le pignon qui couvre l'ensemble de la construction est à peu près complet. En retraite de la façade est une tourelle carrée, décorée d'un bel épi.

La rue de la Monnaie s'appelait, dans l'origine, rue de Pontigny, à cause de l'hôtel qu'y possédait l'abbaye de ce nom. Au xve siècle, les moines cédèrent la place aux ateliers de la Monnaie, qui se trouvaient compris entre les numéros 52 et 58 de la rue.

L'hôtel des d'Inteville, célèbre famille de Troyes, qui compte parmi ses membres des baillis, un maître d'hôtel de François Ier, un ambassadeur, des gouverneurs de province, des militaires de haut grade, se trouvait aux numéros 60 et 62. C'est dans l'hôtel des barons du Vouldy, rue de la Monnaie, que Louis XIV descendit en 1668. Dans ce quartier aristocratique, on voit encore plusieurs hôtels considérables.

La rue du *Chaperon*, confondue aujourd'hui avec celle de la Monnaie, possédait les halles des marchands de Rouen (nos 18 et 10), où était le fief royal du Chaperon. Le pilori du prévôt se trouvait en face, après la translation du siège de son tribunal. Dans cette maison, qui appartint à sa famille, naquit Eustache Le Noble, l'écrivain aventureux, dont il a été question au chapitre consacré à la biographie.

La vente du sel s'effectuait, dans l'origine, rue du Chaperon, qu'on nomma, au xvᵉ siècle, la Vieille-Saulnerie, puis, rue du Tabellionnage-Saint-Etienne, à cause des tabellions de la Collégiale, qui y demeuraient. L'existence du tribunal du prévôt fit que la rue du Chaperon s'appela aussi de l'Auditoire.

Tour à tour désignée sous le nom de la Filerie (marché au fil), de la Poulaillerie, de la Croix-Rouge, des Ursins, la rue de Champeaux implique une idée rustique. Primitivement, dans les quartiers hors ville, se formèrent des enclos qui furent soudés tant bien que mal à la voirie. C'est une des raisons qui expliquent le mieux l'irrégularité des vieilles villes. Au coin, au couchant, où se trouve entre les nᵒˢ 32 et 36 de la ruelle des Chats, autrefois ruelle Maillard, était l'hôtel de la famille Leguisé, dont l'un des membres, évêque de Troyes, fit rendre la ville à Charles VII et à Jeanne d'Arc. Plus bas, nᵒ 26, en face de la rue conduisant à Saint-Jean, est l'hôtel des Ursins, qui mérite à tous les égards qu'on s'y arrête.

HÔTEL DES URSINS.

L'habitation de la famille alors bourgeoise des Juvénal était connue, dans l'origine, sous le nom d'hôtel de Champeaux. Lorsque le nom primitif et plébéien se fut embelli et allongé au moyen de la particule et du qualificatif des *Ursins,* l'hôtel de Champeaux, de Troyes, prit le même titre que celui de la maison donnée par la ville de Paris à son prévôt des marchands, Jean Juvénal.

Dès le quatorzième siècle, les Juvénal étaient de notables habitants de la ville de Troyes. L'un d'eux figure dans une décision de 1366, relative aux ôtages envoyés en Angleterre, pour caution de la rançon du roi

Jean. C'était probablement le père de Jean Juvénal (des Ursins), d'abord simple avocat au Parlement de Paris, ensuite prévôt des marchands, avocat-général, et procureur-général au Parlement de Paris. Guillaume Juvénal des Ursins, vicomte de Troyes, chancelier de France sous Charles VII; Michel Juvénal, bailli de Troyes, et échanson du roi; Jean Juvénal, archevêque de Reims pendant le règne de Louis XI, descendaient de Jean Juvénal, qui commença l'illustration de la famille.

L'hôtel patrimonial des Juvénal fut abandonné par ses propriétaires vers la fin du XVe siècle, et brûlé en 1524, le 25 mai, quatre ans après sa reconstruction, ainsi que le constate une inscription regravée en 1688, et que l'on peut lire sur les murs du bâtiment actuel.

La maison et ses dépendances appartiennent à la première période de la Renaissance; tout y est de grand aspect. A la hauteur du premier étage, dans le centre du corps-de-logis principal, est un joli petit oratoire à trois pans, montant en poivrière dans un encadrement de pilastres superposés. Au sommet, trois frontons s'appliquent sur un couronnement en lanterne décoré de balustres. Les réseaux des fenêtres sont en prisme. Les vitraux qui représentent le Christ en croix, et les figures des propriétaires dans l'attitude de donateurs, sont d'une très-belle exécution. Au bas de la rue qui débouche sur la place de l'Hôtel-de-Ville, les anciennes maisons faisaient retraite en galerie et servaient ainsi d'abri aux marchands.

La place de l'*Hôtel-de-Ville* fut originairement indiquée sous le nom de la Belle-Croix, à cause d'un monument de bronze élevé en 1495 dans le voisinage de l'Hôtel-de-Ville, et relevé en 1585, à la suite d'un ouragan qui avait causé de nombreux dommages aux maisons et aux édifices publics.

HÔTEL-DE-VILLE.

Jusqu'en 1496, la municipalité n'eut pas de siège fixe et définitif dont elle fût propriétaire. Elle s'assembla tour à tour dans la galerie du Beffroi, aux Cordeliers, à l'hôpital du Saint-Esprit (l'Oratoire), à la salle du Roi, dans le château des Comtes, remplacé par le canal. En 1496, de l'Hôtel-Dieu où elles étaient déposées, les archives municipales furent transportées au « *Parlouër nouvellement bâti.* »

En 1511, le Conseil de ville décida que l'hôtel commun serait construit à neuf, mais l'exécution du projet fut probablement ajournée, car, lors de l'incendie de 1524, le Conseil s'assemblait encore à l'hôtel du Beffroi, et dut se réfugier au palais des Comtes.

Quoique long-temps différée, la construction s'effectua cependant, car, en 1566 et en 1567, les registres du Conseil mentionnent l'existence d'une *rue neuve* allant des boucheries *devant l'hôtel-de-ville.* On ne saurait douter que l'édifice ainsi désigné ne soit celui qui a précédé le bâtiment actuel ; il avait pour voisine la grande dépendance qui existe au côté gauche. La galerie, les lucarnes, les gargouilles, les corniches et tous les détails de l'appareil sont de la Renaissance. Une preuve iconographique vient cautionner notre opinion, car, après le passage d'Henri IV (1595), la compagnie de l'Arquebuse fit exécuter une verrière (*voir à la Bibliothèque*) représentant la station du roi devant l'hôtel-de-ville. C'est le bâtiment dont nous parlons qui occupe le fond du tableau. Il est décoré d'une tribune tapissée et chargée de musiciens.

En 1598, le Conseil, qui s'était déjà agrandi, vota l'acquisition de diverses maisons pour l'extension de l'hôtel-de-ville, et alloua une somme de cent écus aux Cordeliers, pour indemnité d'occupation.

En 1600, acquisition, de Pierre de Guilly, d'une maison occupée jusque-là à titre de bail, pour être annexée à l'hôtel-de-ville. Ces actes ne laissent aucun doute sur l'assiette

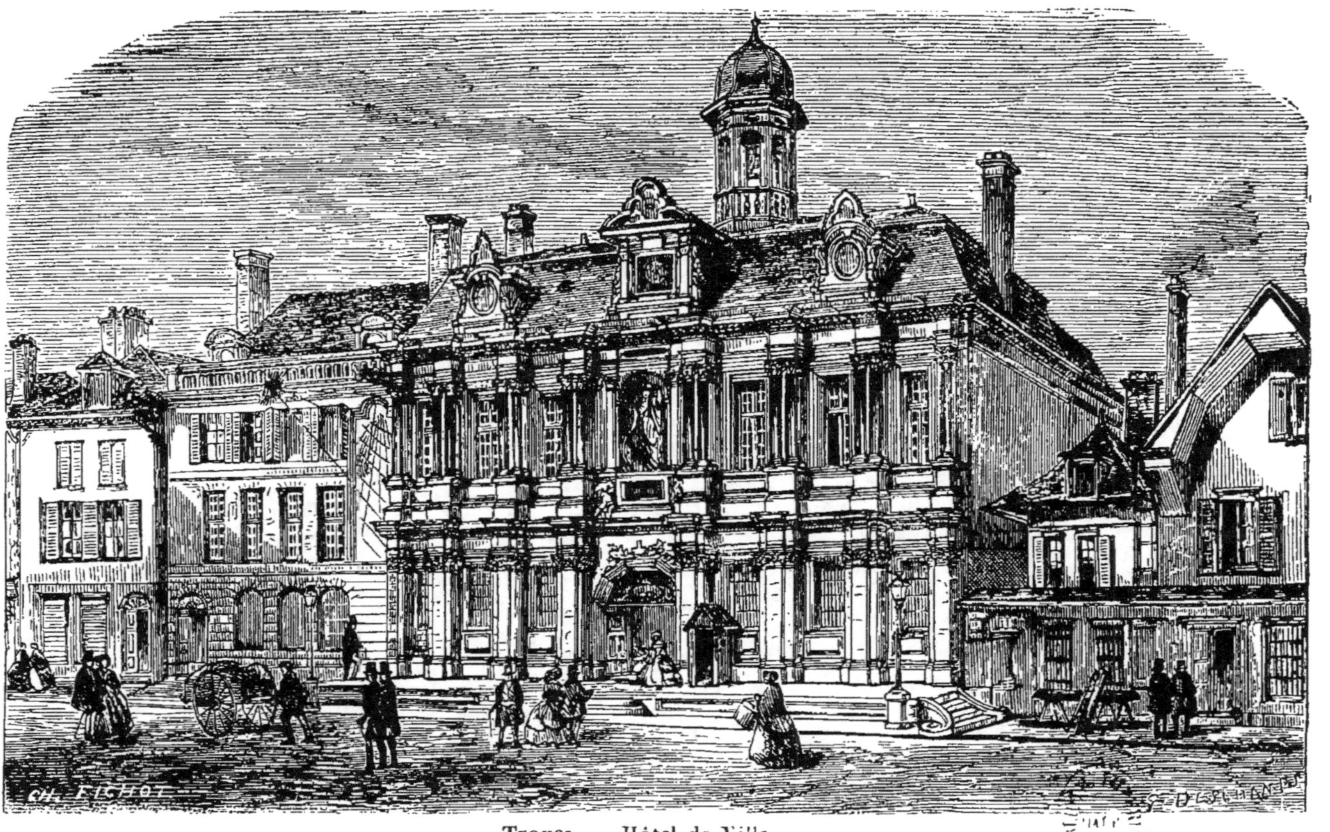

Troyes. — Hôtel-de-Ville.

du premier bâtiment municipal. Du reste, nous ne prétendons pas contester la possibilité de réunions extraordinaires du corps de ville dans d'autres endroits, même depuis la possession constatée à la fin du xv° siècle.

Dès 1616, la municipalité projeta la construction de l'édifice actuel. Les lenteurs qui avaient marqué l'exécution de l'ancien hôtel-de-ville se reproduisirent. Commencé en 1624, le corps-de-logis, dont l'architecte Louis Noble dressa les plans et les devis, resta ébauché jusqu'en 1655. Repris à cette date, il était encore inachevé en 1665. Enfin, confié à l'architecte Cottard, à partir de cette époque, il fut terminé en 1670. Certes, on n'accusera pas l'administration d'alors de trop de précipitation. Mais l'excuse de sa lenteur se trouve dans le défaut de ressources. Le 13 juillet 1625, le duc de Nevers, gouverneur de Champagne et de Brie, posa la première pierre. En 1687, une statue en pied de Louis XIV fut placée dans la niche qui surmonte la porte. Elle fut brisée dans les premiers jours de la Révolution, et remplacée par une figure de la Liberté qu'on a coiffée d'un casque au lieu du bonnet phrygien. C'est maintenant une Minerve. Dans le cartouche, pendant l'existence de la statue de Louis XIV, se trouvait un quatrain de Santeuil, dont voici le texte :

> Ille est quem totis ambit Victoria pennis.
> Hic pelago, hic terris, hic sibi jura dedit
> Per quem relligio tot ab hostibus una triumphat.
> Urbs dicat antiquæ relligionis amans.

Pendant la période terroriste, le quatrain fut remplacé par la terrible et dérisoire devise : *Liberté, Egalité, Fraternité ou la Mort.*

Cette inscription transitoire fut remplacée à son tour par ce distique anodin et optimiste :

> Minerve ferme enfin le temple de la guerre,
> La justice et la paix vont régner sur la terre.

On a eu le bon esprit d'effacer ces deux vers qui n'ont jamais cessé d'être une mystification. Nous souhaitons qu'ils deviennent une vérité.

La décoration de la façade extérieure se compose, au rez-de-chaussée, de pilastres corinthiens sous entablement ionique; à l'étage, de colonnes en marbre noir à chapiteaux composites portant un entablement corinthien. Malgré sa tournure classique, cette façade est irrégulière, témoin ses deux extrémités. La toiture en carène est surmontée d'un campanile couvert en dôme.

La grande salle, restaurée depuis 1856, n'est pas en rapport de date avec l'extérieur. A l'ancien plafond à moulures on a substitué des caissons de la Renaissance; la corniche primitive a été conservée. La grande cheminée ancienne, réparée comme la salle, offre le même anachronisme. Son trumeau est orné d'un beau médaillon de marbre blanc, sculpté par Girardon. Il représente Louis XIV; au bas on lit une inscription latine composée par Racine.

La grande cheminée du corps-de-garde, au rez-de-chaussée, a heureusement échappé aux restaurations. La tablette portée par des cariatides à gaines feuillées, est surmontée d'un trumeau frontonné, aux armes de France ornées d'attributs militaires.

La façade intérieure de l'hôtel-de-ville se présente entre deux ailes. Sa porte en saillie, avec ses colonnes annelées, est tout ce qu'il y a à signaler.

La chronique de l'Hôtel-de-Ville est pour ainsi dire l'histoire politique et municipale de Troyes tout entière. Il n'est pas un événement, pas une mesure d'intérêt public depuis le xvie siècle, qui n'ait eu pour point de départ, pour aboutissant ou pour théâtre, l'édifice dont nous nous occupons.

Durant les trois siècles qui ont passé sur le monument actuel et sur celui qu'il a remplacé, que de faits, que de contrastes !

Sans s'occuper du vieux *parlouër* et des délibérations intérieures des officiers municipaux, il y a des événements de toute nature à relever dans le passé.

Au temps des guerres de religion, lors du passage des rois et des princes, des fêtes et des réjouissances, des manifestations de toute sorte se sont produites à l'Hôtel-de-Ville.

Sans remonter plus loin que Charles IX, on voit à l'occasion de son passage s'élever une pyramide triomphale ; lorsque les publications de paix, les proclamations, les appels ou les avertissements mettaient en mouvement les trompettes municipales ; lorsque le signal des fêtes publiques était donné par les hautbois et les instruments soldés par le corps municipal, c'était toujours de l'Hôtel-de-Ville que partaient les premières fanfares.

Pendant cette période d'agitations passionnées qui répond à la durée de la *Ligue,* combien de fois l'édifice municipal ne fut-il pas assailli ! Les permanences imposées par la nécessité, les acclamations de la popularité, les huées, les menaces de l'impopularité, les *vivat* et les malédictions, les prises de possession, l'exhibition des pouvoirs, du droit et de la force, tout ce qu'il a de vivant, d'actif, d'emporté, tout ce qui exprime la vie collective de la population, s'est fait ou a retenti dans l'enceinte actuelle.

Au temps où les passions populaires surexcitées obligeaient à ne sortir que la main sur la poignée d'une dague ou d'une épée, en 1590, le maire n'arrivait plus à l'Hôtel-de-Ville avec ses allures habituelles ; il marchait flanqué de hallebardiers ou d'arquebusiers. En 1594, au moment où un héraut d'armes apportait au corps de ville des lettres de Henri IV, demandant sa reconnaissance en qualité de successeur légitime de Henri III, une troupe de partisans entourait l'hôtel et par ses cris arrachait une détermination favorable ; elle provoquait l'envoi d'une députation au roi pour prêter, au nom de la population, serment de fidélité. C'est devant le siège de la municipalité qu'Henri IV reçut le cadeau de la ville au milieu des fanfares. Les canons et les fauconneaux dans leurs jours de belle humeur tonnaient inoffensifs devant la façade ; presque pas de mois ne s'écoulait sans que l'on dressât un mât entouré de fagots et de fascines auxquels on mettait solennellement le feu, car chaque événement, traité de paix, victoire, naissance de dauphin ou de princesse, avénement au trône, etc., amenait son *feu de joie.* Ce qu'on a brûlé de bois de réjouissance pendant des siècles, à tous les coins de la ville, dépasse ce qu'on pourrait imaginer. Quand il passe un personnage

quelque peu haut monté dans la hiérarchie, tout aussitôt
l'édifice se pomponne et fait toilette ; le satin blanc brodé
d'armoiries s'étend en abri ou en dais au-devant de l'entrée, puis ce sont des échafaudages tapissés, des orchestres
aériens, des guirlandes, des chapeaux de fleurs et des bran-
chages. Cela se faisait pour un prince, même pour un simple
gouverneur de province, témoin le duc de Rhetelois, en
1618. Il n'est pas besoin de parler des harangues bourrées de
latin, encadrées dans toutes les fleurs du jardin de la rhé-
torique, qui venaient s'étaler au seuil municipal ; c'était une
prérogative, une loi de l'étiquette et du cérémonial. Le
formulaire l'imposait, hélas, dans des dimensions et des
conditions qui ont dû, plus d'une fois, éprouver la patience
des destinataires.

Nous venons de parler des feux de joie. Sous Louis XIV,
en 1668, il y en eut un, parmi beaucoup d'autres, à l'occasion des affaires de Bourgogne. Voici ce qui fut fait ; nous
citons un mémoire officiel qui fera voir exactement ce que
c'était et comment la cérémonie se pratiquait :

« Le feu fut de fagots attachés à une pièce de bois, haute
» d'environ 40 pieds, au haut de laquelle il y avait une re-
» présentation (tableau) de ville, icelle pleine de saulcis-
» sons et pétards.

» Le feu fut mis environ sur les sept ou huit heures du soir,
» par M. le marquis de Praslin, comme lieutenant du roy de
» cette province, lequel se trouva en cette ville ;

» Le marquis de Lesguillon, bailli de Troyes.

» Lefebure, lieutenant-général. — Le procureur du roi,
» M. de la Ferté et Vigneron, maire, avec chacun un flam-
» beau de cire blanche.

» Furent tirés au-devant de l'hôtel-de-ville les *jeux*
» *d'orgues* et quatre pièces de gros faulxconneaux.....

» Fut brûlé, ensuite du feu, deux douzaines de fusées
» vollantes dans la cour de l'hôtel-de-ville.....

» Furent faicts des feux de joye *dans toutes les rues,* etc. »

Nous passons sur les autres exploits de la poudre à canon.

Veut-on savoir comment on annonçait la publication d'un
évènement politique ou dynastique ? Au lieu des placards

économiques qui ne dérangent qu'un ou deux colleurs d'affiches, voici comment les choses se passaient encore en 1668, à la date du feu de joie dont il vient d'être question :

Le gouverneur de la ville ou de la province, le corps de ville, le présidial, les commissaires, les officiers et sous-officiers des trente-deux compagnies de la milice bourgeoise, les notables, se formaient en groupes et parcouraient les rues au son des trompettes et des haut-bois, et faisaient de nombreuses stations qui commençaient à l'Hôtel-de-Ville ; à chaque station, l'artillerie qui suivait le cortège faisait des décharges.

Toujours dans le même ordre de faits, il y a des particularités à citer. Quand un grand personnage arrivait ou passait à Troyes, on lui portait des cadeaux dont l'importance se réglait sur sa dignité. Il y avait souvent des comestibles, de l'argent, et toujours du vin et de l'hypocras.

Quand François Ier, Claude de France sa femme, et les princesses du sang, durent venir à Troyes, en 1520, outre le présent du roi qui consistait en une statue, symbole de foi, enchaînée à un cœur d'or, et en une coupe de vermeil renfermant des pièces d'or, on décida qu'il serait donné, par le corps de ville, à la reine : 12 tabliers et 24 douzaines de serviettes fines ; 8 tabliers et 16 douzaines de serviettes à Madame, et ainsi en décroissant, en tabliers et en serviettes aux autres princesses : c'était bien entendu, la municipalité qui portait ses cadeaux. Quant au populaire, il avait aussi ses amusements. Il y avait des tables où l'on donnait à boire et à manger aux passants, les jours de grande réjouissance ; on faisait également donner de grands banquets aux ambassades et aux députations de passage. Le vin d'honneur était toujours de la partie, quelle que fût la dignité du personnage. On mesurait la quantité des pièces à son rang. Il en était de même des cadeaux de bouche. Le côté pantagruélique de l'administration municipale n'est pas le moins curieux ; le gibier, le poisson, la volaille, les andouillettes, les langues de mouton accompagnaient toujours les vins d'honneur. La ville, surchargée d'obligations culinaires, avait dû prendre le parti d'adjoindre à son personnel d'employés des cuisiniers et des marmitons.

Pour un simple légat qui passerait aujourd'hui inaperçu, ou ne recevrait que des politesses individuelles, la ville fit des frais considérables. C'était en 1589, et le légat était le cardinal Cajetan. On l'hébergea ; il fut mis sous un dais aux armes papales, royales et municipales. Le clergé, la justice et le corps de ville l'accompagnèrent solennellement, et l'on fit tapisser toutes les rues du parcours. Six mille hommes, commandés par le comte de Saint-Pol, étaient allés au-devant du cardinal. On ne saurait croire, au surplus, jusqu'où étaient poussés les scrupules en matière de cérémonial. La visite officielle, en corps, était le moindre des devoirs ; on la rendait au plus mince personnage. Il suffisait d'avoir la direction d'un service ou d'une administration quelconque pour qu'aussitôt le corps de ville sortît en costume, avec trompettes, et ce qui s'en suit. Les dépenses de représentation, de réception ; celles qu'on faisait en cadeaux et en fêtes devaient former un gros article du budjet.

Ce qui frappe surtout dans l'ensemble des actes municipaux, c'est la multiplicité et la paternité de leurs applications. Aujourd'hui tout se résume par des mesures de police, des emprunts, des constructions, l'administration des deniers publics, et dans les circonstances critiques par des réductions de la taxe du pain, par des ateliers communaux qui transforment les ouvriers sans besogne en terrassiers. Autrefois, et en ne remontant qu'à une centaine d'années, la ville achetait du grain, alimentait le travail en commandant des marchandises ; elle établissait des maisons de santé, et pénétrait dans l'intimité des classes malheureuses par une foule de moyens de soulagement. Peut-être les choses valent-elles mieux, sont-elles mieux réglées et moins accessibles à l'abus, mais l'administration y a perdu le caractère qui était le ressort des anciennes municipalités. Il est vrai que ses pouvoirs ont été diminués au profit du pouvoir central.

Revenons à l'Hôtel-de-Ville.

On a entrevu un coin du tableau, le défilé des fêtes et des cérémonies, le mouvement municipal, politique et militaire. Sous le rapport judiciaire, la maison de ville a aussi ses chroniques. La potence qui s'élevait à ses abords n'a pas tou-

jours été oisive. En 1787, on y pendait encore. A la suite
de l'émeute qui éclata le 14 juillet, un nommé Robert y
fut accroché. Les assassins du maire, M. Huez, vinrent aussi
devant le perron faire amende honorable.

Nous n'avons pas besoin d'insister sur des faits presque
contemporains. Chaque changement de pouvoir amène sa
manifestation à l'hôtel-de-ville. C'est ainsi que la statue de
Louis XIV, celle de la République, la Fleur-de-Lys du campanile, le Coq, son remplaçant, et les drapeaux de toutes
les couleurs, ont tour à tour été fêtés, dépossédés et renversés; si bien qu'on a pris le parti de ne plus se mettre
en frais d'emblèmes.

Aujourd'hui l'Hôtel-de-Ville renferme les salles d'audience
du tribunal de commerce, des tribunaux de paix, du conseil
des prud'hommes, les bureaux de police et de la caisse
d'épargne. Les divers services de l'administration y sont également concentrés. Les archives municipales sont d'une
grande importance; les documents qu'elles renferment
donnent une haute idée du rôle et du rang de la ville de
Troyes pendant le moyen-âge et jusqu'au XVIIe siècle. Beaucoup d'autographes de personnages célèbres, rois, princes,
hommes politiques, écrivains, artistes, etc., y sont conser-
vés. Il y a notamment une collection de lettres de Henri IV,
des lettres des chefs de la Fronde, des procès-verbaux révolutionnaires, des pièces relatives à la Ligue, sans parler
de tout ce qui regarde le passé militaire de Troyes : fortifications, milice, artillerie, l'industrie, l'archéologie, le cérémonial, les fêtes publiques, etc.

———

En descendant la rue de l'Hôtel-de-Ville, il faut noter
sur la gauche, aux numéros 66 et 68, l'emplacement de
l'ancien théâtre, qui datait du temps où l'art dramatique,
abandonnant les échafaudages en plein vent, sur lesquels on représentait les *mystères*, les *soties*, et tous
les grands mélodrames fantaisistes du moyen-âge, connus sous le nom de *Jeux et de Diableries*, commença
à se renfermer dans des cadres réguliers et à adopter

des formes littéraires déterminées. Le premier théâtre fut brûlé d'abord en 1731, dans la nuit du 9 au 10 avril, et une seconde fois le 7 avril 1775.

Plus bas, en face de Saint-Urbain, il y avait deux jeux de paume. A l'extrémité de la rue, on voyait plusieurs grandes hôtelleries.

Le quai Napoléon, où finit la Grande-Rue, s'étend sur l'emplacement des rues du Mouton-Blanc et des Bains. Le lit du canal occupe le sol du côté droit, et le quai de droite a pris la place du ru Cordé, comblé au moment de l'établissement du canal.

Entre le pont de la Salle, auquel correspond maintenant le pont tournant situé au débouché du bassin, et le pont de la Girouarde, dont la direction se retrouve dans le pont tournant conduisant à la Cité, il y avait un établissement public connu sous le nom d'*Etuves-aux-Hommes*.

C'était une propriété de la collégiale Saint-Etienne qui avait le privilège exclusif de tenir et de posséder des bains publics. Ces Etuves paraissent avoir succédé à un établissement gallo-romain. Elles n'ont disparu que vers la fin du siècle dernier. Depuis longtemps elles étaient sans emploi. L'usage de plus en plus développé du linge, la répugnance progressive du public pour la promiscuité des Etuves, et l'assainissement graduel des villes, les avaient rendues inutiles.

Les *Etuves-aux-Hommes* étaient un bâtiment de roche et de brique de 22 mètres de façade. Cinq divisions en ogive partageaient le rez-de-chaussée. Une galerie en berceau de 4 mètres de large régnait le long de la façade intérieure, un étage répétait à peu près ces dispositions.

Les Etuves remplaçaient souvent le café, la salle de bal, le cercle, et malgré les défenses légales et ecclésiastiques, il arrivait souvent que la séparation des Etuves n'empêchait pas les hommes d'aller à celles des femmes, et réciproquement. Au XVe siècle, il fut défendu aux religieuses de Stras-

bourg d'aller aux *Etuves-aux-Hommes même que quand il
ne s'agissait que de danser*. Les sermons prenaient souvent
les Etuves à partie, et les nommaient *stufæ prostibulosæ*. Il
est vrai qu'il s'y commettait publiquement et ouvertement
des actes de débauche.

La gendarmerie, ensemble assez mal réussi de bâtiments, remplace l'ancien couvent de la *Congrégation
de Notre-Dame*, qui s'établit à Troyes en 1528. Une
colonie de la maison de Vitry-le-François forma le
noyau de la nouvelle communauté, dont les membres
se consacraient à l'enseignement. La reine Anne d'Autriche, qui se trouvait à Troyes en 1630, assista à la
prise d'habit de deux jeunes filles, et leur donna elle-
même le voile.

Avant l'entrée en possession des congrégantines, la
maison connue sous le nom d'Hôtel de la Licorne servit de classes au collége fondé sous Charles IX, en remplacement des grandes écoles paroissiales. La translation du collége dans l'hôtel Pithou avait permis au
couvent de reprendre l'hôtel de la Licorne. Les sœurs
de la Congrégation furent dispersées en 1762, à cause
de leur opposition à la bulle *Unigenitus*, comme les
Sœurs noires et les Carmélites de la ville l'avaient été
pour la même cause en 1749. C'était dans le voisinage
de la Licorne, mais sur le côté opposé où coulait la
rivière, en face la rue du Marché-aux-Trapans, que se
trouvaient les Etuves aux femmes incendiées en 1696.

La place du *Marché-aux-Trapans,* ou aux planches,
qui n'éveille d'autre souvenir que celui de l'ancienne
tisseranderie et du marché qui s'y tenait, coudoie au
passage les rues de la *Grimace,* du *Donjon,* des *Etuves,*
maintenant confondues sous le nom du mécanicien
Gambey. La Grimace était l'enseigne d'une auberge;
le Donjon était une dépendance du couvent de Foicy.
Quant au nom de la rue des Ecoles, il éveille un sou-

venir du moyen-âge ; c'était dans ce quartier que se tenaient les écoles de Saint-Remy.

La place actuelle de l'église, autrefois close de murs, était le cimetière de la paroisse. En octobre 1790, ce cimetière fut envahi par la milice bourgeoise, les hussards et les suisses de la garnison de Troyes, en vertu d'un ordre provoqué par les troubles de Paris.

ÉGLISE SAINT-REMI.

L'histoire de cette paroisse n'offre que peu d'intérêt ; elle est, pour ainsi dire, toute domestique et roule sur des prétentions, des conflits et des procès.

Le monument lui-même est un des moins remarquables de Troyes.

« C'est, comme nous l'avons dit ailleurs (1), un amas de pans de murs, de piliers où l'œil cherche en vain une pensée d'harmonie.

» La maçonnerie a été reprise et retenue dans plusieurs endroits depuis la fin du XIVe siècle, époque à laquelle remontent les plus anciennes constructions encore existantes. Les traces de ces raccords faits, sans aucune préoccupation des lois de l'unité, se révèlent particulièrement du côté des transsepts. »

Le portail principal, construit vers la fin du XIVe siècle, n'est qu'une simple porte à voussures portées sur des colonnettes en faisceau. L'entrée méridionale est de la même date et du même style. Les fenêtres, reprises et réparées au XVIe siècle, ne rappellent la construction primitive qu'au bas-côté du nord.

Le clocher, qui du sol à la pointe mesure 54 mètres environ, a été bâti aux frais de la paroisse, comme l'indique

---

(1) Album de l'Aube.

cette inscription, illisible aujourd'hui, qu'on a gravée sur la
face extérieure de la muraille :

> L'an de grâce mille trois cens
> Quatrevingt six de léal cens
> Diex jour d'april fut commencée
> Cette jolie tour quarrée
> Par les maguilliers de l'église
> Dieu leur doint grâces et franchise.

L'intérieur de Saint-Remi a été assez maltraité; plusieurs
de ses colonnes ont été dégradées. Les anciens vitraux de
Gonthier, les sculptures de Gentil et de Dominique ont
disparu. Plus heureux, le beau Christ en bronze que Girardon
donna à Saint-Remi, sa paroisse, a été conservé.

Le grand artiste, au milieu des séductions de sa brillante
carrière, n'oublia jamais son pays, où il aimait à revenir faire
les vendanges. Deux plaques de marbre, dans la chapelle
des transsepts, prouvent qu'il songea aux pauvres.

Outre le crucifix de bronze, il existe deux figures d'ange
et deux médaillons de cuivre qu'on attribue à Girardon.
Dans la chapelle désignée sous le nom de l'artiste, est une
belle toile de l'Ecole italienne : la *Madeleine repentante*.
Des sujets tirés du nouveau testament décorent des panneaux sur bois, à la sacristie. C'est un spécimen de l'art ancien, curieux par la composition, par les détails, et surtout
par ses naïvetés iconographiques. Il y a à Saint-Remi plusieurs tableaux de Ninet de l'Estaing.

C'est à une confrérie établie à Saint-Remi que revient la
fondation de la Belle-Croix qui se trouvait devant l'hôtel-de-
ville. Paroisse fort ancienne, cette église avait pour fuccur-
sales Saint-Frobert et Sainte-Madeleine.

COLLÉGE PITHOU.

En regard du porche de Saint-Remi, s'ouvre un portail du temps de Louis XIII, sur lequel on lit encore
l'injonction grecque :

ΤΟΙΣ ΝΟΜΟΙΣ ΠΕΙΘΟΥ.

Et ces deux mots latins :

COLLEGIUM TRECO-PITHOEANUM.

Ces deux inscriptions, à l'allure macaronique, semblent mises là tout à la fois pour apprivoiser les écoliers, leur donner un conseil et leur laisser un souvenir. C'est bien l'enseigne qu'il fallait à la science spirituelle, plaisante, et cependant esclave des règles, comme la pratiquaient les Pasquier, les Passerat, les Pithou et tous les hommes graves de leur temps. Érasme n'eût pas désavoué le jeu de mots grec et latin qui s'épanouit, hélas ! pour peu de temps encore au frontispice de la maison paternelle des frères Pithou. Bientôt les écoliers du Lycée émigreront ; la grande construction qui s'élève sur l'emplacement de l'ancienne gare du chemin de fer remplacera prochainement le vieux Collége.

On a vu tout à l'heure les débuts de l'enseignement classique à l'hôtel de la Licorne. En 1624, il s'installait où il se trouve encore, en vertu du testament de François Pithou, avocat, seigneur de Bierne, frère du célèbre jurisconsulte écrivain qui occupa si dignement, sous Henri IV, les hauts emplois de la magistrature.

Le donateur, outre sa maison, avait laissé à l'établissement sa bibliothèque, ses biens de Moussey, et tout le numéraire qu'il possédait.

Sur l'avis de Louis XIII, les Frères de l'Oratoire furent chargés de la direction du Collége. François Pithou, qui éprouvait, comme la population de Troyes, une violente antipathie contre le corps des Jésuites, avait eu le soin de stipuler leur exclusion du Collége, à peine de nullité de ses dispositions testamentaires.

Deux prébendes de la collégiale Saint-Étienne, des dons d'Hennequin, docteur en Sorbonne, des pères Rhonet et Lombard, oratoriens, de Vinot, du comte de Chastellux, et de plusieurs autres, grossirent les ressources de l'établissement, mais ne permirent cependant pas de maintenir la gratuité de l'enseignement. En 1695, chaque élève de famille aisée paya deux écus par an. Maintenue jusqu'en 1754, la rétribution s'éleva alors à quatre écus.

Après diverses modifications administratives, le Collége de Troyes devint exclusivement municipal. A ce titre, il fut l'un des premiers de France. Depuis 1854, l'ancien Collége a été transformé en Lycée.

Le nom de *Pithou* donné à la rue où se trouve son hôtel, s'appela de la Chasse, de l'Etrille, du Haume; rien de particulier ne méritant d'y être signalé, pénétrons dans la rue des *Bûchettes*. Cette rue faisait autrefois partie du clos de la Madeleine, un de ces groupes de maisons qui au moyen-âge constituaient des bourgs isolés dans l'enceinte; c'était autrefois le marché du menu bois. A son débouché supérieur, la rue des Bûchettes pénètre la rue Paillot de Montabert, dont le côté droit se nommait, avant 1851, du Coq, et le côté gauche, du Domino.

La rue du Coq n'a pas d'antécédents à signaler; celle du Domino, auparavant de Châlons, possédait, au XIIIᵉ siècle, les halles de Châlons et celles des marchands de Beauvais. Au XIVᵉ siècle, les orfèvres de Troyes s'étaient groupés dans la rue du Domino, qui tirait son nom de l'habitation d'une famille de ce nom, dont plusieurs membres furent attachés à la Monnaie, et la plupart exercèrent la profession d'orfèvres.

Maintenant, dans toute leur longueur, les deux rues rappellent le nom du savant auteur du *Traité de la Peinture*.

C'est encore un nom-propre, celui de M. Charbonnet, ancien recteur de l'Université de Paris, qui décore la voie de prolongement des Bûchettes. Du reste, ce nom recommandable à remplacé celui d'une famille ancienne, la famille des Lorgnes, qui occupait une haute position dans la ville. Le voisinage de l'église et des raisons de topographie modifièrent plusieurs fois les dénominations appliquées au quartier. On le désigna fréquemment sous le nom de rue de la Grande-École, en raison de l'existence d'un établissement scholaire qui relevait de la cathédrale.

Une vaste maison particulière, qui occupe l'extrémité de la rue Charbonnet et l'angle de celle des Quinze-Vingts, se recommande aux curieux, aux mêmes titres que les hôtels de Chapelaines, des Ursins, de Vauluisant et de Mauroy. C'est l'hôtel Marisy.

HÔTEL MARISY.

Il se compose d'un gros corps-de-logis de cette structure étoffée particulière aux édifices du XVIe et du XVIIe siècles. Hautes et larges fenêtres partagées par des meneaux en croix, cordon de pierre traçant la division des étages, corniche terminale, grand portail sous voûte, murailles épaisses, vastes pièces à hauts plafonds, tel est son caractère général.

Les particularités décoratives à remarquer sont une belle grille de croisée protégeant l'une des fenêtres du rez-de-chaussée. Les mailles subissent un rétrécissement proportionnel en raison de l'augmentation des risques d'escalade. La tourelle hexagone, qui occupe en encorbellement l'angle de la maison, va de pair, pour l'élégance, avec celle de l'hôtel des Ursins. Sur un cul-de-lampe mouluré, feuillagé, portant frise à figures de ronde-bosse, pose un rang de consoles dans lesquelles s'agence le socle de six pilastres partageant le lambris. Dans chaque compartiment s'inscrivent les armes des Marisy, celles de Michelle Molé, femme de François de Marisy, *les portaux flanqués de tours d'argent, et le lion issant* d'Isabeau de Lamprémont, mère de François de Marisy. Un groupe trinitaire de pilastres, sous entablement, monte à l'aplomb des pilastres du lambris ; quatre fenêtres frontonnées et à baies carrées éclairent la tourelle. L'ornement terminal de la toiture est un dôme hexagone à jour, sur pilastres, avec linteaux à coussinets. L'anglet, le cercle et le losange, sont les principaux éléments décoratifs de la construction.

A la façade intérieure, sur la cour, s'échelonnent des pilastres très-variés d'exécution. Leurs chapiteaux sont un curieux exemple des libertés de la Renaissance ; les sculpteurs ont semé les corbeilles de figures d'anges et d'animaux, de pièces héraldiques et d'arabesques.

Cet hôtel, construit en 1531, appartenait à la famille Marisy, dont plusieurs membres furent maires de Troyes sous Louis XI, Louis XII, François Ier. Dans l'administration du grenier à sel, l'office de grenettrier ; dans celle des eaux et forêts, la maîtrise ; dans l'administration de l'aumône, l'office de conseiller-trésorier ont été occupés par des Marisy. Lors de l'entrée de Charles IX, François de Marisy et Odard de Marisy portèrent deux des quatre bras du dais sous lequel le roi fut conduit.

L'hôtel de Marisy, qui a sa façade sur la rue des *Quinze-Vingts,* nous amène à parler de cette rue dont les trois anciennes sections se nommaient des Gris-d'Arcis, du Mortier-d'Or, des Quinze-Vingts. Le nom de Gris-d'Arcis est une indication industrielle qui fixe l'endroit où l'on vendait une étoffe qui se fabriquait à Arcis.

La rue du *Mortier-d'Or,* naguère de la Vieille-Saulnerie, de Gérard de Nivelle, de Colas-Verdey, renfermait l'habitation d'un membre de la famille de Colbert, le célèbre ministre de Louis XIV.

Quant à la rue des *Quinze-Vingts,* elle tirait sa désignation d'un fief de l'hospice des Quinze-Vingts, qui fut confondu dans les bâtiments de l'hôtel construit par Christophe de

Menisson, receveur des domaines, et dont le Cercle littéraire occupe la plus grande partie.

La rue du *Palais-de-Justice*, qui succède à celle des Bûchettes, continue la veine aristocratique signalée rues de la Monnaie, de Champeaux et des Quinze-Vingts. Son nom de Bourg-Neuf, qui indique une création récente au XIIe siècle, a persisté jusqu'en 1851. Au numéro 3 se trouve la maison de naissance de Pierre Grosley, le chroniqueur troyen par excellence; au 10, l'ancien hôtel de la famille de Vienne, qui joua un rôle important pendant la Ligue, et travailla activement à la reddition de Troyes, sous Henri IV. Antoine de Vienne fut nommé, en 1592, commissaire général des guerres; son petit-fils devint lieutenant particulier au Châtelet de Paris; Pierre de Vienne, seigneur de Torvilliers, composa quelques pièces de vers latins, imprimées en 1666.

D'une noblesse contestée, le commissaire général fit graver, sur la façade de sa maison, ce vers d'Horace qu'on peut y lire encore :

Et documenta damus quâ simus origine nati.

Au n° 15, l'hôtel des Virelois, anciens magistrats;

Au 38, la maison de M. Huez, maire de Troyes, victime d'un odieux assassinat, en 1789.

Plusieurs détails de maisons de pierre, dans le haut de la rue, sont des legs de l'architecture du XVe siècle.

PALAIS DE JUSTICE.

Sans les souvenirs qui s'y rattachent, le Palais de Justice mériterait à peine d'être mentionné, car c'est une construction d'une complète nullité.

Il y avait là l'hôtel de la femme du conseiller d'Etat Vignier, Mme Marie de Mesgrigny, fille d'Eustache de Mesgrigny, qui dirigea l'expédition de la journée de Saint-Lambert, célèbre par les combats engagés dans les rues de Troyes. Mme Vignier donna son hôtel à des Carmélites de Dieppe et de Rouen pour y fonder un couvent. C'était en 1620.

Expulsées en 1749, à la suite des querelles provoquées par

la fameuse bulle *Unigenitus*, les Carmélites eurent pour successeurs, en 1750, les filles de Saint-Bernard, qui ne firent que passer. Les Jacobins succédèrent aux Bernardins lors de leur prise de possession des bâtiments de la Congrégation. Ils s'installèrent en 1766. La Révolution les dispersa. De l'ancien couvent et de sa chapelle, il ne reste plus rien. Le Palais de Justice actuel n'est qu'une maison particulière dans laquelle logea l'empereur Alexandre Ier de Russie en 1814. La rue Grosley, ouverte en 1796, occupe une partie des terrains du couvent.

———

Dès le XIIe siècle, la rue *Jaillant-Deschainets* existait sous le nom de rue de Provins. Il y eut plus tard, en 1488, l'hôpital Saint-Abraham. C'était une fondation du comte Henri-le-Libéral, qui avait fait le vœu de l'établir en 1178. Elevé à l'entrée du faubourg Saint-Martin, cet hôpital fut détruit pendant la guerre anglaise. On le transféra dans la rue de Provins, qui avait pris le nom de Rouairie, à cause des ateliers de charrons, ou *royers*, qui s'y trouvaient. L'hôpital étant devenu sans objet, on y mit, en 1507, des filles repenties, d'où vint le nom des *Filles*, que la rue portait encore en 1851, avant celui de M. Jaillant-Deschainets.

Plus heureux que Jean Passerat, poète spirituel et fabuliste ingénieux, que Gentil, Linard-Gonthier et plusieurs autres, M. Jaillant figure parmi les illustrations artistiques, scientifiques et littéraires, au grand livre des rues, pour avoir légué sa fortune à la ville. La reconnaissance de la municipalité est certainement louable, mais on n'eût pas dû oublier des noms dont l'éclat rejaillit sur la cité, et qui sont ses titres de gloire. Au bout de la rue des Filles s'ouvrait la porte Saint-Antoine. La section qui y aboutissait portait le nom de Croc-Zamet, de cros, *creux*.

La longue voie qui du sommet de la ville descend presque régulièrement jusqu'aux quais du canal, sous le nom unique de rue du Bois, portait dans la partie supérieure celui de Gorterie. C'était le quartier de la vente et de l'essai des chevaux. Corterie vient des *corratiers, cortiers*, espèces de vétérinaires jurés qui avaient pour mission de signaler les vices des animaux mis en vente. Il y avait aussi dans la Corterie le célèbre jeu de paume de Braque. En 1561, une grange de la Corterie servit de prêche aux calvinistes; ce fut le premier qui réunit les dissidents de Troyes. Dans le haut de la rue était la cour des Canons. C'était vraisemblablement un arsenal.

La rue du Bois, nommée au XIIIe siècle rue du Clos-de-Troyes, puis du Clos-de-la-Madeleine, était le marché au bois de construction. Il est encore l'emplacement fixé pour le débit du bois de corde, des cercles, des osiers, etc., etc. Les Chartreux du faubourg Croncels avaient une maison de ville dans la rue du Bois. En 1564, on mit dans cette rue le marché aux porcs.

ÉGLISE DE SAINTE-MADELEINE.

Succursale de Saint-Remi, cette église est assez ancienne. On manque de renseignements sur les circonstances de sa fondation. On croit généralement qu'elle existait au XIe siècle.

La paroisse prit rapidement de l'importance, en raison de la richesse et de la haute position des familles établies dans sa circonscription.

Cette église renferme des constructions qui ont le privilège de l'antériorité sur tout ce que les autres édifices religieux de Troyes contiennent de plus ancien. Sans la ruine des parties aboutissant au portail, ce serait un monument d'un grand intérêt. Pourtant, il ne faut pas se plaindre de la dernière période ogivale, car on lui doit le jubé, la porte de clôture du cimetière, et de très-beaux vitraux. On ne peut que regretter la tardive entreprise de la tour, grande masse sans reliefs où se superposent des pilastres de la Renaissance. Trop large pour sa longueur, et écrasé par une voûte de sept mètres seulement, l'intérieur ne rachète pas les irrégularités de l'extérieur.

Le portail principal n'est qu'une porte à voussure cintrée de la plus vulgaire apparence. La porte septentrionale est malheureusement indescriptible; la voussure, qui dénonce la

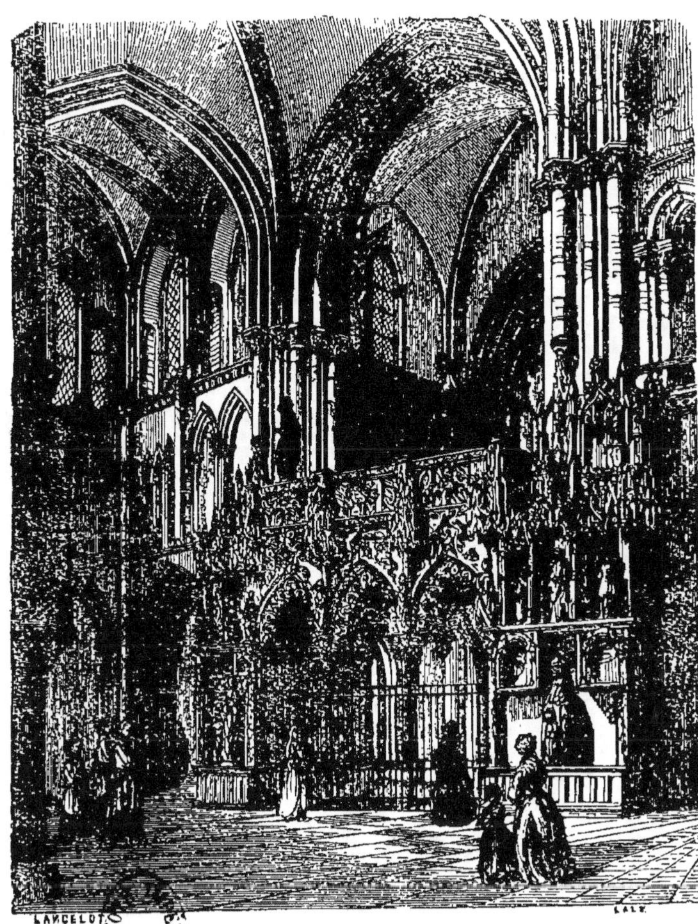

Troyes. — La Madeleine. (Jubé.)

transition du roman à l'ogive et les ébrasements, ont été profondément dégradés. La porte de l'ancien cimetière, avec des éléments entièrement semblables à ceux de plusieurs autres constructions de la dernière époque de l'ogive, ne les imite, ni ne les copie. La même remarque peut s'appliquer à tous les monuments de la même date. Ici, la disposition consiste dans deux éperons lisses, avec dais ouvragés au sommet. Une porte à cintre surbaissé est percée dans la largeur de l'intervalle. Elle sert de support à un arc ogivé à talon, dont l'archivolte est festonnée. Sous l'arc une niche à dais; au-dessus, en pignon, un champ de meneaux appliqués en diagonale, au milieu desquels montent en pointe les contrecourbes de l'arc. Le trilobe joue le principal rôle dans l'ornementation de cette jolie porte. Il borde l'archivolte et relie les meneaux du pignon. A la montée de l'arc, sur la gauche, on voit une salamandre; sur la droite un F couronné. Le monogramme et l'attribut datent suffisamment la construction. Elle est du commencement du règne de François Ier.

La nef, les transsepts et la première travée du chœur, appartiennent à la fin de la période romane. La galerie, qui de la première travée du chœur contourne les transsepts, est composée d'une série d'arcs en plein-cintre à brisure qui retombent sur des faisceaux de trois colonnes. Deux galeries se superposent au croisillon nord des transsepts; ailleurs, les arcs du XIIe siècle sont à l'état de fragments. Tout le reste de l'église a été restauré et remanié, surtout au XVIe siècle.

Le jubé, qu'on admire à bon droit, est une œuvre audacieuse et charmante, due à Jean Gualde, sculpteur et architecte, qui travaillait aux murailles et aux fortifications en même temps qu'à la Madeleine. Pour diriger les travaux du jubé, Jean Gualde recevait cinq sous par jour en hiver, et jusqu'à sept sous et au-delà pendant les jours d'été. Même en tenant compte de la différence énorme entre la valeur relative de l'argent au XVIe siècle et celle qu'il a aujourd'hui, on voit que le talent était modeste (1).

---

(1) Au commencement du XVIe siècle, un sou représentait environ un franc d'aujourd'hui.

Gualde sculpta lui-même les escaliers. Parmi ses aides dans l'ensemble de l'exécution, on trouve un nommé Nicolas Juliot, peut-être celui qui se fit une grande réputation, et auquel on attribue le retable des fonts de Saint-Jean. Mauroy sculpta les armoiries; Halevin fit trois statues. Commencé de 1508 à 1509, le jubé ne fut terminé qu'à Noël 1517, car on y travaillait à loisir et on le délaissait quelquefois pour d'autres travaux.

La masse ou l'ambon, comme on désigne le corps du jubé dans les anciens comptes, offrait des difficultés de statique qui prouvent l'habileté du constructeur. Contrebuté entre les deux piliers du chœur, il présente sur chaque face trois découpures en ogives avec archivolte festonnée. Au-dessus des arcs est la balustrade de la galerie. Entre chaque ogive saillit une niche à baldaquin pyramidant sur les piles d'épaulement. La décoration du jubé se prolonge en dais abritant des statues. Toutes les variétés de la flore sculpturale se déploient en crochets, en pédicules, en rinceaux, en bordures, le long des ogives et de leurs contrecourbes, sur les lignes des cordons. Le pilastre, la pyramide, le cintre, l'ogive, le fleuron, s'entrelacent et se superposent aux dais des niches avec une profusion et une adresse incomparables. C'est un bijou plutôt qu'une maçonnerie; une ciselure plutôt qu'une sculpture. L'appui est découpé en trèfles et en fleurs-de-lys. Rien de plus aérien et de plus élégant que l'escalier tournant qui conduit à l'ambon.

On comprend facilement l'assurance posthume de Jean Gualde, qui fit placer sa tombe sous le jubé, « pour y attendre la résurrection sans crainte d'être écrasé, » comme le disait une épitaphe qu'on ne peut plus lire.

Heureux artistes qui cherchaient dans l'art bien plutôt l'honneur du succès que ses profits !

Il n'y a pas moins de 57 tombes visibles à la Madeleine ; les noms des grandes familles de Vienne, Huez de Vermoise, Poterat, Marisy, Le Marguenat, etc., etc., figurent dans ce nécrologe.

Les vitraux de la Madeleine, presque tous fort beaux, remontent au XVᵉ et au XVIᵉ siècles; ils sont faciles à dater par suite de l'habitude des peintres d'alors, qui appliquaient le costume contemporain aux personnages de tous les temps. *L'Histoire de saint Louis*, la *Légende de saint Eloi*, la *Passion*, la *Légende de Constantin*, la *Création*, *l'Arbre de Jessé*, et divers sujets de l'Ancien et du Nouveau Testament, garnissent les fenêtres. Les principaux verriers de l'Eglise ont été Jean Cornuat, Jean Soudain, Jean Macadré. C'est à l'un de ces trois artistes qu'il faut attribuer la verrière de saint Éloi, dont les personnages portent le costume du temps de Louis XII. On cite encore, vers la fin du XVe siècle (1439-60), Jean de Bar-sur-Aube, qui fit probablement la verrière de saint Louis.

Jean Gualde exécuta, comme nous l'avons dit, le jubé de la Madeleine. Parmi ses auxiliaires était Martin de Vaux, qui fut chargé de la direction des travaux, dans lesquels la porte du cimetière est comprise (1525). Le plan géométral du portail, payé 60 sous, fut fait par le peintre Nicolas Cordonnier, et l'exécution des travaux fut confiée à Nicolas Mauvoisin (1535). Jean Rousseau, auquel on attribue une part dans le travail, était sous les ordres de Mauvoisin. Une suite de dix petites toiles représentant les épisodes de la vie de sainte Madeleine, se trouve dans l'intérieur de l'église. C'est l'œuvre de Jean Nicot, élève du Poussin (1675). On y retrouve un reflet de la manière du maître.

———

Dans tout le reste de son parcours, la rue du Bois ne fournit plus à l'archéologie qu'un seul édifice de quelque intérêt. Au n° 104 est une jolie maison, autrefois nommée de l'Intendance, et antérieurement, en 1550, *la Maison de pierre*. Elle est des premiers temps de la Renaissance.

On y arrive par un escalier de pierre. Les moulures à guillochis de l'encadrement de la porte, les vases sculptés aux angles supérieurs, le profil des corniches, l'appareil en échiquier des murs, la tourelle qui monte au-dessus du corps-de-logis, enfin, la largeur des dispositions, tout contribue à attirer l'attention. Grand quartier de la tisseranderie, la rue du Bois possédait aussi, comme la rue d'Orléans, des ateliers de fondeurs. En face du nouveau Lycée, entre les nᵒˢ 58 et 60, débouche maintenant l'ancienne cour des fondeurs. On suppose que le père du sculpteur Girardon avait son atelier dans cette cour. Il demeurait plus haut, à côté du grand hôtel de la famille Quinot (nᵒ 53), dont un des membres, fils d'un conseiller au bailliage, devint professeur et censeur en Sorbonne, puis abbé de Beaulieu. Girardon exécuta, pour Eustache Quinot, voisin de son père, plusieurs objets d'art qui ont été détruits.

La *ruelle Maupeignée*, qui ne justifie que trop son nom, les rues Pithou, de la Grimace, du Lycée et de la porte de Preize, constituent les dégagements inférieurs de la rue du Bois. Avant l'établissement du canal, le terre-plain du rempart de Preize, un abreuvoir et une chaussée limitaient le bas de la rue.

Il n'y a pas trente ans, la longue voie, maintenant sans originalité, qui s'étend dans toute la longueur du quartier-haut, n'était pas réduite à cette promiscuité boutiquière, et de petits métiers qu'on remarque entre les îlots bourgeois qui y restent. Dès avant le jour et bien après la nuit, on y entendait la cadence à triple note du métier des tisserands. De tous côtés les châssis de papier huilé garnissaient les ouvertures des caves. Derrière ces transparents illuminés se trouvaient des ateliers remplis d'ouvriers. Sans doute il était triste de voir des générations astreintes à subir la tiède et énervante température des caves, et à recevoir, tamisé en gris, un jour oblique dont les rayons du soleil n'animaient jamais les teintes. Mais on voyait vivante et importante une grande industrie que les prisons, les campagnes du Nord et quelques grands ateliers éloignés de Troyes ont enlevée. Si la fabrique avait marché au lieu de s'immobiliser, la tisseranderie ne se fût pas annihilée. Les procédés nouveaux et l'hygiène eussent fait abandonner les caves, mais l'industrie fût restée. Une filature, quelques métiers et une grande maison de commerce rappellent seuls l'industrie des tisserands.

Quartier-Bas.

C'est le canal qui est la frontière des deux grands quartiers de Troyes. Auparavant, c'était le ru Cordé qui en marquait les limites.

Si, dans les rues passantes, le Quartier-Bas ne diffère pas beaucoup du Quartier-Haut, il n'en est pas de même des prolongements de la partie basse. Il y a un mélange de faubourg et de ville dans l'aspect. Habitants et habitudes, tout y est contraste. Dans le Quartier-Bas se rencontrent les grandes usines, les couvents, les vieux cloîtres, les grands jardins, les hospices, les vestiges des quartiers d'adoption de certaines professions, les maisons de refuge.

Prenons la grande artère centrale du quartier, la rue de la *Cité*, qui commence où finissait la première enceinte, l'*Oppidum* gaulois. Tout d'abord on y coudoie l'Hôtel-Dieu-le-Comte ; mais jadis il fallait passer sur le pont et sous la porte de la Girouarde, ou de la Giourie, indication du voisinage de la Juiverie.

HÔTEL-DIEU-LE-COMTE.

Fondée au commencement du xiiᵉ siècle, la *Maison-Dieu-Saint-Étienne* n'acquit d'importance que lorsque le comte Henri Iᵉʳ l'eût dotée, et y eut institué deux communautés, l'une d'Augustins, et l'autre d'Augustines. La comtesse Blanche de Navarre, et plusieurs grands personnages, devinrent bienfaiteurs de cet établissement.

Depuis sa création, et de siècle en siècle, les fondations, les donations, les privilèges n'ont pas cessé de grossir la fortune des pauvres. Il n'est peut-être pas une année, dans le cours de sept cents ans, qui ne soit marquée par quelque œuvre au profit de l'hôpital.

Les hôpitaux de Troyes, au nombre de sept autrefois, furent réunis par arrêt du conseil d'État, daté du 13 avril 1630, ce qui augmenta notablement les ressources du grand Hôtel-Dieu. En effet, la réunion fit disparaître des effets sans cause, c'est-à-dire les affectations inutiles à des besoins qui n'existaient plus.

Des bâtiments d'autrefois il ne reste plus vestige. Une réédification commencée en 1700, reprise en 1733, continuée en 1755, fit table rase du passé.

L'église subsista jusqu'en 1761. Sa démolition était prévue, car de 1758 à 1760, on avait élevé celle qu'on voit aujourd'hui. Louis de Mauroy, maire de Troyes, posa la première pierre du bâtiment principal (1733), le duc de Penthièvre celle de l'aile gauche. On posa la merveilleuse grille de la grande façade en 1760.

C'est à l'intelligence de M. Jean Berthelin, maire de Troyes, qu'est due la reconstruction de l'Hôtel-Dieu. Aidé de Bénigne Bossuet, évêque de Troyes, il imagina un moyen ingénieux de créer des ressources à l'administration hospitalière. A l'aide d'une constitution de rentes viagères, il réalisa un capital suffisant pour faire face à la plus grande partie de la dépense. Mais comme les souscripteurs se firent d'abord attendre, il avança de l'argent, dirigea la comptabilité. Bientôt les reconstructions partielles de 1700 et de 1733, furent suivies d'une reprise complète. Depuis 1747 jusqu'à 1760 on ne dépensa que 248,521 francs. Les revenus de l'hospice ne contribuèrent que pour 111,650 francs. Encore faut-il ajouter que la fabrique de bonneterie établie à l'hospice de la Trinité, pour le compte de l'administration, donna d'assez beaux bénéfices pour couvrir cette somme.

Au point de vue de l'art, les bâtiments n'ont rien de remarquable que leurs dimensions et leurs appropriations. La double chapelle ne mérite pas non plus qu'on s'y arrête. Mais la grille en fer battu exécutée par Pierre Delphin, serrurier à Paris, est à elle seule un monument. Toutes les élégances du style Louis XV, avec sa grâce maniérée et ses fioritures, ont jailli sous le marteau de l'artiste serrurier. La porte dans laquelle sont concentrés tous les éléments du décor se déploie en cintre surbaissé dans une bordure de rosaces, entre deux larges supports. Le couronnement consiste dans les armes de France qu'encadrent le collier de l'Ordre du Saint-Esprit, des volutes, des consoles, des nervures et des végétations. Au-dessus domine une croix fleuronnée. Sur les lambris latéraux sont posés les écus de Champagne et de Navarre, entourés de lambrequins. Les attaches supérieures des barreaux se courbent et se pénètrent en décrivant des ornements où la fantaisie se combine heureusement avec la grandeur et l'harmonie nécessaires à l'ensemble.

La grille attachée à la façade de l'hospice a provoqué jadis la réédition du mot de Cicéron, à propos de la grande épée de son gendre exigu, Lentulus. Certes, le mérite artistique de la serrurerie de Delphin dépasse de beaucoup les résultats de l'invention de l'architecte, mais elle n'appauvrit pas pour cela la construction, loin de la rendre ridicule. L'admiration ne dépasse pas la clôture, voilà tout.

L'hospice de Troyes renferme 186 lits.

Dans son parcours, la cité rencontre les rues du *Paon*, des *Trois-Petits-Écus* et du *Flacon*.

Les enseignes du *Paon*, des *Trois-Maures*, de l'*Arche-de-Noé*, ont tour à tour donné son nom à la rue qui garde aujourd'hui la première de ces trois désignations. Au n° 16 était la maison occupée par les Sœurs Régentes qui se livraient à l'enseignement. Elles s'établirent en 1678, et quittèrent la ville en 1749, à la suite des dissidences causées par la fameuse bulle *Unigenitus*. Le 13 octobre 1663, les députés des cantons suisses, qui allaient à la cour de Louis XIV, logèrent en partie à l'hôtel des Trois-Maures.

L'hôtellerie des Trois-Petits-Écus donna son nom à la rue

où il se trouvait. La porte de Jaulne, qui s'ouvrait dans l'ancien *Oppidum*, était à l'extrémité de cette rue du côté du Préau. Derrière le nom parfaitement insignifiant de Flacon, se trouve celui de la Monnaie, qui rappelle l'une des plus grandes prérogatives des comtes de Champagne.

C'était dans l'endroit qui fait face à l'ancienne caserne, autrefois hôtel de Montier-la-Celle, que se trouvaient les ateliers des comtes. Dès le XIVe siècle, la monnaie royale déserta cette rue pour se fixer au Quartier-Haut.

Les comtes de Champagne, suivant en cela les habitudes de leur époque, spéculaient sur la fabrication des monnaies, donnaient à bail le droit de monnayer, et trouvaient un produit industriel notable dans une opération qui n'est plus aujourd'hui qu'une simple conversion du métal en monnaie obligatoire et à titre garanti.

Les pièces frappées à l'hôtel des Monnaies de Troyes jouissaient d'une grande faveur, comme celles de Provins. L'ordonnance de 1431, qui maintint la Monnaie de Troyes, supprima les Monnaies de Château-Thierry, de Sens et autres, « *comme estant leurs monnaies fausses.* » On rencontre souvent dans les actes du moyen-âge des stipulations de paiement en monnaie de Troyes ou de Provins.

L'hôtel de Montier-la-Celle, le moindre de ceux que possédait l'abbaye, après avoir servi de séminaire, de caserne, de bureau électoral, de fourneau économique, a perdu ses anciennes dispositions intérieures. Mais au dehors, sur les bouts de poutres qui saillissent dans la longueur de la petite rue de Montier-la-Celle, on voit encore une série de sculptures grotesques et gaillardes qui témoignent des libertés du langage et des habitudes d'alors, si on les juge par les hardiesses de la sculpture.

Au bout de cette petite rue est l'ancienne paroisse Saint-Frobert, transformée en atelier. Elle n'offre d'autre intérêt que celui qui ressort de sa situation. Elle s'élève à la place d'une des principales synagogues du grand quartier des Juifs. Nombreux à Troyes, les Juifs furent non-seulement tolérés, mais encore protégés par les comtes de Champagne; ils avaient des écoles dirigées par des rabbins renommés. L'un d'eux, Salomon Raschi, a acquis une renommée universelle

Troyes. — Cathédrale.

parmi les savants et ses co-religionnaires. Du reste, nous trouverons tout-à-l'heure l'ancienne juiverie. Continuons à parcourir l'ancienne voie gauloise qui aboutit à la cathédrale.

CATHÉDRALE.

L'histoire de la cathédrale de Troyes est, à proprement parler, l'histoire du christianisme et de ses développements dans la ville.

Les premiers habitants convertis par saint Savinien se réunissaient dans une maison particulière qui porta le nom de *Chapelle du Sauveur*. C'est sur son emplacement que s'élève l'édifice actuel.

Ce n'est guère qu'au commencement du IVe siècle, lors de l'autorisation donnée par Constantin aux chrétiens d'ouvrir des temples, qu'on peut fixer l'existence à titre public de la cathédrale de Troyes. On ne sait rien de l'édifice gallo-romain, si ce n'est par le témoignage de quelques pierres qui figurent dans les assises des deux piles d'angle de la chapelle consacrée à la Vierge. En restaurant les absidioles, dans le cours de 1850 et 1851, l'architecte mit à jour de beaux fragments d'entablement gallo-romain, retaillés à l'envers au XIIIe siècle, et placés dans les tambours de colonnes et les parements de la chapelle. Une construction souterraine, également antique, fut retrouvée par le travers du même endroit. Dans la cour de l'évêché, derrière la sacristie, des fragments de fresques, des objets de cuivre et de bronze, divers échantillons de céramique mélangés à des tisons furent rencontrés dans les fouilles pratiquées pour asseoir les fondations d'une sacristie nouvelle. Deux couches bien distinctes, de même sorte, prouvent deux incendies; la nature des objets date de plus haut que l'entreprise exécutée au IXe siècle (870), par l'évêque Ottulphe, 36e évêque de Troyes.

Détruite pendant l'invasion normande, la nouvelle cathédrale ne se releva que pour brûler à la fin du même siècle.

En 980, Milon, 43ᵉ évêque, entreprit d'élever un monument plus durable. Mais l'incendie, qui depuis l'origine avait ruiné successivement les édifices antérieurs, n'épargna pas non plus l'œuvre du Xᵉ siècle. Le grand incendie de 1188 compromit tellement la construction, qu'au commencement du siècle suivant (1208) l'évêque Hervée dut se déterminer à entreprendre une nouvelle cathédrale. Ce qu'il y a de certain, c'est que beaucoup de matériaux primitifs avaient successivement pris place dans cette chronologie architecturale, puisqu'on a retrouvé dans les substructions et les absidioles des pierres et des murs qui portent sur eux le certificat de leur date.

L'évêque Hervée passe pour l'auteur du plan de son église, tradition très-admissible, puisque le clergé était alors à la tête du mouvement agricole, industriel, artistique et littéraire.

De 1208 à 1223, les chapelles de l'abside et le sanctuaire furent à peu près achevés, et des verrières y furent placées. Des quêtes et des dons volontaires en avaient fait les frais. En 1227, un accident entrava la continuation des travaux. Tous les historiens le mettent au compte d'un tourbillon qui aurait endommagé le rond-point. Sans nier le coup de vent qui a pour lui une bulle de Grégoire IX, datée de 1229, et dans laquelle le mal est un peu surfait, il ne faut pas lui donner plus d'importance qu'il n'en mérite. La véritable cause de l'accident était un vice de construction. En effet, en faisant démolir les parties hautes du chœur, l'architecte constata une reprise des arcs-boutants, faite dès l'origine, et l'interception de quelques passages dans l'épaisseur des piles. Les premiers constructeurs avaient mal calculé le point de poussée à contrebuter. En réparant le dommage, on changea l'épaulement, et par surcroît de précaution, on renforça les piles en bouchant les passages. Le tourbillon ne fut donc réellement qu'une cause secondaire. La chute se fut produite plus tard, dans d'autres conditions.

Il faut bien admettre que les ressources manquèrent pour poursuivre l'œuvre si rapidement conduite par Hervée, trop rapidement peut-être, car les fondations trahissaient, avant la reprise en sous-œuvre effectuée de 1850 à 1851, une précipitation et une économie incroyables. Toutes les substructions se composaient de petits moëllons de craie noyés dans un mortier de terre jaune argileuse.

Le chœur ne fut achevé qu'au commencement du XIVe siècle, époque de l'entreprise des transsepts et de leur achèvement.

Les années 1343, 1364, 1383, 1394, sont marquées par des dons et des marchés passés pour l'exécution de la nef. On jugera de la lenteur des travaux par une date. Ce ne fut qu'en 1492 que cette nef, si péniblement poursuivie, fut fermée par le pignon occidental. Il avait fallu près de deux cents ans pour arriver à ce résultat.

Les dates principales de cette chronologie architecturale, pendant le XVe siècle, sont 1413, 1430, 1450, 1472, 1482.

Au XVIe siècle on s'occupa du grand portail actuel. Il fut commencé en avril 1506. 1511, 1519, 1550, sont les dates capitales des travaux ou de leurs changements de direction. On déploya certainement plus d'activité au portail qu'aux nefs. Mais la tour en voie de construction, dès la fin du XVIe siècle, ne s'exhaussa que très-lentement. Il faut arriver à 1640 pour en voir le quasi achèvement.

De compte fait, 432 années se sont écoulées avant que la cathédrale devînt ce qu'elle est, c'est-à-dire un monument incomplet, attendant encore depuis plus de deux cents ans sa seconde tour, qui probablement ne sera jamais faite.

Cette construction de si longue haleine est une véritable épopée en pierre de taille, semée d'accidents, d'appréhensions, de réparations, de reprises, dans lesquels les tempêtes ne jouent pas le moindre rôle.

Nous allons en raconter brièvement les principaux épisodes.

On connaît les effets du tourbillon de 1227; ils furent ré-

parés par l'évêque Nicolas de Brie, qui de 1233 à 1269 poussa
activement les travaux du chœur. Le pape Urbain IV accorda des indulgences, donna de l'argent et des dîmes pour
faciliter et activer les travaux.

L'évêque Jean d'Auxois Ier a attaché son nom à l'achèvement du chœur et des transsepts (1314).

Jean d'Auxois II, en 1343, donna la coupe de 40 arpents
de bois de haute futaie pour contribuer aux travaux de la
nef.

Maître Thimart, maçon (lisez architecte), fut chargé, en
1364, moyennant trois gros et demi pendant l'été, et trois
gros pendant l'hiver, de la conduite des travaux.

Le 13 août 1365, nouveau tourbillon qui renverse le
vieux clocher, endommage le bâtiment et les maisons voi-
sines. L'évènement eut assez de retentissement pour que
Charles V s'en occupât.

En 1381, on réparait les combles et les charpentes. Noùs
devons mentionner une expertise de Droet de Dammartin
(1379-80) qui inspecta la construction, et particulièrement la
rose méridionale.

Ce fut en 1382 que Henri Nardan et Henri de Bruxelles,
payés à raison de cinq sous par jour, passèrent marché pour
la construction d'un jubé, après que Henri de Bruxelles fut
sorti vainqueur d'un concours public où ses projets avaient
été exposés à côté de ceux d'un nommé Michelin, maître
maçon.

Le 22 avril 1383, l'évêque Pierre d'Arcis posa la première
pierre de ce jubé, qui fut achevé en 1400. On le voyait encore en 1790.

En 1385, coup de foudre; en 1390, chute de la charpente
du comble; un chanoine, Étienne Gilbert, donna cent livres
pour aider à réparer le dommage. Les bois du voisinage
d'Iles-au-Mont fournirent les matériaux de la nouvelle charpente.

Le pavage en dalles de Lézinnes fut confié, en 1394, à
Henri de Bruxelles, Phelizot, Mignard et Jean de Fontaines.
Jean de Nantes reçut du Chapitre la mission de refaire le
clocher ébranlé par l'ouragan de 1365. C'était en 1413.

On voit, par le marché, que la valeur de l'argent commençait à baisser, car l'entrepreneur était gagé à neuf sous par jour. Malgré son traité, Jean de Nantes abandonna l'entreprise. Les bois mis à l'eau ne furent employés et dressés que par son fils, en 1430.

Cependant, en 1426, l'évêque Étienne] de Givry donnait vingt livres applicables à l'achèvement du clocher, et retenait vingt sous à chacun des chanoines pour le même objet. Dès le début de l'entreprise, les abbés de Saint-Loup et de Montiéramey avaient fourni une partie des bois nécessaires.

Enfin, arrive la dédicace solennelle sous le vocable de saint Pierre et de saint Paul, de l'église entreprise depuis 221 ans. L'évêque était Jean Léguisé; la date de cet acte mémorable est le 9 juillet 1429.

Les prévisions qui avaient déterminé la visite de Droët de Dammartin, en 1379, se réalisèrent en 1472. Le pignon du portail septentrional, sur la rue de la Cité, dut être épaulé par des contreforts à cause du surplomb qui menaçait d'entraîner la chute du parement.

Une statue de saint Michel vint, au mois de mai 1492, couronner le pignon terminal de la grande nef.

En 1496, les voûtes de la nef étaient achevées, et la ville contribuait à la dépense pour 121 livres.

En 1499, la municipalité faisait les frais d'une partie des vitraux.

L'évêque Louis Raguier présida aux travaux de la fin du XVe siècle. Son neveu Louis attacha son nom au portail, et prit les mesures les plus larges pour créer à l'œuvre des ressources suffisantes. Les mandements, les quêtes, les appels produisirent assez d'argent pour qu'on pût espérer que rien n'entraverait la marche de l'entreprise.

On commença en 1508.

En 1510, au passage de Louis XII, fut levée une difficulté de voirie qui menaçait le portail d'attermoiements indéfinis. Le roi, dans des lettres-patentes du mois d'avril, s'étend avec complaisance sur le mérite des travaux commencés.

Martin Cambiche de Beauvais, auteur des projets, du *pourtraict*, comme on disait alors, était à la tête de l'entreprise, à des conditions fort modestes pour le talent dont il a laissé une si remarquable preuve. Quarante sous par semaine, son loyer, un pain de prébende, résumaient ses honoraires. En 1515, la satisfaction causée par la brillante décoration du portail valut à Martin Cambiche une gratification de huit écus d'or. Néanmoins, en 1519, cet architecte abandonna probablement la conduite des travaux, car on stipula avec Jean de Soissons, qui le remplaça dans la même année, qu'il ne pourrait quitter l'entreprise avant son achèvement.

Le marché avait excepté naïvement le cas de mort.

Ce fut vers 1533, pendant la direction de Jean de Soissons, que l'on refit la rose du pignon sud. Le chanoine Jacques Turquam contribua à la dépense.

Malgré la clause du marché, Jean de Soissons quitta l'entreprise.

En 1550, Jean Bailly, un des anciens auxiliaires de Cambiche, succéda à Jean de Soissons. Il travailla à la tour et consolida le clocher.

Quelques années après, en 1559, le 19 août, Jean Bailly étant mort, le Chapitre honora sa mémoire en lui accordant un caveau qui existe encore, au troisième pilier de la nef du côté droit. Bailly avait cessé de travailler en 1554, ainsi que le prouve la date inscrite sous la corniche de la tour, dans le voisinage des trois croissants de Diane de Poitiers. On ne s'en aperçoit que trop bien d'ailleurs, en regardant plus haut.

Nous n'en avons pas encore fini avec les évènements qui dramatisent l'histoire de la construction.

Le clocher, dont l'aiguille s'élançait dans les nues à plus de 108 mètres de hauteur, ne pouvait manquer d'avoir de nombreux démêlés avec l'électricité. 1556, 1579, 1618, 1640, 1697, sont caractérisés par des coups de tonnerre plus ou moins désastreux ; mais, en 1700, un orage eut des conséquences effroyables.

Dans la nuit du 7 au 8 octobre, le fluide électrique embrasa le sommet du clocher. Malgré les efforts tentés au début de l'incendie, la flamme gagna de proche en proche, et bientôt l'aiguille qui planait au-dessus de la ville ressembla à une torche ardente dont les lueurs grandissantes jetaient au loin de sinistres clartés.

En trois heures le clocher, jusqu'à sa base, était consumé. Les plombs et les cloches en fusion paralysaient toutes les tentatives. Stimulé par l'ardeur des métaux qui ruisselaient comme une lave, le feu embrasa du même coup les quatre divisions du grand comble. Les sommets du monument, enflammés à la fois, n'étaient plus qu'une vaste fournaise. En moins d'une heure tout était détruit jusqu'au niveau du bahu de comble. De la haute toiture et du hardi clocher, il ne restait plus que des tisons et des cendres. Cependant, la tour et les voûtes résistèrent. On comprend, toutefois, combien leur solidité dut être compromise, et l'effet que le feu dut produire sur les maçonneries supérieures. On en a pu juger pendant les démolitions nécessitées par les travaux de reprise.

Le lendemain, la grande statue de saint Michel posée à la pointe du pignon tomba du côté de l'église, creva une voûte et écrasa trois ouvriers. Les verrières n'eurent pas moins à souffrir que les maçonneries.

Dans toute la ville, l'évènement produisit une sensation de stupeur, et lorsque le 20 octobre, quelques jours après l'incendie, une procession générale ayant à sa tête François Le Bouthilier Chavigny, ancien évêque de Troyes, et son neveu titulaire de l'évêché, Denis-François Le Bouthilier, une scène émouvante se produisit sur le parvis de la cathédrale. La foule qui suivait le cortège interrompit la cérémonie par des exclamations douloureuses.

Le désastre ne resta pas longtemps sans réparation. Louis XIV accorda des secours, l'abbé de Clairvaux donna des bois de charpente, le marquis de Mesgrigny, les chartreux de Troyes et la population fournirent des ressources en argent.

En 1705, l'édifice était remis dans son ancien état, sauf les voûtes du chœur qu'on ne répara qu'en 1708 et en 1750, mais d'une manière insuffisante. A ces travaux se rattache le nom de l'architecte Feuillet.

Les imparfaites réparations effectuées après l'incendie de 1700 n'étaient qu'un expédient provisoire. On en eut la preuve en 1840. Le 14 décembre, les liens de fer du pignon sud se rompirent brusquement; un écartement se produisit sur toute la hauteur; la façade se crevassa. Dans le cours de 1841, on entreprit de le rétablir à l'aide de crédits alloués par le gouvernement. La première pierre de cette construction fut solennellement posée par Mgr de Séguin des Hons, 95e évêque de Troyes. Les plans et les devis du projet furent dressés par M. Boucher, architecte du département. Commencé en 1842, terminé en 1844, le nouveau pignon n'offre malheureusement aucune des conditions indispensables aux restaurations. L'architecte a copié les rayons et les dispositions de la rose septentrionale de la façon la plus malheureuse. La portion des voûtes qu'il a retenue pèche par la projection des courbes. Les meneaux de la rose sont assujettis, ou, plutôt, doublés par une armature de fer qu'on n'a même pas dissimulée. Les tailles de la sculpture laissent à regretter autant leur indécision archéologique que l'imperfection du travail matériel. Pour augmenter les regrets, on a placé à la rose une verrière à tons durs, dont le regard éperdu ne peut supporter les rayonnements. Cependant, il faut reconnaître que l'architecte, étranger jusque-là à l'art du moyen-âge, et servi par des auxiliaires et des ouvriers inexpérimentés, a au moins le mérite de la tentative, et a obtenu un résultat d'ensemble qui n'est pas sans valeur. Mieux inspiré qu'un devancier, auteur du triste support des orgues, il a compris à un moment, ou le comprendre n'était pas vulgaire, qu'un monument ogival ne pouvait être restauré dans les données de l'antique.

Aujourd'hui l'histoire du monument, ses accidents et les vices originaires constatés dans le cours de ce sommaire, ont successivement trouvé leurs témoignages. Depuis 1849, M. Eugène Millet, architecte diocésain, a tour à tour retenu toutes les chapelles de l'abside depuis les fondations jusqu'aux voûtes, reconstruit les bâtiments et l'escalier du trésor, épaulé et repris en sous-œuvre le pignon nord qui pousse toujours au vide. Il a démonté d'abord, et pile à pile, toutes les travées du chœur, refait la voûte centrale des transsepts, relevé le chœur jusqu'aux voûtes qui sont en cours d'exécution, puis jeté les fondements d'une sacristie du côté de l'évêché. En 1859, les contreforts du rond-point ont été couronnés d'édicules et de pyramidions du premier et du beau siècle de l'ogive; ils remplacent l'ancien amortissement appauvri du XIVᵉ siècle. Les arcs-boutants originaires désorganisés sont en reprise comme les voûtes.

Dans ce travail, aussi délicat que considérable, l'architecte restitue, réemploie, purge l'édifice des plombs, des additions, de tous les parasites qui s'étaient établis dans le monument, à la suite de réparations sommaires et insuffisantes. Il ne crée des compléments que lorsque le monument et son caractère les réclament. Tous les vieux matériaux en état de reprendre leur place sont utilisés avec scrupule. Le trésor, ses grilles, ses décorations, la grille commencée du côté nord de la Cité, le retour des chapelles à leur arrangement et à leur caractère primitifs, sont autant de preuves d'un talent et d'une science qui placent l'artiste sur la même ligne que le constructeur inconnu du XIIIᵉ siècle, que les Thimart, les Nardan, les Henri de Bruxelles, Martin Cambiche et Jean de Soissons. Un maître du XIIIᵉ siècle ne retrouverait à redire ni à l'ensemble, ni aux détails. Une restauration comme celle qui s'achève diminue singulièrement les regrets provoqués par sa nécessité.

L'histoire de la cathédrale, son histoire vivante, humaine, pendant les six siècles qui se sont égrenés, génération à génération, sous ses voûtes, est plus curieuse encore que celle de ses pierres.

Sans remonter aux temps gallo-romains, entourés d'un crépuscule que la science ne parviendra jamais à dissiper, et en s'en tenant au moyen-âge, que de causes d'étonnement, que de singularités et de bizarreries dans les usages, dans les coutumes, dans toutes les manifestations de la croyance et des mœurs, rien que dans le cadre étroit de la cathédrale!

Avant de former ce Chapitre important par la science, l'autorité, la puissance et les privilèges de toute sorte, les frères de la cathédrale furent des religieux assujettis à une règle.

Dispersés et appauvris par l'invasion normande, ils furent réduits à exercer des métiers et à se faire trafiquants. L'évêque Manassès remédia eux conséquences de cette pénurie en constituant un domaine religieux.

Partagés à la fin du XIᵉ siècle, les biens du Chapitre favorisèrent un relâchement qui ne disparut que sous l'influence des mesures prises par l'évêque Hatton.

La vie commune, qui rencontrait tant d'obstacles dans tous les Chapitres, ne put être maintenue dans les cloîtres capitulaires. Chaque chanoine eut bientôt son hôtel séparé dans l'ancien quartier claustral; mais du moment où l'individu se substitua à la communauté, les abus se multiplièrent.

L'évêque Manassès (1180) eut besoin d'une bulle du pape Luce III pour expulser du quartier des chanoines les marchands, les tripots, les cabarets et les filles de joie qui s'y étaient installés. Toute location et toute habitation de laïc furent formellement prohibées. Les chanoines qui s'étaient déchargés du soin de dire les offices sur des prêtres salariés, durent reprendre l'accomplissement régulier de leurs fonctions. Cela ne les empêchait pas toutefois d'avoir une part directe aux charges municipales qui ne leur furent interdites qu'au xvie siècle. Curieux détail qu'on ne trouve aujourd'hui que dans les assemblées financières, les chanoines recevaient des jetons de présence aux offices. Sans ces jetons ou méreaux, ils ne pouvaient participer aux distributions manuelles affectées à chaque office. Ce contrôle, transformé plus tard au moyen d'une feuille de présence, se perpétua jusqu'à la suppression révolutionnaire du Chapitre.

Naturellement les chanoines avaient juridiction. Leur tribunal ecclésiastique, qui comprenait non-seulement la discipline, mais dont la compétence s'étendait aux matières temporelles, était résumé dans la personne d'un prévôt. Les justiciables de cette institution, dont les analogues se retrouvent au moyen-âge dans presque toutes les branches des services publics, dans toutes communautés privilégiées, étaient les chanoines, et les prêtres de la ville et du dehors qui relevaient du Chapitre. Par ordre de prépodérance, se rangeaient ainsi les dignitaires : Prévôt — Doyen — Grand-Archidiacre — Grand-Chantre et Sous-Chantre. (Nous passons sur d'autres fonctions d'ordre inférieur.) Les maîtres des écoles relevant de la cathédrale et les clercs du chœur dépendaient de la juridiction du grand-chantre. Un official, un syndic-promoteur et un greffier, composaient ce qu'on pourrait appeler le *Parquet* du Chapitre.

La portée juridique du tribunal capitulaire ressort avec éclat d'un arrêt du Parlement de Paris, saisi par les juges des Grands-Jours de Troyes en 1378.

Jean de Renneval, prévôt de Troyes, ayant fait mettre à la question plusieurs clercs revendiqués par la justice ecclésiastique, fut condamné par le Parlement à se rendre à la cathédrale, le jour de la Toussaint, dépouillé des attributs de sa dignité. Il devait porter processionnellement un plat d'argent du poids de quatre marcs, surmonté d'une torche de cire, et, dans la nef, en présence de l'évêque, des dignitaires et des clercs torturés, faire amende honorable. La cérémonie accomplie, le plat déposé sur l'autel devait ensuite être suspendu à l'un des piliers du chœur. L'expiation s'accomplit de point en point. Le plat du prévôt de Renneval resta depuis 1381, en témoignage de l'exécution de l'arrêt, exposé dans le sanctuaire.

Cette scène, si bien en harmonie avec les habitudes du moyen-âge, nous amène à signaler quelques coutumes étranges ou burlesques dont les mœurs expliquent seules l'existence; aujourd'hui elles constitueraient la plupart un scandale du ressort de la police correctionnelle.

La plus curieuse était, sans contredit, *la Fête du Pape des Fous*.

Jusqu'en 1445, pendant l'octave et les fêtes de Noël, les vicaires de la cathédrale procédaient entre eux à l'élection d'un archevêque ou d'un pape des fous, qui était porté sur l'autel des reliques au bruit d'un *Te Deum*. Crossé et mitré, comme un évêque, cet élu, véritable caricature épiscopale, donnait la bénédiction à la foule assemblée au bruit des cloches. L'église devenait alors un *pandemonium* dont les plus excentriques folies du mardi-gras moderne ne sauraient donner une idée. Des gens déguisés en fous, en femmes, masqués, noircis, et dans des costumes qui ne se piquaient guère de chasteté, chantaient des couplets obscènes, exécutaient, ce qu'on nomme aujourd'hui dans l'argot d'atelier, des *charges,* des farces à étonner par leur licence, les pîtres les plus aguerris du vieux Pont-Neuf, et des foires en plein vent. On copiait les allures et la figure des plus haut placés dans toutes les hiérarchies, sans en excepter le véritable évêque lui-même. On n'oserait pas dire ce qui se passait pendant la mascarade dont l'église était le théâtre.

Le jour des Innocents, les enfants de chœur nommaient, à leur tour, un des leurs à ce burlesque épiscopat, et le scandale recommençait aux premières vêpres. Les chanoines étaient tributaires des acteurs de la fête, et, ce qui donne la mesure de la popularité dont elle jouissait, un comte de Champagne consentit un impôt gracieux au profit du pape. Le domaine royal, héritier des comtes, le paya jusqu'à la Révolution ; on avait bien depuis plus de trois cents ans supprimé la fête, mais on avait conservé l'impôt.

Il ne faut pas croire que ce que nous disons soit exagéré. L'évêque Jean Léguisé, après avoir prohibé et flétri la coutume, obtint, le 17 avril 1445, des lettres-patentes de Charles VII, qui caractérisent ainsi la fête des fous :

» En laquelle faisant iceux gens d'église par irrévérence
» et dérision de Dieu nostre créateur, et son saint et divin
» office, tant ès églises et leurs saints, comme dehors et
» mesmement durant le divin office plusieurs grants inso-
» lences, dérisions, spectacle publics de leurs corps dégui-
» sement, en usant d'habits indécents... comme d'habits et
» vêtements de fols, de gens d'armes et aultres habits sécu-
» liers, et les aulcuns usant d'habits et vêtements de femmes,
» aulcuns de faulx visages, etc. »

La Fête de l'Ane, sans être aussi scandaleuse, n'était pas moins choquante. Au lieu de dire l'*Ite missa est,* un diacre imitait les braiements d'un âne, en mémoire de la fuite en Egypte.

Aux matines du jour de Pâques, il y avait la *représentation des trois Maries* ; avant les vêpres, l'évêque et les chanoines, à tour de rôle, jouaient à la balle et à la toupie, après quoi les assistants buvaient du vin rouge et du vin blanc en mangeant des pommes et des oublies que bénissait l'évêque.

Le jour des Rameaux, pendant la procession, le clergé, en arrivant au pont de la Girouarde, près de l'Hôtel-Dieu, jetait des oublies à l'assistance.

A la Pentecôte, les enfants de chœur lâchaient un pigeon blanc, symbole du Saint-Esprit, et des oiseaux dans l'église, le tout entremêlé de fleurs ; au moins dans ce cas, l'allégorie était gracieuse.

Il n'en était pas de même de la *Diablerie de la Vengeance de Jésus-Christ,* et de celle de *saint Loup,* grossières affabulations dans le goût de la *Fête des Fous.*

Il faut citer, au moins comme une singularité, les ablutions quotidiennes des chanoines pendant le carême. Treize femmes versaient chaque jour de l'eau de rose fournie par le prieur de l'hôpital Saint-Nicolas sur les mains des chanoines assistants. Cette cérémonie était une fondation qui se perpétua jusqu'à la Révolution.

Certes, si l'on appréciait ce qui se passait autrefois, à certains jours, dans les églises, sous l'influence des habitudes et des idées actuelles, on aurait une opinion très-médiocre de la piété pourtant incontestable de nos ancêtres. Mais il ne faut pas oublier que le peuple, au moyen âge, était plein d'emportements en apparence contradictoires, et qu'il apportait, dans toutes ses actions, le mélange de grossièreté, de crédulité, d'enfantillage, et les passions qu'on rencontre aux époques encore primitives. La légende poétisait d'un côté ce que la superstition oblitérait de l'autre. On était crédule, mais croyant ; on courait sus aux hérétiques en même temps qu'on donnait de beaux exemples de charité et de fraternité chrétiennes. Le sentiment de la hiérarchie et de la subordination était vivace, ce qui n'empêchait ni les émeutes, ni les troubles, ni les insurrections. L'existence agitée et militante que la féodalité avait faite aux populations donnait l'essor à toutes les passions violentes. La ruse et la naïveté, le dévergondage et l'esprit de méthode, la dérision et le respect, l'ignorance et le savoir, le vice et la vertu, formaient des composés qui ne peuvent s'expliquer que par les milieux et par les dates.

Description. — La longueur intérieure de la cathédrale est de 117 mètres ; sa largeur, de 51 mètres 53 centimètres ; sa hauteur, sous les grandes voûtes, est de 30 mètres. Cinq nefs partagent la longueur ; au chœur, il y a douze travées, sans parler du rond-point. Entre le chœur et la nef s'étendent les transsepts ou la *croisée.* On compte sept travées à la nef.

Extérieurement, le portail a 53 mètres de développement horizontal ; du parvis au dôme des clochetons en lanterne, on compte 74 mètres (222 pieds). 380 marches, établies sur des mouvements alternatifs de gauche à droite, et de droite à gauche, conduisent jusqu'au sommet de la tour.

EXTÉRIEUR. — Le cercle des chapelles absidales est aujourd'hui complètement restauré. Chacune de ces chapelles est construite dans l'espace compris entre les grands contreforts qui soutiennent les arcs-boutants du sanctuaire. Elles s'élèvent au nombre de six sur un pantagone épaulé par des éperons. Sur chaque face s'ouvrent des fenêtres en lancettes sans réseau. C'est en ligne directe que se continue, du côté de la Cité, la longue chapelle reliant les absidioles au croisillon nord. Du côté de l'évêché, on trouve à l'interruption du demi-cercle le trésor et les bâtiments de la première sacristie bâtis sur un plan rectangulaire. A l'exception de quelques variantes dans les réseaux des fenêtres, il n'y a rien à signaler de ce côté. Le sanctuaire qui domine le cercle des petites chapelles a pour appui des contreforts à pyramidions et des arcs-boutants ajourés en ogives. Les grandes fenêtres qui l'éclairent sont garnies de meneaux cylindriques ogivés portant trois roses au réseau. Seules les fenêtres du rond-point n'ont qu'une rose, à cause de leurs dimensions. Un couronnement crenelé sert de bordure au bahu de comble.

Vient ensuite le croisillon septentrional. C'est un portail ogivé auquel se superposent une galerie, une rose rayonnante et un pignon. Le tout s'élève en façade, entre deux contreforts extérieurs, et entre quatre contreforts sur les retours. La fin du XIIIe siècle et le commencement du XIVe ont laissé leur empreinte dans les parties anciennes, sur lesquelles se soudent les reprises exécutées de 1472 à 1474, et les consolidations provisoires accomplies en 1852-53. La porte à double baie sous linteau, à laquelle on arrive par un perron, s'encadre dans une voussure ogivale à sept gorges qui retombent sur une ligne de colonnettes agencées dans une arcature. A cette disposition primitive s'ajuste une archivolte bordée d'un lambrequin en coup de vent, et pyramidant en contre-courbes jusqu'au plafond de la grande galerie ou tribune. Ainsi que les contreforts, cette consolidation décorative est de la fin du **XV**ᵉ siècle. La grande galerie qui nous ramène au **XIV**ᵉ siècle est bordée d'arcades géminées ayant à leur sommet des trèfles et des quatre feuilles. La rose dont les meneaux principaux affectent la forme de pétales à deux cadres, entre lesquels se dessinent des entrelacs tréflés et des ogives trilobées. Les angles du carré où elle s'inscrit sont remplis par des cercles. La bordure du comble, qui répète celle du sanctuaire sur les retours, se transforme sur la face du pignon. Elle se compose d'une suite de quatre feuilles. Les deux balustrades inférieures, et quelques autres détails secondaires, appartiennent au **XVI**ᵉ siècle; ils sont contemporains du grand portail. Les niches, les gorges et le tympan au portail nord étaient garnis de statues, de groupes et de bas-reliefs qui ont disparu. Au tympan était sculpté le Jugement Dernier; dans les voussures se succédaient les Vieillards de l'Apocalypse, les Saisons; dans l'arcature des ébrasements étaient placés des statues et des sujets de l'Ecriture. Les nefs dans lesquelles se succèdent des constructions du **XIV**ᵉ, du **XV**ᵉ et du **XVI**ᵉ siècles, ont conservé, malgré les dissemblances de détail qu'on y trouve, la physionomie du type originel, dans les grandes lignes, dans les jours et dans les masses. Les modifications portent particulièrement sur la décoration. Ainsi, les meneaux dérivent du cylindre au prisme; les réseaux des fenêtres se ramifient au lieu de tourner circulairement sur des ogives comme au chœur; Aux fenêtres en lancette de l'abside, succèdent dans les basses-nefs des arcs équilatéraux. Des archivoltes et des pignons les encadrent. Plus sobres, les réseaux de la clairevoie supérieure ont aussi plus de symétrie. Les pyramidions des contreforts et les balustrades décorés dans le même goût n'ont plus d'analogie avec ceux du portail nord et du sanctuaire.

Si on fait la part de quelques variantes, le côté méridional de la cathédrale présente la même physionomie. Quant au portail repris en 1842, il n'est, comme nous l'avons dit au commencement, qu'une contrefaçon imparfaite de son correspondant du nord dans les parties supérieures.

PORTAIL PRINCIPAL. — Entre l'abside et le portail, il y a toute la différence du beau sévère, à l'élégance recherchée. La ligne joue le grand rôle à l'abside ; c'est la broderie au portail.

L'ensemble se compose de quatre contreforts ; ceux des angles sont carrés ; ceux du centre sont élevés sur un plan circulaire. Tous ils sont couverts de niches à dais qui s'étagent jusqu'à la naissance des tours. Le feston, la pyramide, le crochet, le prisme et le fronton s'y multiplient dans toutes les variétés. Trois portes à voussures et à double baie sont pratiquées entre les quatre contreforts. Au lieu de s'arrêter aux ébrasements sur un lambris d'arcature ou de colonnes, la retombée des gorges et des moulures s'effectue sur un soubassement. Des niches, des arabesques, des rinceaux de vigne décorent les voussures avec un luxe dans lequel on remarque surtout la hardiesse et la multiplicité des formes. L'architecte a eu soin de dater sa construction en y faisant sculpter des Hermines et des Porcs-Epics, emblèmes d'Anne de Bretagne et de Louis XII, et la Salamandre de François Ier. On les voit au trumeau de la porte principale. Les deux portes secondaires ne sont qu'une réduction de la grande porte. Un dessin de pignon surmonte l'archivolte de chaque voussure. Les rempants traversent et dépassent l'appui fleurdelysé d'une galerie qui joint la pointe ogivée des voussures. Suivant les dimensions des ouvertures, la galerie du centre est sur un plan plus élevé que celui de chaque galerie latérale. Elle s'y relie cependant, au moyen d'escaliers pratiqués dans l'épaisseur des contreforts. Une rose, avec meneaux en prisme qui décrivent des lignes serpentines, occupe le fond de la galerie centrale, en retraite de la saillie de la plate-forme. Cet abri en arc obtus a pour bordure un ornement courant qui tient plus du rinceau que du feston. Les archivoltes des trois voussures sont, au contraire, dans la donnée consacrée : le trilobe s'y découpe en lambrequin. Les parties latérales situées sur le plan de la grande rose ont le fond de leurs galeries tapissé d'un rang de quatre grandes niches. C'est à la balustrade de la plate-forme que s'arrêtent évidemment les travaux exécutés successivement par Cambiche et Jean de Soissons ; ce qui le prouve d'ailleurs, c'est l'exécution de la verrière placée à la grande rose par Jean Soudain, en 1547. Le commencement de la tour, qui rappelle encore le portail, révèle des modifications de la première manière. Quant aux parties supérieures, c'est de la Renaissance de la plus médiocre conception, et qui ne se raccorde ni en hauteur ni en largeur avec la base sur laquelle elle repose.

Intérieur (*Abside et Sanctuaire*). — Les chapelles de l'abside dont nous avons décrit l'extérieur sont uniformément ornées, sur les murs pleins, d'une arcature ogivée qui revient jusque dans les croisillons. A chaque fenêtre et à chaque surface supérieure est un encadrement à colonnette, avec tore en arc aigu. Les voûtes sont toutes en arête avec nervures cylindriques en croisées d'ogive. Nous avons noté les découvertes gallo-romaines qu'on a faites dans les fouilles. Ajoutons seulement que dans la chapelle de Notre-Dame se trouve le caveau où reposent les comtes Henri Ier et Thibault III, transférés de la collégiale Saint-Etienne à la cathédrale, le 17 février 1792. Cet obscur caveau remplace les magnifiques tombes d'orfévrerie émaillée qui renfermèrent les corps des deux souverains jusqu'à la suppression du Chapitre. Sur le retable de marbre blanc dont le dessin a été fourni par M. Baltard, architecte, s'élève une statue de même matière due au ciseau du grand statuaire troyen Simart ; elle représente une *Vierge à l'Enfant* qui a provoqué d'assez vives discussions. Au point de vue de l'archéologie, ce retable et la figure n'ont rien à démêler ni avec l'art du xiiie siècle ni avec celui des époques postérieures. Regardés isolément, on y trouve l'ecclectisme avec ses inconvénients. Toutefois, il n'est pas possible de nier le sentiment profond, la grâce, la chasteté et la sollicitude maternelle qui sont les attributs de la vierge Marie. Si l'artiste n'a pu donner à cette figure ni l'ampleur antique, ni la raideur solennelle et émaciée du moyen-âge, il a su lui imprimer le charme et la suavité.

Au sud du sanctuaire, et à côté de la sacristie, l'architecte diocésain, M. Millet, a restitué, en 1852-53, l'ancien Trésor, naguère transformé en tribune pour l'agrément d'un préfet de l'empire. Un escalier, dont les marches se profilent en moulures, est décoré d'une rampe à jours trilobés. Il conduit à une porte à linteau droit sous dessin d'arc aigu. Sous le palier se répète une porte dans le même style. Le trésor, comme l'indiquent ces dispositions, se compose de deux salles superposées, décorées comme les chapelles. Des grilles d'un dessin nerveux garnissent de leurs treillis, à formes végétales, les ouvertures extérieures.

Le chœur, encore en reconstruction, est déjà relevé jusqu'aux voûtes. Il se compose de treize travées symbolisant le Christ et les douze apôtres. Chaque pile se compose de tambours de colonnes. Les colonnettes internes montent en faisceaux du sol aux voûtes, où leurs cylindres interrompus par des chapiteaux reprennent le rôle de nervures. Au-dessus de la ligne des arcs des travées circule, dans tout le développement du chœur, un *triforium* ou galerie à quatre divisions entre chaque pile. Des passages percés, dans l'épaisseur des faisceaux des colonnes, mettent en communication toutes les parties de cette galerie qui est bordée d'arcs trilobés portant trèfles. Au-dessus, dans le cadre ogival formé par les faisceaux des colonnettes et la projection des courbes de chaque voûte, se déploie une succession non interrompue de grandes fenêtres dont on connaît la décoration.

Aux transsepts et à la grande nef, la triple superposition signalée au chœur se répète et se continue avec les différences de détail et d'exécution que nous avons indiquées. Les chapiteaux du XIIIe siècle, qui décorent les piles du chœur, sauf quelques réfections du XIVe, où le type primitif s'abâtardit, se composent de feuilles nervées et à crochets, tournant sur une corbeille cylindrique que surmonte un tailloir polygone. Plus loin, en arrivant aux transsepts, la décoration s'alourdit, les feuilles décoratives se surchargent d'expansions à profils amaigris; c'est le chapiteau de la fin du XIVe siècle. On y retrouve encore son générateur du siècle précédent; mais dans la nef, et en se rapprochant du portail, on touche du doigt les transformations successives de la flore ogivale; on voit l'exhubérance et la fantaisie aventureuse se substituer à la sobriété et à la variété bien réglée. Les nervures passent, comme les meneaux, du cylindre au prisme; de la croisée d'ogive aux multiplications des liernes et des tiercerons. Les chapiteaux se raccourcissent, se surchargent de feuillages sans symétrie, ou d'une symétrie mal comprise. En arrivant à l'entrée de la nef, on voit triompher la chicorée, et pour compléter la vulgarité de cette exhibition maraîchère, un escargot traîne sa coquille en cheminant sur les feuilles. La succession des styles, qui se rangent méthodiquement par dates, fait de la cathédrale un résumé complet de l'art ogival depuis sa naissance jusqu'à sa disparition. On y peut faire une étude suivie de toutes les architectures et de toutes leurs formes, depuis le XIIIe siècle jusqu'au XVIIIe.

En descendant les parties hautes du chœur, on a pu constater une fois de plus les conséquences d'une fondation défectueuse. Un surplomb de près d'un mètre existait au sanctuaire, et les voûtes, qui n'étaient plus exactement en équilibre, avaient cherché des points d'appui en se déformant d'une manière incroyable. C'était à ne pas comprendre comment elles se soutenaient.

VITRAUX ET OBJETS D'ART. — Les verrières du chœur, qu'il a fallu descendre, sont d'une grande valeur archéologique, car elles remontent aux temps de la construction primitive ; elles sont à teintes plates, où la ligne de force indique seule les reliefs. Les principaux sujets sont des saints et des saintes, les évêques Garnier de Traînel et Hervée, qui ont tous les deux fondé l'église : le premier, par les ressources accumulées pendant la croisade, où il remplissait les fonctions d'aumônier ; le second, par la construction. Il y a, en outre, des sujets de l'Ancien et du Nouveau Testament, saint Louis, sainte Maure, saint Etienne, saint Frobert, l'histoire de saint Jean et celle de saint Pierre, des figures de papes, d'empereurs, Blanche de Castille, la légende de saint Nicolas, celle de saint Savinien, et une foule de sujets secondaires qui demanderaient une trop longue énumération.

Aux fenêtres de la nef sont rangées, sur trois rangs, des peintures consacrées à des sujets de l'Ancien et du Nouveau Testament. Elles sont la plupart de la fin du XVe siècle et du commencement du XVIe. Les costumes précisent exactement les règnes auxquelles elles appartiennent. L'histoire de Daniel, celle de Joseph, la Généalogie de la Vierge, l'Invention de la Croix, l'histoire de saint Sébastien, celle de Jacob et de Tobie, sont les principaux motifs des verrières de la nef.

Parmi les vitraux des chapelles des basses-nefs, le plus curieux est sans contredit le *vitrail du Pressoir*, exécuté au commencement du XVIIe siècle par Linard Gonthier. Il est à la quatrième chapelle du côté gauche. Il n'y a, entre l'exécution de cette peinture et sa destination, aucun rapport d'harmonie. Mais c'est un travail d'une belle et brillante exécution ; une sorte de transportation sur verre de la peinture sur toile. La rose du grand portail renferme le Christ et les douze apôtres de Jean Soudain (1547).

On ne saurait énumérer les objets d'art : dalles tumulaires, tombeaux en relief, châsses, orfévreries, bronzes, sculptures, qui décoraient l'intérieur de la cathédrale. La plupart des évêques, les membres des familles importantes, les dignitaires du Chapitre avaient concouru de siècle en siècle à la formation de cette collection artistique, où la biographie jouait le principal rôle à côté de l'ethnographie. Presque chacun de ces objets résumait une histoire. Des membres de la famille du célèbre Guillaume Budé, prévôt des marchands de Paris, Claude Robert, l'un des auteurs du *Gallia Christiana*, Odard Hennequin, grand archidiacre, Jean Bailly, l'un des derniers architectes du grand portail, Guillaume de Taix, doyen de l'église de Troyes, un abbé de Montier-la-Celle ; au XVe siècle, Nicolas de La Place et plusieurs autres ont leurs sépultures dans la nef, mais les dalles gravées qui les couvraient ont été dispersées. Il en est de même de la tombe de l'évêque Odard Hennequin.

Dans le chœur se succédaient la tombe d'airain de Nicolas de Brie, évêque de Troyes au milieu du XIIIe siècle ; les tombes de Jean d'Auxois, évêque de Troyes (1314); d'Henri de Poitiers, qui battit plusieurs fois les Anglais (1370) ; de Pierre d'Arcies (1395), d'Etienne de Givry (1426), le tombeau en cuivre de Louis Raguier (1488) et de son neveu (1518), le monument de bronze de François Malier (1678), celui du duc Edouard (1343), le monument de marbre blanc de Charles de Choiseul Praslin, maréchal de France (1626), et de Roger, son fils, tué à la bataille de Sedan (1641).

Dans la chapelle de Notre-Dame, où se trouvent les restes des comtes de Champagne, Henri Ier et Thibault III, il y avait un tombeau de bronze consacré à l'évêque Hervée. Autant qu'on en peut juger par une note de Grosley, consignée dans ses Biographies de *Troyens célèbres*, c'était un motif ogivé, garni de statuettes, et sur lequel reposait la figure couchée du fondateur de la cathédrale. Ce monument fut vendu en 1778, au-dessous du prix du métal, par le Chapitre qui, malheureusement, commit souvent des actes de cette nature.

Une belle tapisserie, qui servait à clore le chœur pendant l'hiver, a subi le sort des monuments commémoratifs, et de beaucoup d'autres objets qui avaient encore plus d'importance historique que de valeur vénale. L'ignorance et des besoins d'argent en ont fait disparaître un grand nombre, mais c'est de 1792, surtout, que datent des destructions et des pertes irréparables, entre autres, celle des tombeaux émaillés des deux comtes. Cette constatation nous amène au trésor.

Trésor. — L'importance du trésor ne peut être déterminée, même en laissant une grande latitude aux appréciations, car chaque jour le prix des émaux et des orfèvreries du Moyen-Age va s'augmentant. Au moment de la Révolution de 1792, on n'accordait guère de valeur qu'aux métaux précieux, aux antiques gravés, aux diamants et aux pierres précieuses, et la preuve s'en trouve dans la justification d'un agent national de la Commune, l'orfèvre Roudot, accusé de détournement et de destructions inutiles. Il alléguait n'avoir brisé que « des objets des XIIIe, XIVe et XVe siècles, qui n'ont » rien produit, disait-il, que d'un genre barbare. » Or, les détournements imputés à l'orfèvre, en lingots, débris d'or, d'argent, en pierreries, n'étaient pas évalués à moins d'un million d'alors. La totalité de la valeur intrinsèque du trésor était estimée à environ deux millions. Au point de vue artistique, ce chiffre serait peut-être quintuple.

Ce qui a échappé au creuset et au marteau offre encore un intérêt considérable.

Voici, par ordre chronologique, un sommaire des objets que possède encore la cathédrale :

Un coffret byzantin en ivoire, couvert de bas-reliefs.

Le psautier du comte Henri, manuscrit en lettres d'or sur vélin.

Deux escarcelles brodées, qu'on attribue, l'une (XIIe siècle) au comte Henri, l'autre (XIIIe) au comte Thibault, sauf des restaurations qui laissent des doutes sur la date des objets.

Une collection de plus de 60 pièces émaillées du XIIe siècle.

Des camées antiques.

Des diamants.

Des pierres précieuses gravées.

Des agathes.

Des rubis.

Des topazes.

Des saphirs.

Des améthystes.

Des grenats.

Des cornalines.

Des émeraudes. Le tout en très-grand nombre. Une boîte est pleine de ces pierreries.

Un texte d'évangiles, garni de pierres, sans gravure.

Un autre entouré de pierres gravées (antiques) d'une grande valeur.

Un évangéliaire du XIe siècle.

Un ancien manuscrit.

La crosse de l'évêque Hervée, son calice et sa patène, son anneau surmonté d'un saphir.

Divers objets et étoffes ayant appartenu au même évêque (XIIIe siècle).

La châsse de saint Loup (1503), comprenant seize pièces d'émaux, où sont représentés les épisodes de la légende du saint. Les émaux sont des fragments de l'ancien reliquaire, appliqués sur une châsse moderne.

Deux paix.

Un heurtoir de l'hôtel d'Odard Hennequin (reproduction du XVIe siècle) (1527).

Un texte à lames d'argent.

Une bible in-folio gothique.

Une croix d'argent renfermant du bois de la vraie croix.

Deux paix d'argent et de vermeil.

Une croix processionnelle et un ostensoir de vermeil.

Un ostensoir d'argent.

Une statue de la vierge, en argent.

Une boîte à hosties de même métal.

Deux anciens calices (argent doré).

Deux autres calices modernes, de même métal.

Trois mîtres, dont une ancienne.

Une statue de saint Roch.

Un calice, une aiguière, des burettes, une clochette et un bougeoir en vermeil, donnés par M. de La Tour du Pin, évêque de Troyes.

Candélabres de bronze.

Une multitude de châsses qui n'ont pas de valeur intrinsèque, et n'offrent que peu d'intérêt sous le rapport de la forme et de l'exécution.

La nomenclature qui s'arrête à la châsse de saint Loup, due originairement à Nicolas Forgeot, abbé de Saint-Loup, renferme des objets d'une valeur très-considérable, qu'on les envisage soit sous le rapport vénal, soit sous celui de l'art ou de l'histoire. Les objets antiques et bysantins viennent la plupart d'Orient. Ils avaient été donnés à Garnier de Traînel, évêque de Troyes, aumônier de l'armée latine, après la prise de Constantinople.

PLACE SAINT-PIERRE.

Notre station à la cathédrale a été longue. Elle n'a pas suffi à une description qui exigerait une monographie (1), mais elle nous parait résumer l'ensemble de cet édifice que des titres si nombreux signalent à l'attention, au respect et à l'intérêt. La place qui se déploie en face du grand portail avait naguère une physionomie claustrale en harmonie avec le monument. Sur une partie de son développement, elle pos-

---

(1) Le travail le plus complet et le mieux étudié sur ce monument figure dans le *Voyage archéologique* de M. F. Arnaud (Troyes, 1843), ouvrage excellent qui n'est plus dans le commerce.

sédait des *alloirs,* ces galeries couvertes dont nous avons parlé en passant devant l'Hôtel-de-Ville. A la sortie de la rue Saint-Loup se dressait une potence, marque et limite des justices respectives de l'abbaye et du Chapitre. A ce symbole inactif, qui n'était plus qu'un instrument *in partibus* tout-à-fait historique, le commissaire Rousselin fit succéder, pendant *la Terreur,* un échafaud permanent dressé sur le Parvis de la cathédrale. En 1590, la place fut le point le plus meurtrier de la lutte entre les soldats d'Eustache de Mesgrigny et les ligueurs de Troyes, parmi lesquels payaient de leurs personnes des chanoines et des religieux. Les andouillettes, si célèbres de la charcuterie troyenne, jouèrent un rôle important dans l'évènement. Les soldats d'Eustache de Mesgrigny, en perdant du temps à fouiller les cuisines des andouillers établis près de Saint-Denis, permirent au duc de Chevreuse de se cacher dans la cathédrale après la prise de l'évêché, où il s'était renfermé.

Le 14 juillet 1790, la municipalité, les troupes de la garnison et les fonctionnaires réunis sur la place, autour d'un autel surmonté d'un oriflamme, prêtèrent le serment décrété par la Constituante ; le 27 février 1792, le cortège qui accompagnait les corps et les tombeaux des comtes dans leur émigration de Saint-Etienne, traversèrent la place ; ce fut là aussi qu'on licencia, à la même époque, le régiment suisse de Castella, qui tenait garnison à Troyes. Un parc d'artillerie étrangère s'établit, en 1814, en face de la cathédrale, et dans la maison n° 8 s'installa le roi de Prusse.

Tous les rois de France, lors de leur entrée à Troyes, ont visité la cathédrale et traversé solennellement la place. Que de tableaux, de scènes et de costumes divers ont passé de siècle en siècle au centre de l'ancienne cité ! Outre les cortèges des rois, ceux des évêques à leur joyeux avènement, avec le palanquin porté par les quatre barons de la crosse; les mascarades de la fête des fous, les représentations dramatiques et mystiques données sur les tréteaux des comédiens du moyen-âge; les fêtes politiques et religieuses avec la diversité que comportent les usages et les mœurs; la réception du pape Pie VII, l'hôte forcé de l'empereur Napoléon Ier; les aberrations profanatrices, qui, sous le régime conventionnel, convertirent la cathédrale en lieu de débauche, puis en temple de l'Être Suprême; les luttes ardentes de la Ligue; en un mot, toutes les expressions actives et extérieures de l'histoire et de la chronique se sont produites sur ce parvis et dans l'édifice.

ÉVÊCHÉ.

Au point de vue historique, comme sous le rapport de la destination, l'évêché se confond avec la cathédrale.

Si l'Eglise diocésaine a son centre dans la métropole, l'homme qui préside à sa direction habite à son ombre, dans le palais épiscopal.

L'évêque est le représentant d'une puissance qui remonte sans interruption jusqu'aux temps gallo-romains. Modifiée dans quelques applications séculières, féodales et politiques, cette puissance est la seule qui n'ait pas été altérée dans son principe, et dans les attributs essentiels de son exercice. Elle a traversé tous les temps, bravé tous les orages, survivant à toutes les convulsions politiques, guerrières et sociales, et assistant impassible aux catastrophes dans lesquelles ont succombé tant de dynasties et de régimes politiques.

Souvent, quand un interrègne ou une impuissance du pouvoir laissait le pays sans protection et sans guide, les évêques, transformant la crosse en épée, se sont mis à la tête des populations pour les défendre. L'évêque Anségise, luttant contre les Normands en 925, comme le raconte le chroniqueur Flodoard, et combattant Robert de Vermandois, l'un des premiers comtes de Champagne, donne le plus ancien exemple de ce double rôle. Garnier de Traînel, à la fois aumônier et amiral, et montant vaillamment à l'assaut de Constantinople, lors de la croisade de 1204, doit être cité à un titre différent. Enfin, on ne saurait oublier Henri de Poitiers, qui chassa les Anglais des environs de Troyes, et leur livra deux batailles suivies de deux victoires, à Saint-Just et à Nogent-sur-Seine (1359).

On comprend aisément quelle était la prépondérance des évêques, et quels durent être les avantages temporels qui en résultaient, dans un temps où les papes dominaient les royaumes et les rois. En particulier, les évêques de Troyes devinrent des seigneurs féodaux dans la plus complète acception du mot. Les comtes de Champagne, malgré leur puissance illimitée, ménageaient avec soin le pouvoir épiscopal. Henri Ier, le plus grand et le plus altier des souverains champenois, n'hésita pas, lui-même, à donner satisfaction à l'évêque et au chapitre, à propos d'une bien légère atteinte aux droits épiscopaux. Henri avait seulement fait arrêter un homme sur le bourg de Saint-Denis, qui dépendait de la juridiction de l'évêché. Le chapeau du comte servit de marque de réparation. Une charte de 1151 confirme le fait d'une manière authentique.

Les dons et les privilèges vinrent de tous côtés grandir successivement les domaines des évêques de Troyes. En 1177, le roi Louis VII donna à l'évêque Mathieu, pour lui et ses successeurs, la *villa* de Saint-Lyé, des biens considérables à Anglure, Aix-en-Othe, Avant, Laines aux-Bois, Gumery, Méry-sur-Seine. La nomenclature des fiefs, des mouvances, des domaines et des revenus épiscopaux à ajouter à ceux que donna Louis VII, ne saurait trouver place ici ; elle est considérable. La plupart des titulaires riches, du siége de Troyes, contribuèrent aussi à la grossir.

Indépendamment de leurs droits de justice, comme seigneurs féodaux, les évêques avaient dans l'étendue de leur diocèse, mieux que la réglementation de la discipline cléricale et le jugement des infractions commises par les prêtres ; la *police* religieuse atteignait les particuliers laïques,

non-seulement dans les manifestations qui intéressaient directement le catholicisme et son exercice, mais encore dans les actes intimes et professionnels ; nous n'en citerons que deux exemples, d'autant plus curieux qu'ils sont en même temps deux traits des mœurs anciennes : L'évêque Jean Léguisé rendit, le 10 novembre 1429, une ordonnance contre les barbiers qui ne chômaient pas les fêtes des Saints. Il leur enjoignit de célébrer les fêtes et les dimanches, « *sauf tou-*
» *tefois* (dit l'ordonnance), *le cas de nécessité où quelque*
» *seigneur de passage voudrait pour quelque cause ou par*
» *honnêteté entrer dans leur boutique, et y déposer ses*
» *cheveux ou sa barbe.* »

Dans des temps relativement rapprochés, sous Henri IV, chaque dimanche, après la procession, on avait encore l'habitude d'excommunier ceux qui détournaient le public de *moudre aux moulins du Chapitre*. Bien des marchands voudraient avoir des moyens aussi puissants de maintenir leur clientèle, et de désarmer la concurrence.

L'éducation publique n'était pas seulement dirigée, mais encore elle était réglementée par l'évêque. En 1436, Jean Léguisé dressa les statuts et les règlements des écoles de Troyes.

Rien que par ces indications prises au hasard, parmi beaucoup d'autres, on peut juger de l'étendue de la puissance épiscopale. L'évêque avait naturellement, comme son chapitre, une juridiction organisée, des collecteurs et des agents de toute espèce.

L'ancien évêché n'existe plus ; bâtiment d'habitation, il a forcément subi la loi des goûts de ceux qui l'ont occupé. Les plus anciennes constructions de l'évêché actuel ne remontent pas au-delà du xvi⁰ siècle.

Le corps-de-logis du midi est percé, sur la façade qui regarde le nord, de grandes fenêtres dont plusieurs ont conservé les meneaux en prisme, qui, au xvi⁰ siècle, partageaient la baie en subdivisions carrées. Les lucarnes, d'une date un peu moins ancienne, appartiennent à la Renaissance. Elles sont bordées de pilastres et surmontées de frontons.

Sur le jardin, quelques-unes des ouvertures ont été modifiées. L'ensemble de la façade offre moins d'intérêt que

celui de la cour. Toutefois, il faut signaler une grande fe-
nêtre-balcon exécutée, vers 1853, par l'architecte diocésain,
dans le style de la Renaissance.

Dans l'intérieur du bâtiment, la seule partie des aména-
gements qui ait échappé aux transformations est une ancienne cuisine où se déploie une de ces immenses cheminées
qui donnent une si haute idée des habitudes gastronomiques
de nos ancêtres et des ressources forestières qui permet-
taient d'alimenter de pareils foyers. Quinze personnes se
chaufferaient à l'aise autour de l'âtre, qui à lui seul est une
pièce dans la pièce.

On peut regarder cette partie de l'évêché comme ayant
servi aux conciliabules de l'évêque Carracciole avec les Calvinistes, et de retraite au duc de Chevreuse pendant l'expédition de la Saint-Lambert.

Le bâtiment en retour d'équerre, faisant face au couchant,
est une construction de la fin du règne de Louis XIV, ou du
commencement de celui de Louis XV. L'inévitable fronton
de l'époque occupe le milieu du couronnement.

La petite chapelle particulière de l'évêque se rattache à ce
bâtiment. Elle est de la même date. Seulement une restauration, effectuée en 1855, en a changé les arrangements
primitifs. Une rose et une piscine, établies dans les données
de la Renaissance, ont été faites au chevet. Les murs sont
décorés de peintures murales exécutées par M. Carresse.
Elles reproduisent les épisodes historiques de la vie de saint
Loup. Elles sont traitées de parti pris, à teintes plates, con-
trairement aux habitudes des peintres de la Renaissance,
qui modelaient leurs sujets aussi bien dans les fresques que
dans les vitraux.

A l'angle de la petite rue de la Crosse, du côté de la
place, était le tribunal ecclésiastique de l'Officialité.

La rue de la Montée-Saint-Pierre, qui se prolonge à
l'extrémité de la place, éveille plus d'un souvenir. Où
se trouve maintenant l'hôtel du Petit-Louvre, n° 2,
était l'hôtel de l'évêque Henri de Poitiers, au xive siè-

cle ; il fut plus tard l'habitation d'Odard Hennequin (1527-44). Une belle porte à cintre surbaissé, couverte d'ornements de la Renaissance, et qui naguère possédait un heurtoir aux armes des Hennequin, conduit dans la cour de l'ancien hôtel. On trouve beaucoup de détails de sculpture Renaissance semés sur les charpentes. Dans l'intérieur des vieux bâtiments, on constate l'existence de vestiges héraldiques du xiiie siècle. Une tourelle s'élève à l'angle d'une porte qui donne au débouché des rues du Vert-Galant et des Trois-Petits-Ecus. La poste aux chevaux et les premières diligences de ce siècle occupèrent cette maison historique.

En regagnant la rue de la Cité, et en poursuivant notre marche interrompue par la cathédrale, nous cotoyons le développement septentrional du monument. Le long de la nef aujourd'hui dégagée, se trouvaient au xive siècle des étaux à vendre le pain. Henri de Poitiers, l'évêque dont il a été question, les donna au chapitre en 1359. Aux étaux succédèrent des *logettes* ou petites maisons qui furent élevées pour l'habitation des ouvriers employés à la construction du portail de la cathédrale. Il y en avait huit. Les trois dernières ont disparu de 1855 à 1856. Elles étaient bâties en encorbellement, à un seul étage surmonté d'un grand grenier. Leurs charpentes étaient décorées de profils moulurés et de culs de lampe; aux poinçons des pignons étaient sculptées les armes de France et celles du Chapitre.

En 1572, la ville était propriétaire des anciennes logettes canoniales.

La section de la rue de la Cité, comprise entre le sanctuaire de Saint-Pierre et la rue du Fort-Bouy, est traversée à son extrémité par le ruisseau de Meldançon, que couvre un pont dans toute la traverse. C'était la limite de l'ancien *Oppidum* gaulois, et le point par lequel on y entrait et on en sortait. Le passage était commandé par la *Porte de l'Évêque;* on nommait le *Pont-Ferré* le pont permanent sur lequel on traversait le ruisseau. L'évêque y faisait percevoir des droits de péage que la ville de Troyes racheta 600 livres en 1530.

La tradition place au coin de la rue des Godets l'habitation de sainte Màthie. Le culte de cette sainte était très-populaire à Troyes. Jusqu'en 1830, le 7 mai, date de la célébration, et dès la veille il arrivait une foule de gens des environs, et surtout des jeunes filles; ils allaient faire leurs dévotions à la châsse de la saînte, et y achetaient des tulipes qui avaient touché les reliques. Une foire s'était greffée sur ce pélerinage annuel. En dernier lieu, on n'y vendait plus que de la ferraille, des pâtisseries et des sucreries. Des quadrilles se formaient sur la place pour le divertissement des gens de campagne. Cette fête, si amoindrie avant de disparaître, avait autrefois l'importance d'un pélerinage. En 1606-1618, on dressa, par ordre de l'évêque René de Breslay, des procès-verbaux constatant des miracles accomplis pendant les dévotions faites à la châsse.

HOSPICE SAINT-NICOLAS.

Fondée par les chanoines de la cathédrale, qui d'abord y soignèrent les malades, cet établissement hospitalier est le plus ancien de la ville.

Parmi ses bienfaiteurs se trouve l'évêque Garnier de Traînel, l'un des croisés vainqueurs devant Constantinople.

En 1640, la Maison-Dieu Saint-Nicolas fut réunie aux hôpitaux et affectée aux vieillards des deux sexes, qui y fabriquaient une étoffe connue, dans l'industrie de la draperie, sous le nom de *serges de Saint-Nicolas.* Antérieurement, elle était l'asile des filles et des femmes malades, des étrangères valides ou malades, pendant leur passage. Il y a maintenant 135 lits à l'hospice Saint-Nicolas — vulgairement nommé le *Petit-Saint-Nicolas,* pour distinguer l'établissement de l'église du même nom.

Les bâtiments actuels ont remplacé un amas de maisons vermoulues. En apparence, ils semblent répondre à leur destination; mais leur élévation, nécessitée par le périmètre de l'emplacement, a pour inconvénient capital de rendre les cours humides. Il faut ajouter qu'une expertise a condamné les constructions à une démolition plus ou moins prochaine. Des vices, dus surtout à l'entreprise, ont compromis le nom de l'architecte, M. Gauthier (de l'Institut). Frappé d'une responsabilité pécuniaire, pour un défaut de surveillance, l'artiste est mort de douleur à la prison de Clichy, où la contrainte par corps l'avait fait enfermer en 1855, à la requête des administrateurs des hospices, ses concitoyens!

Une série de parallélogrammes rectangles qui se pénètrent et sont entrecoupés par six cours et un jardin, constituent l'ensemble. Au fond de la cour principale, s'élève une chapelle liée aux bâtiments. De grandes façades unies, percées de fenêtres à baies carrées, échelonnées sur les lignes d'étage, des galeries plein cintre autour de la cour d'honneur, tel est, en résumé, la physionomie de l'établissement qui a été élevé de 1839 à 1843. C'est de l'art économique...... quoique tout cela ait coûté plus de 700,000 francs.

L'hospice Saint-Nicolas est cotoyé, sur ses quatre faces, par les rues de la Cité, de Girardon, du Fort-Bouy et du Petit-Cloître-Saint-Pierre.

Avant d'arriver à la dernière section de la rue de la Cité (anciennement du Bœuf-Renouvelé), on trouve à gauche la rue du Fort-Bouy, dont il sera question tout-à-l'heure; à droite, est la rue des Trois-Ménétriers, qui n'était qu'une cour, il y a quelques années. Un violent incendie éclata le 21 juin 1681, près de l'hospice Saint-Nicolas et de l'hôtel des Trois-Ménétriers. Plusieurs maisons furent réduites en cendres.

.8

Il n'y a pas à noter, dans la partie haute de la Cité, autre chose que l'ancien For-l'Evêque, ou Tribunal du prévôt et des agents judiciaires de l'évêque.

A l'aboutissant, se présente la place Saint-Nizier; c'était l'ancien cimetière. Le long de ses lices de clôture circulaient des rues dont le pavé trace l'ancienne limite.

SAINT-NIZIER.

L'irrégularité des percements du quartier masque le portail et conduit en face du côté méridional de Saint-Nizier.

D'abord simple chapelle sous le vocable de St-Maur, pendant les dernières années du vi^e siècle, puis paroisse sous la dépendance des chanoines de la cathédrale, Saint-Nizier n'acquit d'importance qu'à la suite de l'incendie de 1524 qui rejeta une partie de la population à l'entrée de la rue Saint-Jacques, nommée alors quartier d'*Entre-deux-Portes*. On reconstruisit l'église en 43 ans (de 1535 à 1578). La tour, commencée en 1602, ne fut achevée qu'en 1620. L'évêque Odard Hennequin dédia la nouvelle église en 1542. Des dons volontaires et le produit de quêtes réitérées procurèrent l'argent nécessaire aux travaux.

L'église Saint-Nizier, régulière dans les dispositions générales du plan, manque de proportion et d'ensemble en élévation. Les développements de l'abside, sur un tracé octogone aplati, sont formés par une succession de chapelles écrasées, qui masquent en partie les fenêtres de la grande nef. Souvent heureuse, quelquefois brillante, la fusion de l'art ogival avec celui de la Renaissance n'a produit qu'une réunion d'éléments disparates et mal agencés. Ainsi, la tour semble une pièce rapportée; rien ne la rattache par les dispositions, les hauteurs et les formes avec le bas-côté nord, dont elle occupe l'angle occidental. Le portail, de ce côté, s'enfouit entre le croisillon et la masse de la tour, au lieu de s'ouvrir sur la face des transsepts, où sa place était naturellement marquée. Les fenêtres de retour des croisillons, quoiqu'en ogive obtuse, ne peuvent occuper qu'une partie de la surface, à cause de son développement hors de proportion avec son élévation.

Le portail principal est composé d'un ordre ionique et d'un ordre corinthien, l'un sur l'autre; c'est de la Renaissance qui a rompu tout-à-fait avec la période ogivale.

La tour monte sur un plan carré entre quatre éperons d'angles décorés en pilastres. Chaque face se subdivise par un éperon du même genre. Deux lignes de cordons d'étages ceignent la masse inférieure. Sur le second, est le dessin d'une fausse galerie appliquée; au-dessus, et sur chaque face, s'ouvrent deux baies d'abat-sons en ogives garnies de meneaux carrés. Sur une maigre corniche, est la balustrade de la plateforme.

La porte nord s'ouvre entre colonnes sous un entablement qui porte un motif en plein-cintre avec fronton. Dans la décoration, composée de motifs Renaissance, on voit les croissants de Diane de Poitiers.

La porte du midi est encadrée dans deux pinacles appliqués que relie une corniche joignant les couronnements. La baie de la porte se dessine en cintre déprimé; celle de la fenêtre, qui la surmonte, est un arc ogivé à gorges, garni de ces lambrequins trilobés que nous avons signalés en grand nombre. Il a pour amortissement une accolade portant un piédestal. Dans sa montée, au centre, la fenêtre est partagée par une niche ayant pour pendants deux dispositions analogues aux pilastres. Comme dans toutes les combinaisons trinitaires du même genre, la niche centrale domine ses deux acolytes. Ce qui recommande surtout l'extérieur de Saint-Nizier, c'est la conservation de sa toiture en tuiles émaillées, la seule qui reste à Troyes aussi complète. Rayée de lozanges qui se pénètrent, elle brille en nuances rouges, brunes, vertes, adroitement juxta-posées.

A l'intérieur, Saint-Nizier paraît trop large; ses travées, en arcs trop ouverts, semblent faire un effort d'enjambée. Les voûtes sont chargées de nervures en prisme, compliquées de pénétrations. Aux fenêtres, alternent des meneaux rayonnants en prisme et le portique superposé des rectangles de la Renaissance.

Il y a de belles verrières à Saint-Nizier, à l'abside surtout. Le martyr de saint Sébastien, les légendes de sainte Hélène, de saint Gilles, de sainte Jule, décorent richement de pauvres fenêtres. Disséminées dans d'autres parties de l'église, la vie de Jésus-Christ, l'histoire de Daniel et de Suzanne, la Passion, l'Assomption, les quatre Evangélistes, l'arbre de Jessé, etc., sont des œuvres également dignes d'intérêt. La ligne et la couleur attestent l'habileté des verriers du XVIᵉ siècle. Plusieurs tableaux, dont quelques-uns signés de Ninet de l'Estaing, des statues médiocres, sont tout ce qui reste de l'ancien mobilier de la paroisse.

Au fond de la place irrégulière qui entoure Saint-Nizier, aux côtés nord et ouest, il y avait une grande maison délabrée qui servit successivement d'asile pour les orphelines de la Providence, de Petit-Séminaire et d'Ecole normale primaire.

Au sommet de la place à droite, la rue des *Deux-Paroisses* conduit dans un quartier peu fréquenté, habité maintenant comme autrefois par une population besogneuse. Le nom de Deux-Paroisses vient du partage des paroissiens entre Saint-Nizier et Saint-Aventin ; le vocable ancien de la rue était Chardonnay qui implique une localité à terrains vagues et inhabités. Les noms bizarres de l'*Ourdebourg,* des *Trois-Merles,* du *Soleil,* de la *Pierre-d'Amour,* se sont effacés sous celui de *Saint-Aventin.*

La *Pierre-d'Amour* n'est pas hélas ! le titre d'une légende de cœur ; c'est un indice de prostitution. Les filles de joie si nombreuses au moyen-âge, dans les villes de commerce, avaient un de leurs centres dans ce quartier détourné et mal habité. Les hôtelleries du vice étaient le pendant de celles des voyageurs.

Nous ne croyons pas à une galanterie municipale à l'adresse de l'intendant Pierre Damours, simple conseiller au Parlement, qui vint à Troyes après la reddition de la ville sous Henri IV. Elle constituerait une exception aux désignations topographiques traditionnelles ou de destination si persistantes qu'elles n'ont pas cédé pour des personnages bien plus considérables. D'ailleurs c'eût été une épigramme.

L'*Our de Bourg*, prolongement de la Pierre d'Amour, signifie littéralement : *Boue sale ou puante* (*Orde-Boue*); on nommait ainsi la rue depuis le XVe siècle.

Une enseigne, où l'aspect du levant explique le nom de Soleil ;

Les Trois-Merles étaient figurés sur une enseigne ;

Quant à la rue de Saint-Aventin, elle a pour origine la sépulture du saint sur laquelle s'éleva une petite église qui occupait l'angle de la rue et du rempart. Le dernier curé de cette paroisse, l'abbé Fardeau périt massacré en 1792, sur la place des Comtes, pour n'avoir pas plié devant les exigences de quelques misérables dont le crime resta impuni.

Les appellations de *Petite et grande Courtine* appliquées à deux rues conservent le souvenir d'un appareil militaire.

Celles des *Trois-Ormes* et du *Bon-Pasteur* rappellent des hôtelleries : *Ganguerie* semble venir de *gagnage* (mot du vocable agricole parfaitement explicable dans un quartier marécageux où les jardins occupent plus de place que les maisons). Le nom des *Guillemets* est celui d'une famille. Dans le *Rognon* et la *Tuerie*, qui qualifient en les désignant, deux voies aboutissant à l'ancien abattoir, il n'y a pas à chercher d'étymologie.

ANCIEN ABATTOIR.

Il date de 1439. On le nommait alors l'*Ecorcherie* ou la *Tuerie*. Sa création fut motivée par les inconvénients et l'insalubrité résultant de l'usage de tuer le bétail à domicile. Leurs conséquences sont énergiquement retracées dans un règlement du 23 mars 1439, qui attribue aux infections :

> *« Les pestilences de mortalité et d'épidémie, advenant*
> *» à la cité de Troyes en grande diminution du peuple*
> *» d'icelle. »*

Tel était en partie, selon les auteurs du règlement, l'effet de l'usage des bouchers de tuer les bêtes *en leurs hôtels.* Cette coutume remplissait les rues, peu ou point pavées alors, de sang et de débris corrompus qui viciaient l'air.

Les maîtres bouchers, qui formaient une corporation riche et puissante, étaient soumis à une obligation assez curieuse. Ils devaient donner chaque année à la Léproserie de Troyes ou Maladrerie Des-deux-Eaux, près de Bréviandes, un char ferré renfermant de vingt-cinq à trente porcs bons et suffisants. Le charriot était conduit en grande pompe, mais les lazzis du populaire ayant fini par offusquer les bouchers, ils ne voulurent plus se plier au cérémonial. La redevance et ses formalités furent converties en numéraire.

Les principales conditions d'exercice de la profession étaient d'être fils de maître, de se faire admettre par la corporation et de prêter serment d'accomplir fidèlement les règlements.

Les bouchers étaient assujettis à la visite du maître et de son lieutenant; ils ne pouvaient vendre que la viande abattue, écorchée et accoutrée à l'abattoir. Défense était faite de vendre ailleurs qu'à la boucherie publique, et le lieu d'habitation, qui était arbitraire pour beaucoup de professions, était imposé et déterminé par les règlements. Les bouchers devaient demeurer, tenir et nourrir leurs bestiaux, tenir et fondre leurs suifs, *« dans le quartier destiné, de temps immémorial, à la demeure des bouchers, appelé quartier de la boucherie. »* L'endroit dont il est question est le voisinage de la paroisse Saint-Denis, entre l'Evêché, le Préau et l'Abattoir. Il y avait aussi des étaux où l'on tuait le bétail dans les *Masqueries* (quartier de la Pie et du Gros-Raisin). L'approvisionnement et le prix de la viande étaient déterminés. Les tripiers ne pouvaient, non plus, vendre que les issues provenant de l'abattoir.

C'est ici le cas de parler des fameuses andouillettes de Troyes, qui ont acquis une réputation presque européenne. Le 12 décembre 1566, la municipalité envoya, pour la première fois, des andouillettes à titre de cadeau à ses chargés d'affaires de Paris. On a vu qu'en 1590 les soldats d'Eustache de Mesgrigny perdirent les traces du duc de Chevreuse en cherchant des andouillettes dans les maisons des tripiers du quartier Saint-Denis. Bien auparavant, Odard Hennequin (1527) avait contribué à la renommée des andouillettes de Troyes en en envoyant à la cour de François Ier, dont il était aumônier.

Les bouchers avaient la jouissance des usages et pâturages de Sancey (Saint-Julien) et de Bréviandes. Ils vendaient la viande crue à l'exclusion des regrattiers, taverniers, pâtissiers et rôtisseurs.

Les faubourgs de la ville, malgré leur éloignement et l'enceinte fortifiée qui apportait une foule d'obstacles aux communications, n'avaient pas le droit de posséder de boucheries. On fit une exception en faveur du faubourg Croncels, pendant la durée des guerres de religion, à compter de 1589. C'est à cette cause que remonte le nom de rue de l'Ecorcherie, donné à une des voies rurales du faubourg. L'exception disparut par décision de la Prévôté du 24 juillet 1693.

Les bénéfices d'un monopole si étendu donnaient aux maîtres bouchers une position très-enviée. Aussi, ceux qui ne pouvaient remplir les obligations des statuts, et voulaient entrer dans la communauté, profitaient-ils des événements politiques pour se faire recevoir par privilége du roi. Sur les plaintes de la corporation, Henri IV supprima cette faveur le 20 juin 1597.

Les Grandes-Boucheries, dont on a vu l'emplacement sur le parcours de la rue Notre-Dame, étaient célèbres par la propriété prétendue miraculeuse d'être à l'abri des visites

des mouches. On faisait hommage à saint Loup de ce privilége. Quelques esprits observateurs et pratiques l'attribuaient
aux courants d'air du nord au midi, et surtout au jour cré-
pusculaire qui régnait sous les travées de l'établissement. Le
fait parut assez intéressant à examiner pour que le lieutenant-général du bailliage, Morel, fît une enquête. Le 15 février 1739, il constata les choses et recueillit les opinions des
membres de toute la communauté, réunis sur place; mais il
s'abstint de conclure. Une expropriation, datant du 25 juin
1847, a entraîné la démolition des boucheries.

Les bouchers de Troyes avaient des armes héraldiques. Ils
portaient *d'azur au couperet d'argent, accompagné de
trois fleurs de lys, deux et une.* L'abattoir, qui est abandonné depuis 1858, consiste dans un vaste hangar ouvert
sur la rive gauche de la rivière de Jaillard; il n'offre d'autre
intérêt que celui que lui donne le passé de la corporation
des bouchers.

FILATURE DE JAILLARD.

La rue de *Jaillard,* conduisant au moulin de ce nom,
explique d'elle-même la raison de son existence.
Par un prolongement moitié pont, moitié chaussée, de
la Grande-Courtine, on tombe en face du Grand-Séminaire, auparavant prieuré de Notre-Dame-en-l'Isle.

En tête de la dérivation du bras droit de la Seine
s'élève une filature de coton très-importante.

Le cours d'eau, qui ne fournit qu'une partie de la force
motrice, combine son action avec celle d'une machine
à vapeur. Cette fabrique, qui n'occupe pas moins de deux
cents personnes, et groupe dans son intérieur une usine
à gaz d'éclairage, des ateliers de teinture, de tricots
circulaires et de mécanique, a eu des commencements
très-modestes.

Au XIIe siècle, il n'était qu'un pauvre moulin appartenant aux religieuses de Foicy, qui le cédèrent, en 1191, à

l'évêque de Troyes, Haïce de Plancy. On le nommait alors le moulin du Pré-l'Evêque. L'année suivante (1192), l'évêque le transmit au Chapitre de la cathédrale qui le posséda jusqu'à la Révolution. En 1791, ce moulin, dans lequel les chanoines avaient fait de grandes dépenses d'amélioration, fut vendu à des particuliers. En 1826, à côté du moulin s'éleva une filature qui, graduellement agrandie, atteignit bientôt ses proportions actuelles. Au temps de la possession des chanoines, le moulin de Jaillard était discrédité. Pour empêcher les chalans de se porter ailleurs, le Chapitre prit le parti d'excommunier ceux qui les détournaient d'y moudre. Cette application industrielle, d'une arme ecclésiastique, souleva beaucoup de récriminations et n'imposa silence ni aux railleurs, ni aux concurrents, qui s'armèrent de l'avis de Sébastien Rouillard, avocat, pour mettre leur conscience en repos. Rouillard, dans une consultation compendieuse, datée de 1610, conclut en déclarant l'excommunication *surannée et hors de saison.*

Le moulin, de plus en plus effacé par la filature, a vu la farine rendre les armes au coton.

GRAND-SÉMINAIRE.

A l'extrémité de la chaussée de Notre-Dame-en-l'Isle, une grande surface couverte de bâtiments, de jardins, de charmilles, et entrecoupée de cours d'eau, se montre tout-à-coup en face du quartier des tripiers et des boyaudiers. C'est le Grand-Séminaire.

Il n'y a pas dans toute la ville, si on excepte de la comparaison quelques monastères situés dans les faubourgs, un établissement ou un hôtel d'autant d'importance.

Un vaste corps de logis avec ailes de retour, fermées en façade par une grille de fer, s'ouvre et s'éclaire sur un jardin assez vaste pour comprendre des terres arables et des cultures maraîchères.

C'était un ancien marais, — *le marais de Cuchaud.*

L'évêque Hervée permit, en 1222, aux chanoines réguliers du Val-des-Ecoliers d'y établir une maison placée sous l'invocation de Notre-Dame-de-l'Assomption. De là le nom de l'endroit, et de sa situation hydrographique la désignation d'*En Isle*, qui y fut ajoutée.

La réunion de l'ordre du Val-des-Ecoliers à celui des réguliers de Sainte-Geneviève modifia la constitution de l'ancienne communauté en 1653.

Ce fut sous la direction des prieurs **J.-B.** Pepin et Simon, son neveu, que les bâtiments d'habitation s'élevèrent et que les jardins furent plantés de charmilles, décorés de parterres, et arrosés par des canaux. Ces travaux du temps de Louis XIV sont distribués sur le plan monastique que réclamait sa destination ; mais les bâtiments furent refaits entièrement sous Louis XV (1775). De longues galeries de cloître en plein-cintre circulent sur les trois retours de la façade extérieure. Le reste se compose de salles et de cellules.

Devenue simple prieuré au commencement du **XVIII**e siècle, la maison des religieux de Sainte-Geneviève fut réunie au domaine épiscopal en 1709. Bénigne Bossuet, évêque de Troyes, établit, en 1720, dans le couvent de Notre-Dame-en-l'Isle, le Grand-Séminaire et les prêtres lazaristes, ses directeurs, qui étaient alors aux Bas-Clos (faubourg Croncels).

Quoique compris parmi les biens nationaux, l'ancien séminaire est revenu à sa destination primitive. La ville de Troyes, à laquelle on l'avait cédé pour en faire une caserne, transigea sur le litige élevé à propos de cette possession, de sorte que l'établissement est devenu définitivement diocésain.

L'ancienne chapelle a été démolie en partie lors de la reconstruction de 1775. Il n'en reste que les anciens transsepts. On y voit la trace de modifications qui remontent au **XVI**e siècle.

Entre les quatre murs de ces transsepts, M. E. Millet, architecte, a établi une décoration du **XIII**e siècle. Les voûtes de craie ont été remplacées par des voûtes de bois. Les murs ont été percés de fenêtres en ogive aigüe. De chaque côté, dans le sens de la longueur, se rangent des colonnes annelées et reliées aux murs à moitié de leur élévation.

Sur leurs chapiteaux à crochets, couronnés de tailloirs polygones, retombent les nervures de la nouvelle voûte qui offre une section en berceau le long du passage ménagé entre les parois et les colonnes. L'architecte a voulu compléter cette miniature ogivale en la couvrant de décorations polycrômes. Le résultat de la tentative est tout en faveur des églises sans peintures.

ANCIENNE ARQUEBUSE.

Dans l'île, à laquelle l'ancien couvent de Notre-Dame a donné son nom, se trouvent encore en partie les anciens bâtiments et les jardins de la Compagnie des Arquebusiers. Ils sont limités par le Grand-Séminaire, par le cul-de-sac nommé abusivement rue Neuve-des-Bains, par la chaussée de la Planche-Clément et le cours Saint-Jacques (ancien rempart).

Les arquebusiers ne furent qu'une transformation des arbalétriers, comme ceux-ci étaient eux-mêmes les héritiers des anciens archers. Les armes avaient changé, mais les associations avaient conservé le même but, celui de s'exercer au maniement des armes. Dans un temps où tout se jetait dans le moule de la corporation ou de la communauté, et se réglementait avec autorisation et privilèges, les compagnies d'archers, d'arbalétriers, puis d'arquebusiers, ne pouvaient être constituées sur des bases différentes. Au besoin, l'amateur, soumis d'ailleurs à des obligations militaires, devenait un soldat d'élite. Ces considérations avaient engendré diverses faveurs qui donnaient au titre de chevalier ou de compagnon de l'arquebuse une importance fort recherchée. D'abord accessibles à tous les citoyens qui remplissaient les conditions réglementaires, les compagnies de l'arquebuse, dans le dernier siècle de leur existence, ne se recrutaient plus que parmi les gens de loisir. L'exclusion des artisans prouvait dès lors que l'amusement avait pris le pas sur l'utilité. La transformation des éléments militaires explique très-bien la dernière phase de l'institution.

Le faubourg Croncels et les Hauts-Clos, sa dépendance, la rue de la Petite-Tannerie, le quartier Saint-Nicolas et le faubourg Saint-Jacques, furent tour à tour les endroits choisis pour les exercices des arbalétriers et des archers. Quoique Louis XII ait institué des compagnies de l'arquebuse en 1501, nous ne croyons pas que Troyes ait eu la sienne dès ce temps-là. La preuve s'en trouve dans une demande faite le 22 février 1523, par Jean Molé, seigneur de Villy-le-Maréchal, et plusieurs autres, afin d'être autorisés à établir à Troyes un jeu de l'arquebuse. Sur cette demande, le 4 mars de la même année, le maire et les échevins accordèrent à la compagnie la place qu'occupaient les arbalétriers du *faubourg Croncels*, et promirent de contribuer chaque année à la dépense des joyaux à donner en prix. Des lettres-patentes de François Ier, en date de 1523, confirment nos probabilités.

Du faubourg Croncels, et après diverses vicissitudes, la compagnie s'installa, vers 1620, dans les bâtiments qui furent élevés à la Planche-Clément. Dans le fond du jardin s'élevait un joli pavillon de brique (style Louis XIII), qui a été démoli. L'intérêt qui pouvait s'attacher aux dispositions des jardins, à la butte sur laquelle s'élevait la perche couronnée d'un oiseau de métal, à la décoration et aux attributions de l'hôtel, n'existe qu'à l'état de souvenirs. Comme toutes les autres corporations, la compagnie de l'arquebuse fut supprimée en 1790. Les seuls, mais les plus remarquables objets qui décoraient l'hôtel de l'Arquebuse, sont de magnifiques vitraux exécutés par Linard Gonthier, de 1621 à 1624. Ils sont, maintenant, aux fenêtres de la bibliothèque publique.

La devise des arquebusiers était *Bourses de Troyes* ; leur surnom, les *Bons Camarades*. Des fêtes brillantes étaient provoquées par les luttes de tir qui s'établissaient entre les compagnies d'une même circonscription, lorsqu'on donnait un prix général. L'adresse constituait le seul titre aux dignités de la compagnie. Celui qui abattait l'oiseau était proclamé *Roi*. S'il continuait trois fois de suite à garder sa supériorité, il devenait *Empereur*. Les officiers étaient nommés par élection. Entre autres privilèges, les dignitaires des arquebusiers jouissaient de la franchise des droits d'octroi lorsqu'ils entraient des vins. Le nombre des fûts était déterminé selon l'importance des grades. Un certain nombre d'exemptions du service militaire fut aussi accordé aux familles des arquebusiers.

La rue, on dirait mieux la chaussée de la *Planche-Clément*, — indication de l'existence d'un pont — conduit à la chaussée des huches à poisson qui encombraient le lit de la rivière en amont de Jaillard. Mais, avant d'y arriver, on croise la rue *Neuve-des-Bains*, ainsi nommée de l'établissement fondé en 1768 par M. Rousselet, maître en chirurgie. Les Bains actuels sont sur le même emplacement. Le fondateur, qui avait donné à son entreprise les garanties d'un privilège, rêvait un équivalent des établissements thermaux, au point de vue récréatif. Il avait imaginé des fêtes publiques dont le signal fût donné par un feu d'artifice. Aujourd'hui, ces bains se renferment modestement dans le cercle des baignoires et des robinets.

La chaussée des huches, aujourd'hui classée parmi les quartiers sans nom, était le centre des approvisionnements monastiques pendant le Carême. Le poisson était parqué dans des réservoirs de bois fixés par des pieux au fond de la rivière. On en comptait plus d'une vingtaine. Ces huches firent frayer plus de procès que de poisson, car le Chapitre de la cathédrale, propriétaire des moulins de Jaillard, y voyait un obstacle au cours de l'eau, et plaidait sans cesse contre le Chapitre de Saint-Etienne, propriétaire du canal, et l'abbé de Montier-la-Celle, auxquels les huches appartenaient. Le dernier réservoir de cette espèce a été condamné à disparaître en 1853.

Le réseau de rues, de ruelles et d'impasses compris entre le moulin de Jaillard, l'évêché et la rivière, est l'ancien bourg de Saint-Denis, qui causa au comte

Henri Ier le désagrément de faire réparation au Chapitre et de perdre un chapeau.

Dans la rue de la *Crosse,* qu'absorbe maintenant celle du Vert-Galant, l'évêque avait des caves où il faisait vendre son vin. L'ensemble de l'établissement s'appelait l'Hôtel-de-la-Crosse.

On a vu, à propos de l'ancien abattoir, que les bouchers, les tripiers et les boyaudiers étaient cantonnés au quartier de Saint-Denis. L'église, qui occupait la place de ce nom, était la paroisse de la corporation. C'était une construction romane du XIIe siècle, et dont quelques chapiteaux moulés, déposés au Musée, font singulièrement regretter la perte. La date et la valeur artistique de l'église eussent dû la préserver de la démolition. Malheureusement la suppression et l'enchère ont passé par là. Au coin de la petite rue de l'Evêché, du côté de celle du Vert-Galant, s'élevait encore, en 1835, une tour qui faisait partie de l'ancienne enceinte gauloise.

Le *Préau,* aujourd'hui dépendance du port, nous amène sur la rive gauche du canal dont nous avons exploré la rive droite, et nous laisse voir à son extrémité méridionale le *Cloître de Saint-Etienne.*

Cette rue, maintenant si paisible, a eu ses jours d'agitation et d'émotions militaires; les menaces de la révolution y ont aussi jeté l'alarme.

D'abord ce fut le quartier claustral affecté aux chanoines de la collégiale du palais des Comtes. Il se fermait, pour s'isoler de la ville, à des heures réglées. C'était un reflet des habitudes monastiques. Les chanoines y habitaient ou devaient y habiter seuls. On sait, pourtant, que peu à peu les cloîtres s'humanisèrent et que les maisons laïques finirent par s'y montrer à côté des maisons canoniales. Longtemps avant que la révolution n'eût introduit la liberté d'habitation dans tous les quartiers, les mœurs lui en avaient ouvert les entrées.

Le comte Henri Ier avait donné les terrains du cloître Saint-Etienne aux chanoines de sa collégiale ; il y avait joint des droits et des privilèges immenses dont nous rencontrons partout la trace : dans les marchés, dans les foires, sur les cours d'eau, aux bains publics, aux étaux, dans les boutiques des fourniers, des pâtissiers, des boulangers, partout où il y avait des redevances à toucher, on se heurtait contre quelque agent de la collégiale.

Dans le nombre des monopoles du Chapitre, il y en avait d'exorbitants. Ainsi, en 1406, un procureur de Troyes, qui avait établi des bains chez lui, fut poursuivi pour être contraint de les supprimer, à cause du privilège qu'avait Saint-Etienne de posséder seul des bains et des étuves publics. On comprend les effets de la position exceptionnelle faite aux chanoines. Il en résultait des prétentions dominatrices qui conduisaient droit à l'abus ; à cet égard, le chapitre était sur la même ligne que le couvent de Notre-Dame-aux-Nonnains. Il ne reculait ni devant les dangers, ni devant le scandale d'une excommunication, car, en 1381, le pape fulmina contre les chanoines à l'occasion d'une arrestation arbitraire.

La *Ligue*, qui avait pour chefs les notabilités catholiques et les corps religieux intéressés par conviction et par opinion à anéantir les doctrines protestantes, compta les chanoines de Saint-Etienne au premier rang.

Dans cette grande lutte où la force fit souvent sa sanglante partie, les religieux troquaient le froc et l'aumusse pour la cuirasse. En 1589, le chapitre de Saint-Etienne prit une attitude tout à fait militaire. Son doyen Yves-le-Tartier fut enlevé et fait prisonnier le 8 octobre, par les calvinistes. Dans le mémorable combat du 17 octobre 1590 (*journée des barricades ou de Saint-Lambert*), on retrouve le même Yves-le-Tartier à la tête de ses chanoines, l'arquebuse à la main, sur une barricade élevée à l'entrée du cloître. L'intrépide doyen mourut en capitaine, au poste qu'il occupait, frappé par une balle royaliste.

A cette époque, le cloître était devenu une véritable place forte. Sous la seule condition de ne pas élever de barricades et de ne pas mettre l'artillerie en batterie, les chanoines furent autorisés, par le commandant de la place, à avoir chez eux des fauconneaux (canons de petit calibre).

En 1789, le cloître vit revenir les alarmes de la Ligue. Des soldats furent placés à l'entrée du cloître pour le protéger contre les tentatives de la populace ameutée contre les gens nobles et d'église qui habitaient le quartier. Le 11 septembre, sur une menace d'assassinat, il fallut doubler les postes du cloître. Après l'assassinat de M. Huez, maire de Troyes, plusieurs familles quittèrent la rue et la ville.

Maintenant le cloître des chanoines a pour habitants de paisibles propriétaires, la communauté des sœurs de Bon-Secours, le couvent du Bon-Pasteur, refuge de repenties, et une dépendance du couvent de Saint-Vincent-de-Paul. La maison du Bon-Secours renferme quelques détails de sculpture et une galerie de la Renaissance; au couvent du Bon-Pasteur, M. Millet, architecte, a terminé en 1859 une chapelle en bois avec tour romane en pierre. C'était dans le cloître que demeurait en dernier lieu la famille du baron de Chapelaines (*voir hôtel de ce nom*).

PRISONS. — CORDELIERS.

Il ne nous reste plus maintenant à explorer que le côté nord-est de la ville, compris entre la rue de la Cité, le quai de Nervaux, et celui de l'Abattoir jusqu'à la rue Saint-Jacques.

Depuis la Cité jusqu'à la première écluse du canal, on marche sur l'emplacement de l'ancien ru Cordé dont le quai des Comtes a repris le lit.

La maison de détention placée à l'entrée de la rue Hennequin, — auparavant du Champ-des-Oiseaux, — remplace l'ancien couvent des Cordeliers qui y avait été fixé par Thibault V, en 1258, à la suite d'une translation.

La chapelle de la Passion, monument de la fin du xvᵉ siècle, était d'un grand intérêt. Une salle de bibliothèque était superposée à la chapelle; le fenêtrage en ogive obtuse du rez-de-chaussée, et les baies carrées de celui de l'étage indiquaient les différences de destination. De curieux chapiteaux, un beau retable de pierre peinte et dorée, un grand nombre de tombes consacrées à d'honorables ou d'illustres noms, auraient dû préserver la chapelle de la Passion de la triste substitution qui s'est accomplie. En la démolissant on n'a pas eu l'excuse de la sécularisation révolutionnaire, car elle existait encore en 1833, et la raison d'utilité matérielle n'avait rien à opposer contre sa conservation. Cet édifice, à double destination, serait précieux aujourd'hui, car on manque de grands bâtiments publics pour une foule d'usages et de réunions. Il semble, du reste, que les Cordeliers fussent prédestinés. En 1792 et 1793 ils servirent de prison aux suspects. Aux Cordeliers étaient les sépultures de la famille de Mauroy, de celle des Juvénal des Ursins, la tombe d'un Colbert, de la famille du ministre de Louis XIV. Dans ce nécrologe rayonne le nom de Pierre Pithou, l'une des plus grandes figures de la galerie biographique de Troyes. Aux côtés du procureur-général au Parlement, était son frère François, le fondateur du collége. Jean Poterat, qui introduisit à Troyes la fabrication des futaines en 1552, reposait aussi aux Cordeliers. Il ne faut pas omettre, en passant, une circonstance intéressante : Hennequin, docteur en Sorbonne, donna en 1651 sa bibliothèque aux Cordeliers, à la condition qu'elle serait à la disposition du public. On a bien fait de consacrer le souvenir de cette création intelligente et libérale en donnant le nom d'Hennequin à la rue qui fut le berceau de notre riche bibliothèque.

Adossé au ru Cordé, et occupant l'angle des quais de Nervaux et des Comtes-de-Champagne, est un établissement à double destination, c'est le temple protestant.

TEMPLE PROTESTANT.

L'histoire du protestantisme, à Troyes, est en même temps un long chapitre de l'histoire politique et municipale.

Nous ne pouvons que résumer les principaux faits dont il a été la cause et le prétexte. On a, d'ailleurs, rencontré déjà beaucoup d'épisodes de cette histoire au courant de la topographie.

On peut fixer à 1520 la date de l'introduction du luthérianisme à Troyes. Il débuta par des livres clandestinement distribués, par des discussions particulières, c'est-à-dire, comme débutent les propagandes d'opinion et de croyance. L'évêque Guillaume Parvi prit le seul moyen qu'il y eût à opposer aux nouvelles idées, en veillant aux doctrines, à la discipline et aux mœurs ecclésiastiques. L'abus, l'enrichissement outré des couvents, l'ignorance, la dissolution, l'oubli des préceptes religieux, la violence et la persécution ouvrirent à la Réforme une porte trop large pour qu'elle ne prît pas de grandes proportions. Le mot *réforme* signifiait plutôt pour le peuple une suppression des abus qu'une transformation dogmatique.

L'évêque Guillaume Parvi réussit d'abord à préserver à peu près son diocèse des idées luthériennes; mais Odard

Hennequin, son successeur, se vit en face d'une recrudescence à laquelle il opposa le même système que celui de son prédécesseur : il proclama la gratuité trop oubliée du baptême, il réforma des coutumes qui favorisaient les récriminations, supprima tout ce qu'il put des abus qui servaient de texte aux novateurs, ainsi qu'on en a la preuve dans un livre imprimé sous ce titre : *Le trafic et train des marchandises que les prêtres exercent en l'Eglise*. Un prêtre des Essarts-le-Vicomte, près de Sézanne, Jean Dubec, imita Luther, apostasia, se maria, et prêcha contre le catholicisme. Malgré les efforts qu'on fit pour le ramener, il persista dans son apostasie, et fut condamné au bûcher. On le dégrada publiquement le 9 juin 1543. Il fut ensuite étranglé et brûlé sur la place de l'Étape-au-Vin.

Après Luther, Calvin, et tous les hérésiarques de second ordre.

Un cordelier de Troyes, Pierre Morel, commença comme Jean Dubec, mais finit mieux. Après avoir prêché le calvinisme, il abjura et rentra dans l'ordre des Franciscains. Un marchand, nommé Jean Macey, luthérien passionné, et Jean Moreau, l'imprimeur du livre dont nous venons de parler, furent également brûlés (1549).

L'avénement à l'épiscopat de Caracciole, prince d'origine italienne, fut pour les réformés une bonne fortune. Caracciole penchait visiblement du côté des idées nouvelles. Ses sermons, empreints de luthérianisme, soulevèrent l'indignation des catholiques; il y eut une émeute et des manifestations qui rendirent l'évêque plus circonspect. Bien lui en prit, car un jour de 1553, pendant un sermon à Saint-Jean, tout était préparé pour faire crouler une voûte sur sa tête, aux premiers mots mal sonnants.

Mais Caracciole, persévérant dans la voie où il s'était engagé, conférait avec les Huguenots, à l'évêché et dans une maison de la rue des Lorgnes (1553). Son exemple enhardissait les dissidents qui en 1554 brisèrent les statues, les croix, qui décoraient les cimetières de Notre-Dame, de Saint-Jacques et divers endroits. Il y eut procession expiatoire. Les rigueurs judiciaires continuèrent, mais sans aller d'abord aussi loin qu'on pourrait le supposer à la suite des supplices de Dubec, de Moreau et de Macey. La prison était l'arme principale employée, mais sans résultat.

Comme de la religion catholique il avait dérivé à la doctrine de Luther, Caracciole abandonna Luther pour Calvin. En 1557, nouvelle guerre aux images, nouvelles représailles. Le nombre des Calvinistes croissait toujours. La rue Moyenne, remplie de dissidents, s'appelait, par allusion à cette circonstance, la *Petite-Genève*. Les années 1559, 1560, 1561, sont marquées par des troubles, des profanations, et comme toujours, par de sanglantes exécutions sommaires. Les magistrats essayèrent vainement de maintenir la tranquillité en défendant, sous peine de la corde, aux catholiques et aux protestants de s'injurier.

Le premier prêche public fut ouvert dans une grange de la *Corterie aux chevaux* (rue du Bois). Il y eut d'autres lieux de réunion, notamment la Butte-aux-Archers. Cependant les désordres continuaient. Les catholiques et les protestants luttaient de violence, au lieu de se tolérer réciproquement. De sorte que, pendant ces temps déplorables, on ne trouve à enregistrer que des agressions et des homicides à mettre au compte des deux partis. Plus nombreux et plus puissants que les calvinistes, ayant d'ailleurs le pouvoir royal et ses officiers de leur côté, les catholiques ont naturellement à leur compte un plus grand nombre d'excès. 1562 est une année remplie d'épisodes de cette terrible guerre civile qui aboutit à la Saint-Barthélemy.

Le 27 août 1572, le massacre des protestants commença à Troyes. Les arrestations, les visites domiciliaires, les assassinats particuliers furent couronnés le 4 septembre par cet égorgement épouvantable dont il est question à propos du château de la Tour. Anne de Vaudrey, bailli de Troyes, n'eut pas, en stimulant les assassins, la triste excuse d'un ordre supérieur. Au contraire, malgré l'ordre reçu depuis deux jours, d'épargner et de mettre en liberté les protestants, il voulut que les massacres de Troyes devinssent le lugubre pendant de ceux de Paris. Et quand les malheureux enfermés aux prisons du château furent massacrés, il fit publier les ordres qu'il avait reçus et dissimulés. Bien autrement inspiré, l'évêque Claude de Beauffremont, loin d'imiter son prédécesseur, combattait l'hérésie par la persuasion ; mais arrivées au point où elles étaient, les passions n'étaient pas faciles à calmer. Il y avait trop de sang versé de part et d'autre ; les haines étaient trop profondes pour que la voix de la raison fût écoutée, et pour que les partis consentissent à désarmer. La Ligue, maîtresse absolue de Troyes, fit émigrer les dissidents ou les força à dissimuler. L'Edit de Nantes eut seul le pouvoir de ramener la tranquillité, sans éteindre cependant le vieux levain qui entretenait les rancunes réciproques des calvinistes et des catholiques.

La révocation de l'Edit de Nantes, sous Louis XIV, ramena les persécutions, et fut le signal de cette immense émigration qui arracha à la France une foule de familles obligées de demander à l'étranger la tolérance et la liberté que leur refusait la mère-patrie. En 1685, M. de Miromesnil, intendant de Champagne, chargea son subordonné, Jean Comparot, de se transporter dans toutes les paroisses de l'Election de Troyes, où il y avait des Réformés, pour leur donner avis de la suppression de l'exercice de toute religion autre que la religion catholique, apostolique et romaine, et leur faire abjurer leurs croyances.

Jean Comparot, assisté du lieutenant du grand prévôt de Champagne, d'un exempt de la compagnie de robe courte, d'un greffier, de dix-sept archers de la maréchaussée, et de deux archers de robe courte, commença son expédition et parcourut les localités où résidaient des protestants. Il avait été précédé par des missionnaires chargés de préparer les abjurations. Il fit comparaître les réformés. Chez ceux qui refusèrent de se soumettre à l'Edit, il fit des perquisitions, brûla les livres calvinistes, et leur imposa des archers comme garnisaires. Quant à ceux qui se soumirent, ils allèrent faire abjuration publique à l'Eglise. Il est nécessaire d'ajouter qu'à cette époque le nombre des protestants avait beaucoup diminué, et qu'il n'y eut pas à constater en Champagne d'équivalents aux trop célèbres dragonnades des Cévennes.

Cent quarante-huit ans s'étaient écoulés sans que le protestantisme eût pu reparaître publiquement, sauf deux ou trois actes accidentels et presque intimes. Cependant, il y avait à Troyes un groupe de familles dissidentes. Cette circonstance, signalée à M. Gerber, pasteur du Haut-Rhin, par un de ses co-religionnaires, le détermina à venir à Troyes en novembre 1833. Etabli rue Moyenne, n° 15, au lieu même où le calvinisme avait pris naissance au XVIᵉ siècle, M. Gerber réunit chez lui quelques personnes, puis loua une grande salle au n° 51. Après l'accomplissement des formalités légales, la nouvelle salle fut inaugurée.

Le 6 septembre 1835, le temple fut transféré à l'angle des rues du Palais-de-Justice et des Quinze-Vingts, n° 2. Pour la première fois, la Communion protestante s'y accomplit.

Officiellement reconnue le 6 septembre 1840, l'Eglise réformée de Troyes fut affiliée au consistoire de Meaux. Après la vente de la maison où ils étaient établis, le 1ᵉʳ décembre 1845, les protestants obtinrent de la ville l'ancien hôtel de Montier-la-Celle, rue du Flacon.

A M. Gerber, envoyé dans les Basses-Pyrénées, succéda M. Cabanis, confirmé par ordonnance royale du 12 août 1846.

La ville ayant besoin du petit Montier-la-Celle pour la garnison, les protestants n'eurent momentanément pour lieu de réunion que l'appartement du pasteur.

A l'arrivée de M. Recordon, qui remplaça M. Cabanis, nommé dans la Lozère, le 15 juillet 1848, la salle de vente n° 51, rue Moyenne, fut affectée au culte. Six mois après, nouvelle translation rue de la Monnaie, n° 36. Après environ dix années, M. Recordon, vaudois de naissance, mais descendant d'une famille française exilée par les événements, parvint, à force de patience et de volonté, à donner à ses co-religionnaires un lieu de réunion définitif, à l'abri des incertitudes de la location et de la bonne volonté de l'administration.

Il y a loin de la grange de l'ancienne corterie, de la butte aux archers, des chambres et des salles dont nous avons dressé la liste, à la construction qui appartient maintenant aux calvinistes de Troyes.

A l'honneur des mœurs actuelles et de la tolérance administrative et religieuse qui a consacré le libre exercice des croyances, les dissidents de Troyes n'ont plus à redouter les terribles épreuves d'une autre époque. Ils pratiquent paisiblement et officiellement leur culte. Le contraste est d'autant plus saisissant, que, par un de ces rapprochements bizarres qui sont si familiers au hasard, le temple s'élève à quelques pas du château où tant de protestants furent massacrés en 1572.

L'édifice, entrepris le 1ᵉʳ décembre 1857, a été terminé le 1ᵉʳ avril 1859. L'inauguration en a eu lieu le 19 mai suivant. L'ensemble des bâtiments servant au culte et à l'habitation du pasteur, a coûté 95,596 fr., y compris le terrain cédé par la ville. Le gouvernement a contribué à la dépense pour 41,000 fr., la ville, pour 11,500 fr. Le surplus est resté à la charge des religionnaires.

Le temple, exécuté par MM. Boulanger et Carrel, architectes à Troyes, est une imitation de l'art roman. Établi sur le plan d'un carré long, percé sur chaque face latérale de quatre fenêtres étroites en plein-cintre, l'édifice, en façade, a une physionomie monumentale. Une seule porte sous voussure, dont la baie est à linteau droit, conduit dans l'intérieur. Trois fenêtres cintrées se rangent sur la même ligne au-dessus; celle du centre, comme la porte, comme un arc supérieur à fond en damier, percé d'un *oculus*, s'encadre entre deux éperons soutenant une tour carrée. Cette tour, assise en œuvre, au sommet du pignon, est percée sur chaque face de baies plein-cintre géminées. Une flèche ardoisée flanquée de quatre clochetons couvre la tour. Les quelques détails décoratifs de l'extérieur consistent en modillons, en moulures d'archivoltes, en petits chapiteaux. L'intérieur, subdivisé du côté de l'entrée en deux compartiments, consiste dans une grande salle sans ornements.

Tout l'ensemble de ce coin de Troyes, depuis les Cordeliers et la place de la Tour jusque par devers Saint-Frobert, était l'ancien quartier des Juifs, et le nom de Champ-des-Oiseaux, donné naguère à la rue Hennequin, implique l'idée d'un endroit écarté et rustique, d'accord avec l'isolement dans lequel on parquait les israélites.

CHATEAU ET MOULIN DE LA TOUR. — LA SANTÉ.

Sous le nom assez énigmatique de *Vieille-Rome,* la rue qui conduit à la place de la Tour révèle une habitude de pèlerinage. Les pèlerins allant en Italie se retrouvaient dans une hôtellerie qui leur était particulièrement affectée.

Le troisième château des comtes, le vrai monument de la puissance féodale, se trouvait là. Il en reste une porte heureusement conservée, car c'est le plus vieux débris d'architecture de la ville ancienne. On peut le dater du commencement du XIᵉ siècle. Il a conservé son plein-cintre primitif sous un cordon de modillons cylindriques à fleurons crucifères, et un *oculus* encadré de la même manière. Le passage de la herse se voit en deçà du grand arc extérieur.

Une inscription rappelle l'origine du château.

Le donjon devant lequel les vassaux des comtes, puis ceux de la couronne venaient jurer foi et hommage, était au bord de la rivière, en face de l'entrée de Nervaux. Ses ruines n'ont disparu que depuis 1838 ou 1840. Ce donjon, établi sur un plan carré, était antérieur au XIIᵉ siècle.

Prison au XVIᵉ siècle, le château fut le théâtre d'un des plus abominables épisodes de la Saint-Barthélemy. Le 4 septembre 1572, les Huguenots enfermés aux prisons du *Rondeau,* comme on nommait alors le château à cause de sa disposition circulaire, furent massacrés sur les ordres du bailli Anne de Vaudrey, par des sicaires qu'on avait eu le soin d'enivrer. Un homme dont le nom flétri a passé à la postérité, Barthélemy Carlot, tonnelier, égorgea à lui seul trente prisonniers ! On peut juger des proportions du massacre. Le sang, coulant en ruisseau, alla teindre les eaux du ru Cordé. Une vaste fosse creusée derrière la chapelle, sur la gauche, en retraite de la porte actuelle, reçut les cadavres des victimes. Triste contraste, une salle de danse convertie en garde-meuble des commissaires-priseurs, s'élève sur l'emplacement. Arsenal, magasin à poudre après avoir été prison royale et château féodal, le *Rondeau* est couvert d'habitations et de jardins.

Au fond de la place, la Recette générale occupe l'emplacement du prieuré de Saint-Jean-Châtel, qui devint un hôpital de pestiférés au xvie siècle, puis en 1619, une succursale des hospices de la ville, sous le nom de *la Santé*.

Le *tic-tac* monotone du babillard et le bruissement du vannage attirent l'attention sur le MOULIN DE LA TOUR. Aussi ancien que le donjon qu'il rappelle, ce moulin passa du domaine des comtes de Champagne entre les mains du chapitre de Saint-Étienne en 1157, puis dans celles des Bénédictines de Foicy. Simultanément le chapitre de Saint-Pierre, celui de Saint-Étienne et le prieuré de Saint-Nicolas de Pougy, possédèrent ce moulin. De 1817 à 1818, une filature de coton s'établit au moulin de la Tour. L'usine est revenue maintenant au son et à la farine.

Avant de quitter ce coin de la ville, expliquons l'origine des noms de Crémone (dernière section du Grand-Cloître), des Sonnettes, des Tournelles, du Fort-Bouy et de Surgale.

Quartier général de la tisseranderie, vers le déclin de sa prospérité, la rue Surgale ou Surganne, ainsi nommée dès le xiiie siècle, est encore un problème que n'a pu résoudre le savant auteur des *Rues de Troyes* (1). Crémone, se justifie par les relations commerciales de l'Italie avec Troyes; les Tournelles rappellent l'appareil extérieur d'une maison flanquée de tourelles. Pour les Sonnettes auparavant des Clochettes, un signe extérieur ou un atelier de fondeur peut également justifier les deux noms.

A la rue de Crémone se soude une autre section

---

(1) LES RUES DE TROYES *anciennes et modernes*, par M. Corrard de Breban. 1857.

du Grand-Cloître, connue sous la désignation mal sonnante des Cochons. C'est d'un bas-relief maintenant détruit, et représentant un troupeau de porcs avec leur gardien, que vient le vocable tout récemment officiel, qui a disparu.

L'ANCIEN PRIEURÉ DE SAINT-QUENTIN existe en partie dans la rue de Crémone. On voit encore son petit portail ogival du XIVe siècle, avec des moulures cylindriques en archivolte, en trilobes au tympan; son intérieur est voûté. On faisait des pèlerinages pour la guérison de l'hydropisie au prieuré de Saint-Quentin qui possédait des reliques de son patron. Mais les abus commis à l'égard des hydropiques motivèrent des censures. Ce n'était pas sans motif, car les délégués de l'abbaye de Molêmes, dont Saint-Quentin était une dépendance, avaient trouvé un moyen fort original, mais aussi indigne que lucratif de taxer les pèlerins. On les plaçait sur l'un des plateaux d'une balance; dans l'autre on mettait l'équivalent en poids, de cire, de chanvre et de marchandises qui devenaient la propriété des desservants du prieuré. Le pape Innocent VIII mit un terme à ce scandaleux commerce en 1490.

L'aboutissant de la rue du Grand-Cloître (Crémone) est le quartier de Nervaux, le dernier refuge du patois et des idiotismes troyens. Ajoutons des goîtres que l'assainissement de la ville a fait disparaître. On y trouvait la porte de Chaillouet au XVe siècle. Par le quai qui a succédé à l'ancien rempart, on arrive à la *rue Saint-Lambert*, celle par laquelle les soldats d'Eustache de Mesgrigny descendirent après avoir escaladé les murailles, le 17 septembre 1590. Il ne reste plus que le pied du pavillon de Chaillouet et des tours Saint-Quentin et Barbazan, qu'on voyait encore presque en entier en 1856, ainsi que la tour Charlemagne, dont la place est marquée par le nom d'une rue de dégagement.

NOUVEL ABATTOIR.

L'endroit où l'on a construit cet établissement s'appelait le *Fort-Bouy*. La rue qui y aboutit a conservé ce nom qui n'est qu'une corruption de *four* Bony. S'il est probable qu'il y avait là un four banal, il est certain que bien avant qu'il n'existât une *villa* gallo-romaine se trouvait sur la place. Les fouilles pratiquées pour asseoir les fondations de l'abattoir, dans le cours de 1855, ont amené la découverte d'un pavage en mosaïque dont les fragments sont déposés au Musée.

L'abattoir, ouvert le 7 mars 1858, fait honneur au présent aux dépens du passé. Il a été construit par M. Fléchey, architecte de la ville.

Il n'y a aucune comparaison à faire entre le nouvel abattoir et le hangar, flanqué de huttes décorées du nom d'écuries, qui composent l'ancienne écorcherie de Jaillard. Les bâtiments nouveaux ont une apparence monumentale que nous nous garderons bien de blâmer : tant d'édifices modernes méritent un reproche opposé! Un grand pavillon placé au centre de l'entrée, entre deux grilles, masque la vue de l'axe du grand pignon sous lequel les bouchers font leur besogne. Sous cette construction s'échelonnent les chambres de chaque boucher. La grande allée en dallage, desservant le passage, s'égoutte dans un cours d'eau qui se jette à la Seine. Le sol des chambres, couvert de dalles en pente, se nettoie au moyen de robinets qui chassent les immondices au dehors. Les dépendances sont construites avec soin. L'ensemble réunit les conditions désirables d'hygiène et de commodité. On peut seulement critiquer l'alignement donné sur le quai, à la clôture de l'abattoir, car il interrompt la circulation sur la rive droite de la Seine.

Le retour de l'ancien rempart nous amène à l'entrée de la rue Saint-Jacques, que commandait encore il y a peu d'années, une porte militaire d'un beau caractère, et qu'on a eu la malheureuse idée de démolir. Il en sera question au tour de la ville.

De cette porte jusqu'au bras de la rivière des Cailles, s'étend un quartier d'une origine relativement moderne, ou plutôt dont les conditions primitives ont été modifiées. Thibault IV, poussant l'enceinte de la ville au-delà de la porte des Cailles qui commandait le cours d'eau, expropria une partie des jardins et des vignes dépendant du couvent des Augustins de Saint-Martin-ès-Aires. En 1239, il indemnisa les religieux en leur donnant la pêche des fossés qu'il venait de faire creuser. A cette époque, l'endroit annexé à l'enceinte se nommait le Clos-de-Saint-Martin, indication significative. Le prolongement de la voie publique, de la porte aux Cailles jusqu'à la porte Saint-Jacques, appela naturellement une double ligne de maisons qui devint là rue Saint-Jacques. Il est probable que l'incendie de 1524, en refoulant dans le quartier-bas une partie de la population du quartier-haut, aida à compléter le caractère urbain de la nouvelle rue. C'est ce qui a causé une erreur admise jusqu'à la publication d'un remarquable mémoire de M. Corrard de Breban, sur les enceintes et les fortifications de Troyes, à savoir que la rue Saint-Jacques ne fut créée qu'au commencement du XVIe siècle (1).

C'est donc sur l'ancien territoire de l'abbaye de Saint-Martin que se trouve le tracé de la rue. Son nom lui vient du prieuré de Saint-Jacques auquel, plus tard, se substituèrent les Mathurins ou Trinitaires du faubourg.

COUVENT DU SACRÉ-COEUR ET ORPHELINAT DE SAINT-MARTIN-ÈS-AIRES.

Ces deux établissements remplacent l'abbaye royale de Saint-Martin-ès-Aires, dont la désignation rurale rappelle l'ancienne topographie. Dans l'enceinte de l'orphelinat, on retrouve la maison de l'abbé et le cloître des religieux. L'église du monastère placée au nord-ouest a été démolie. Elle s'élevait sur le tombeau de saint Loup, le grand évêque qui préserva Troyes des dévastations d'Attila.

---

(1) *Mémoires de la Société d'agriculture de l'Aube,* 1854.

C'est dans l'église primitive (570) que Sigebert, Childebert et Gontran, les trois rois mérovingiens, se réconcilièrent en jurant de leur sincérité sur les reliques du saint qui reposaient là depuis 479.

L'abbaye de Saint-Loup prit naissance dans l'emplacement même où son patron avait sa sépulture. Parmi ses abbés, on compte saint Winebault de Nogent, attiré à Troyes par l'évêque Gallomagne. Après l'invasion normande, qui avait tout ravagé, les religieux se retirèrent en ville vers 891, et s'installèrent dans l'emplacement qui est devenu celui de la Bibliothèque et du Musée. L'ancienne abbaye ne fut plus qu'une dépendance de la nouvelle. C'est alors qu'en 1104 les prêtres laissés à la garde de l'établissement élevé à l'ombre du tombeau de Saint-Loup devinrent des réguliers de l'ordre de Saint-Augustin. Sous le règne de saint Louis, des religieux du Val-des-Ecoliers vinrent prendre la direction de l'abbaye (1229). Lorsqu'au XVIe siècle des abbés commenditaires se furent substitués aux abbés réguliers, un nom célèbre dans l'histoire de la Renaissance fut inscrit par François Ier au catalogue de Saint-Martin-ès-Aires. Primatice, le peintre-architecte dont le souvenir se lie à la création du palais de Fontainebleau, devint le supérieur temporel des Augustins. Il succéda, en 1544, à l'évêque de Troyes, Odard Hennequin, qui le premier avait joui de la mense abbatiale; il eut pour successeur Elion d'Amoncourt, dont le riche tombeau décore l'église de Fouchères.

L'église de Saint-Martin-ès-Aires fut reconstruite et décorée par les soins de Jean Thevignon, à la fin du XVIe siècle; elle a été démolie après la Révolution. Daniel Riane, vicaire de l'abbé Gilbert de Choiseul, fit relever, en 1656, les bâtiments claustraux qui tombaient en ruines; son œuvre fut continuée par le prieur Le Gaigneux, et terminée, en 1759, par le prieur Rollin. L'abbé des réguliers de Saint-Martin avait à sa nomination les curés de Sommery, de Neuvy-Sautour, de Sainte-Maure, de Maraye-en-Othe et de Doches.

Les constructions, entreprises en 1656, sont représentées par les bâtiments claustraux établis sur un plan carré. Au rez-de-chaussée, se déploie une galerie en plein-cintre, dont chaque jambage est décoré d'un pilastre saillant à fronton

cintré. A l'étage est tracé un lambris sur lequel reposent
les appuis des fenêtres. Ce lambris, les cadres des fenêtres
et les chaînages qui séparent les ouvertures sont garnis de
bossages.

Dans la galerie est une succession de voûtes d'arête à
nervures en prisme avec rosaces aux rencontres, et appuis
de retombée en consoles. Les portes, qui débouchent sous
les voûtes de la galerie, sont à frontons cintrés et à échan-
crures sur entablements et pilastres. Il reste une jolie salle
du xve siècle dans le bâtiment affecté à l'aumônier. On
termine une chapelle neuve en brique derrière le cloître.
Cette addition, à peu près dissimulée, n'offre aucun intérêt.

Dans les parties anciennes du couvent du Sacré-Cœur, on
voit encore quelques fragments d'architecture du commencement du xviie siècle.

La section de la rue Saint-Jacques, qui ramène à la
rue Girardon, de percement nouveau, et créée en même
temps que le nouvel hospice Saint-Nicolas, commençait au Pont-des-Cailles. Ce Pont, nous l'avons dit, était
commandé par une porte militaire qui subsista jusqu'en
1697. La partie centrale est en ogive, et son tablier,
prolongé en plein cintre, porte au parement une inscription qui mentionne l'élargissement à la date de
1736, sous la mairie de Louis de Mauroy. La maison
n° 36, qui se trouve sur la rive gauche du ruisseau des
Cailles, en amont, est le lieu où naquit, le 27 juin 1806,
le grand statuaire Pierre-Charles Simart, qui succomba
à Paris, aux suites d'une chute de voiture, le 29
mai 1857.

La rue Girardon, pratiquée sur les dépendances de la
bibliothèque, nous conduit directement à l'abbaye de
Saint-Loup. Avant d'y arriver, on rencontre à droite
deux filatures de coton qui occupent l'angle de la rue
et la dernière section du Fort-Bouy. La plus ancienne
et la plus considérable est celle de Meldançon.

C'était dans l'origine un moulin à blé qui fut donné, en

1157, par le comte Henri Ier, aux chanoines de la collégiale Saint-Etienne. On le nommait alors le moulin *au-dessous de la porte de l'Evêque*, dont nous avons signalé l'existence en passant au Pont-Ferré. Il resta voué à la mouture jusqu'en 1824, époque à laquelle la force motrice se partagea entre la farine et le coton. En 1831, dans la nuit de Noël, l'usine devint la proie des flammes. A partir de 1832, la filature employa exclusivement la chute d'eau qui, depuis 1840, a pour auxiliaire une machine à vapeur. Dans cette usine, considérablement agrandie, il y a 5,500 broches. Un atelier de bonneterie circulaire est consacré exclusivement au classique bonnet de coton.

La seconde filature, qui n'existe que depuis 1812, n'avait d'abord pour moteur qu'un simple manége, remplacé, en 1832, par une machine à vapeur. Elle compte 2,400 broches.

BIBLIOTHÈQUE ET MUSÉE

(Ancienne abbaye de Saint-Loup).

Simple chapelle sous le nom de Notre-Dame, l'établissement primitif devint, après l'invasion normande, qui avait détruit l'abbaye de Saint-Martin-ès-Aires, le siège de la nouvelle abbaye de Saint-Loup.

C'était peu après 892.

D'abord chanoines sous la direction d'un prévôt, puis sous l'autorité temporelle des premiers comtes de Champagne et des châtelains de Chappes, les religieux devinrent réguliers Augustins, en même temps que les religieux de Saint-Martin-ès-Aires (1135). Enrichi par les comtes Hugues et Henri, le couvent devint considérable, et sa célébrité s'étendit au loin.

En 1318, l'abbé Persin augmenta les bâtiments claustraux, et embellit l'église. Pierre Andoillette, et surtout Nicolas Forjot (de Plancy), abbés du monastère au xve siècle, contribuèrent à la splendeur de l'établissement et à sa fortune.

Sous l'administration de Forjot, le Chapitre Saint-Pierre, auquel le beau clocher de l'abbaye portait ombrage, fit un de ces procès qui ne sont pas le côté le moins curieux des mœurs du Moyen-Age. Les cloches furent prises à partie, sous le prétexte que la sonnerie troublait les offices. Il y eut expertise, et le Chapitre succomba. Les cloches de Saint-Loup purent sonner à leur aise aux oreilles de Messieurs de Saint-Pierre.

L'abbé Forjot obtint, en 1487, la faculté d'officier pontificalement, crossé et mitré, et de donner les ordres mineurs à ses religieux. Après avoir fait refaire la châsse de saint Camélien, Forjot songea à celle de saint Loup ; par les soins de Papillon, célèbre orfèvre et ciseleur de Troyes, il réussit à combiner, dans un harmonieux ensemble, une série d'émaux qui retracent les épisodes de la vie du saint (1503). Cette pièce d'orfèvrerie, qui provoquait une admiration générale, ne trouva pas grâce devant le mauvais goût du Prieur Cloquet. En 1777, l'orfèvre Rondot fut chargé de l'exécution d'une nouvelle châsse : on trouvait l'ancienne démodée. Ciseleur et dessinateur habile, Rondot construisit une pièce d'orfévrerie dans le style d'une époque où l'art religieux avait perdu son originalité.

En 1533, les abbés réguliers furent remplacés par des commendataires. L'évêque Odard Hennequin en ouvrit la série, cumulant ainsi les deux titres à Saint-Loup et à Saint-Martin-ès-Aires.

Vers la fin du règne de Henri IV, ou au commencement de celui de Louis XIII, les bâtiments claustraux furent l'objet d'une reconstruction. La besogne se fit lentement, car, en 1735, on travaillait encore au bâtiment actuel.

Un symbole, dont le sens avait fini par échapper à la foule, qui n'y voyait plus qu'un spectacle grotesque, existait dans le matériel de procession appartenant à Saint-Loup. C'était un dragon de bronze articulé, connu sous le nom de *Chair Salée*. Le jour des Rogations, ce monstre, assez semblable aux chimères des gargouilles, était porté processionnellement. Le premier jour, on le couvrait de fleurs et l'on jetait dans sa gueule des pâtisseries et des dragées. Le deuxième jour, sa parure consistait en rubans et en pompons ; le troisième et dernier jour, les battements d'ailes, les mouvements de joie et les enjolivements faisaient place à l'immobilité et à la nudité. La *Chair Salée* rentrait morfondue, la queue en avant, dans l'obscurité d'une sacristie. On pense bien que les quolibets et les criailleries du public devaient donner aux Rogations une apparence plus divertissante que religieuse. Mais l'habitude est un vieux pli des mœurs qui ne s'efface que lentement. Il fallut un refus du curé de Saint-Pantaléon, en 1727, de laisser entrer le dragon dans son église, pour que l'évêque en défendît l'exhibition processionnelle. Vendue au poids, la *Chair Salée* a été brisée. Mais son image a survécu (1). A Saint-Quiriace de Provins, à Rouen et dans beaucoup de villes, on voyait des monstres semblables, évidentes allégories du démon ; les noms seuls différaient.

Supprimée et convertie en propriété nationale, l'abbaye de Saint-Loup est devenue à la fois Musée et Bibliothèque.

Le noyau de la collection d'objets d'art a été formé en 1831, grâce aux dons de plusieurs citoyens généreux et intelligents. Il comprend neuf divisions : — Peinture, — Sculpture, — Archéologie et Epigraphie, — Médailles, — Etnographie, — Conservatoire d'industrie. — Zoologie, — Botanique, — Minéralogie.

Dans la section des Beaux-Arts, la collection des œuvres du sculpteur Simart occupe le premier rang.

BIBLIOTHÈQUE.

On a vu que la première bibliothèque, dans laquelle le public fut admis, date de 1651, et qu'elle se trouvait au couvent des Cordeliers doté, par le docteur en Sorbonne Jacques Hennequin, d'une importante collection d'ouvrages.

---

(1) L'image de la *Chair Salée* se trouve figurée sur un chapiteau du XIVe siècle, provenant de l'ancienne abbaye.

Mais il y avait loin de ce dépôt à celui qui remplit l'étage du grand corps-de-logis de l'abbaye de Saint-Loup.

La Bibliothèque publique actuelle n'a pas plus de soixante-cinq ans d'existence. Elle fut constituée en 1795. La révolution eut l'heureux effet de réunir, dans un centre unique, une foule de collections qui offraient à l'étude et aux recherches des difficultés de toute espèce. Voici de quels éléments se compose le fonds de la Bibliothèque de Troyes : — Bibliothèque de Jacques Hennequin, donnée aux Cordeliers en 1651 ; — de l'Oratoire, donnée au collége par François Pithou, — d'Herluison, — de Remi Breyer, — de l'abbaye de Clairvaux, formée en grande partie de la collection du président au Parlement de Dijon Bouhier (c'est le plus riche élément du catalogue). Des deux Séminaires, — des couvents de la Trinité, — des Chartreux, — de Montier-la-Celle, — de Montiéramey, — des Carmélites, — de la Visitation, — des Ursulines, — de Saint-Loup, — de Foicy, — des Jacobins, — des Capucins ; de celles de la Chambre ecclésiastique, — des émigrés ou condamnés de Mesgrigny, — Feron, — Audra, — Parent, — Mme Hautefort de Villacerf, — Poterat, — Desréaux, — Jeanson de Saint-Parres, — Gaulard, — Doublet, Gillet, — Saget, — Varin, — Feranville, — Hérault. Les conservateurs Herluison et M. l'abbé Hubert (1844), ont enrichi la collection en léguant à la ville leurs bibliothèques particulières. Chaque jour les dons du gouvernement, ceux des particuliers, et les acquisitions faites par la ville, augmentent les ressources de ce vaste dépôt, qui comprend plus de cent mille volumes et beaucoup de manuscrits. L'Évangéliaire de Notre-Dame-aux-Nonnains, le Psautier du comte Henri 1er, le manuscrit de prières de saint Bernard, etc., etc., constituent les curiosités historiques de cette portion de la Bibliothèque.

La grande salle, qui renferme la plus forte partie des dépôts, possède encore un véritable trésor dans les vitraux de Linard Gonthier, placés aux châssis des fenêtres. Ces peintures appartenaient à la compagnie de l'Arquebuse, dont ils décoraient l'hôtel.

Henri IV et Louis XIII ont fourni les sujets de ces verrières, dont quelques-unes mériteraient plutôt le nom de miniatures sur verre, tant l'exécution en est fine, spirituelle et minutieuse, sans qu'elle fasse perdre à l'ensemble son caractère décoratif.

Voici, dans l'ordre actuel, la liste de ces vitraux :

1. Henri IV devant la ville de Troyes.
2. Le même entrant par la porte de Belfroy.
3. Henri IV arrivant à la cathédrale.
4. Le même devant l'Hôtel-de-Ville, où il reçoit un présent de la ville.
5. Entrée du roi à Paris.
6. Son passage dans les rues de Paris.
7. Le renvoi des soldats Ligueurs par Henri IV.
8. La bataille d'Ivry (un chef-d'œuvre de composition et d'exécution).
9, 10, 11. Trois allégories, dont deux où figure Louis XIII.
12. Louis XIII en buste.
13. Anne d'Autriche en buste.
14. Louis XIII dans une allégorie de triomphe.
15. Portrait équestre d'Henri IV.
16. Louis XIII au tir de l'arquebuse.
17. Louis XIII portant un drapeau fleurdelysé.
18. Louis XIII traversant le Pont-Neuf, à cheval.
19. Louis XIII tenant un guidon d'arquebusier.
20. Le siége de Saint-Jean-d'Angély.

MUSÉE.

Peinture. — Sculpture. — Conservatoire industriel. — Histoire naturelle, etc.

Le Musée n'est établi dans l'ancienne abbaye de Saint-Loup que depuis 1831.

Voici son origine :

En 1792, l'assemblée départementale de l'Aube demanda à la Convention la faculté de former un Musée départemental.

Autorisée à le faire, l'administration envoya des commissaires chargés de recueillir les objets d'art que les confiscations et les suppressions de communautés religieuses avaient transformés en propriété de la nation.

Quelques tableaux furent réunis, ainsi que des fragments de sculpture que fit déposer à Saint-Loup l'architecte Milony. Mais, lors de la réouverture des églises, il y eut des réclamations suivies de restitutions, si bien que le Musée resta en projet.

Durant ces tentatives, les professeurs de l'Ecole centrale, qui avait succédé au collége, s'étaient occupés de réunir des collections d'histoire naturelle, dont le cabinet du comte de Brienne avait formé le noyau. Mais, dispersée presque aussitôt que formée, cette collection n'a fourni que fort peu d'éléments au Musée.

C'est de 1829, seulement, que date la véritable formation du dépôt actuel, qui eut d'abord pour asile une dépendance de l'ancien couvent de Notre-Dame-aux-Nonnains, converti en Préfecture.

En 1831, l'insuffisance du local ramena les idées vers le couvent de Saint-Loup, où furent définitivement installés les objets déjà réunis. Longtemps assez pauvres, la galerie de peinture, et surtout celle de sculpture, ont fini par prendre un développement qui nécessitait des améliorations et surtout des agrandissements.

Une circonstance inattendue pressa la réalisation d'un projet depuis longtemps mis en avant par les conservateurs, et appuyée par l'opinion publique. La veuve du sculpteur Simart donna, en 1858, tous les moulages des œuvres principales de l'artiste. L'impossibilité de les placer amena le conseil municipal à voter la construction d'une aile au côté gauche de l'ancien bâtiment. Un prêt sans intérêts, réalisé spontanément par un grand nombre de souscripteurs, permit l'entreprise immédiate des travaux. Commencée en 1859, dès le printemps, cette aile est à peu près achevée en ce moment. Une année a suffi à la construction. Deux grandes salles superposées, que l'exposition de 1860 a inaugurées, permettent maintenant de donner un abri convenable à toutes les collections.

Sans faire ici un catalogue, nous devons mentionner les objets les plus intéressants.

PEINTURE.

Dans la salle consacrée à la peinture, et qui ne fut commencée qu'en 1835, à l'aide des dons de M. Morlot, amateur distingué, il faut noter :

Deux tableaux de *Fleurs et de Fruits*, de Baptiste Monnoyer (1635-1699).

Cinq tableaux des Boullongne (XVIIe et XVIIIe siècles).

Un portrait de Claude Joly, grand chantre de Notre-Dame de Paris, peint par Philippe de Champaigue.

Un tableau de Gibier, de Desportes.

Mercure et l'Amour, — *Télémaque et Mentor*, — *la France avec la Force et la Renommée*, — *l'Amour semant des fleurs*, — *Eucharis et l'Amour*, — *Jupiter et Io*, — *Persée et Andromède*, — *Danaë et la Pluie d'or*, — *Ganimède enlevé par Jupiter*. Ces neuf toiles sont de Natoire.

Ruines d'un pont romain, par Hubert Robert.

Deux scènes champêtres, peintes par Watteau.

Un Portrait de femme, par Simon Vouet.

Les Beaux-Arts (trumeau), par Boucher.

L'Assassinat du duc d'Orléans par le duc de Bourgogne, peint par M. Louis Boulanger.

Les Chrétiens dans les catacombes, par M. Eugène Maison.

Le mauvais Riche (scène romaine), par M. Biennourry.

Les copies et les tableaux d'auteurs inconnus sont nombreux.

Les amateurs d'archéologie trouvent une série de dessins à l'aquarelle, par M. Max Berthelin, représentant l'ancienne chapelle des Cordeliers et le portail de l'église Saint-André ;

Une Vue de Troyes, peinte vers 1621.

Parmi les sujets intéressants par leur singularité ou par les personnages qu'ils représentent, il faut noter :

Un portrait (contemporain) *d'Henri III*.

Le portrait de Jean Legas, maître boucher à Troyes (1587). Ce Legas se fit peindre avec la barbe démesurée qu'il portait lors du passage d'Henri III. Présenté au roi, qui, doutant de l'authenticité de cette barbe, la constata en y portant la main, Legas obtint le fermage de la boucherie publique pour sa descendance. Ce portrait fut donné aux Trinitaires de Troyes, à la condition de le placer dans leur chapelle.

Un portrait de *François Gentil*, sculpteur célèbre de l'école de Troyes au **XVI**° siècle.

Le portrait de Nicolas *Des Guerrois*, auteur de la *Saincteté Chrestienne*.

Celui du Père *Le Cointe*, oratorien, auteur des *Annales Ecclésiastiques de France*.

Une composition désignée ainsi : « Etienne Bergerat, curé » de Chennegy, faisant exécuter un mottet par ses enfants » de chœur, en présence de Louis XIII. »

Ce Bergerat, qui se fit peindre avec ses élèves en action, était un homme de joyeuse humeur, musicien intrépide, beau diseur et bon vivant. Il était directeur de la maîtrise à la collégiale Saint-Etienne. Admis à faire jouer ses exécutants devant le roi, il obtint assez de succès pour que Louis XIII lui fit offrir des raisins qu'on venait d'apporter.

— « Sire, dit le maître de musique, je remercie Votre » Majesté, mais j'aime mieux la purée que les pois. »

— Trés-bien, répondit le roi, qu'on donne à boire à monsieur le maître.

Bergerat eut l'honneur de trinquer avec l'évêque à la santé de Louis XIII.

SCULPTURE.

Girardon a la date et la renommée, mais il n'a pas le nombre. Deux bustes, l'un de *Louis XIV*, l'autre de *Marie-Thérèse*, un bas-relief en marbre blanc du mausolée de *M*^me* de Lamoignon*, un autre bas-relief en bronze, dont saint Charles, communiant les pestiférés, est le sujet, sont tout ce que le Musée possède de l'œuvre de ce fécond statuaire, qui travailla pendant toute sa vie.

Nous renvoyons au catalogue pour la nomenclature des objets de diverses provenances ; nous nous bornons à mentionner, parmi les objets les plus intéressants, *un buste de Louis XVIII*, par Bosio, et, parmi les premières œuvres

de Simart, *la Mort de Coronis, la Mort de Caton d'Utique,*
un buste de *Charles X,* une figure allégorique *de Troyes,*
Orphée (bas-relief), un buste d'*Annibal Jourdan,* le modèle
de la *Vierge de la Cathédrale.*

Les œuvres capitales du grand statuaire sont représentées
au Musée par d'excellents moulages. Les bas-reliefs du tombeau de Napoléon Ier, ceux qu'il a faits pour le nouveau
Louvre, des sujets placés au château de M. le duc de Luynes,
à Dampierre ; plusieurs sujets isolés composent une collection précieuse qu'il sera facile de compléter pour qu'il ne
manque rien à la chronologie.

Il faut noter une collection de terres cuites des Tassin de
Langres, et parmi les objets curieux, sous le double rapport
de l'histoire et de l'archéologie, la cheminée monumentale
de l'hôtel des Chapelaines ; des chapiteaux romans de l'église
Saint-Denis, des fragments de sculpture en bois et en pierre,
un modèle de la Bastille, les figures des Tombeaux de Charles
de Choiseul Praslin, maréchal de France, et de Roger, son
fils.

Dans la section archéologique, se placent un Apollon antique en bronze, découvert à Vaupoisson, des bijoux et des
armes à monture d'or, trouvés à Pouan, et donnés par
Napoléon III ; une grande quantité de poteries, d'ornements
et d'ustensiles gallo-romains.

Le conservatoire industriel renferme des instruments ara-
toires, des modèles d'appareils hydrauliques et mécaniques ;
mais ce qu'il y a est peu de chose à côté de ce qu'il devrait
y avoir. Il en est de même des instruments de physique, de
chimie et de météorologie. Les collections ethnographiques
proviennent surtout des îles Océaniennes, des Moluques, de
Java, de Chine, des Grandes-Indes, de Madagascar. Les diverses sections de la zoologie, de la botanique, de la géologie, présentent, au point de vue local, un véritable intérêt.
Mais toutes les divisions du Musée réclament de l'espace, de
la lumière, des salles convenables, conditions qui paraissent
devoir être remplies par la construction du nouveau bâtiment additionnel qui vient d'être achevé.

Tour de Ville.

PORTES. — ENCEINTES. — BOULEVARDS. — FAUX-FOSSÉS.

Comme il ne reste plus rien ou presque rien de l'ancienne ceinture de murailles qui enveloppait la ville de Troyes, nous devons côtoyer rapidement son ancien périmètre, en renvoyant aux publications qui ont traité ce sujet ceux de nos lecteurs qui voudraient voir revivre dans leur minutieuse intégrité les formidables remparts qui ont été rasés.

Il a été question de l'ancienne Cité gallo-romaine, de *l'Oppidum* primitif ; arrivons donc sans transition à la dernière enceinte, qui avait acquis son plus complet développement au XVIe siècle.

La porte de Croncels, qui existait dès le XIIe siècle, était une masse énorme. Réparée en 1510, elle fut refaite après plus de 400 ans d'existence. Une longue voûte, s'ouvrant entre deux tours, conduisait par un pont-levis dans l'intérieur. Un bastion et une terrasse constituaient ses ouvrages avancés. Elle a été détruite en 1808.

A droite, en suivant le cours d'eau, on voit encore l'écluse des Moulins-Neufs, débris de rempart flanqué de deux tourelles.

La porte de la Tannerie ne datait que du XIVe siècle. Elle fut démolie en 1725, et remplacée par une simple percée pratiquée dans le rempart, et qui a disparu à son tour peu de temps après l'établissement du canal.

Tout le tour de la ville, compris entre Croncels et la Tannerie, a été bâti sur le revers de la contrescarpe et aux dépens des propriétés limitrophes. Il y avait, dans cet intervalle, à peu près en face de la rue du Beau-Boucher, prolongement de la rue Saint-Vincent-de-Paul, un boulevard dont la tour principale portait le nom légendaire des quatre fils Aymon.

En continuant à marcher en aval, on trouvait le ru Cordé, défendu par les tours Saint-Thomas, Saint-Dominique et une plate-forme. Les ponts du canal et du bassin rappellent encore à peu près l'assiette de ces ouvrages.

Vers l'endroit où sont les moteurs des fontaines publiques était la plate-forme de la Planche-Clément. L'ensemble désigné sous le nom de tours Sainte-Barbe et Hercules, ainsi que les courtines qui les reliaient, est représenté par un fragment fort curieux porté sur un pont à trois arches en plein cintre. A côté et bordant le déversoir, est un massif de maçonnerie qui indique l'ancien développement extérieur du boulevard de la Planche-Clément, vulgairement du Gouffre. Il y avait là une porte représentée maintenant par une sortie pratiquée entre le boulevard et le pont.

Plus bas, en aval, deux boulevards se succédaient : l'un nommé de l'Isle, en face de la Poudrière, l'autre, à côté du ruisseau de Jaillard, désigné sous le nom de Rioteuse.

La ligne des remparts aboutissait ensuite à la porte Saint-Jacques, qui s'ouvrait sur un boulevard dont la forme générale revit dans les terrassements bordant la Seine en amont du pont.

La porte Saint-Jacques, bâtie dès le commencement du XIIIe siècle, fut refaite à la fin du XVe. On la décora en 1466. En 1486, on y établit un guetteur. On fit des réparations à la porte en 1544 lorsqu'on construisit le boulevard.

Par son agencement et l'heureuse disposition de ses lignes, cette porte méritait d'être conservée. Elle était flanquée de deux tours en demi-lune, avec deux corps-de-logis en retraite l'un sur l'autre. Elle était percée d'embrasures, de meurtrières, de rainures, de herses et de fléchières de pont-levis.

Cette porte existait encore en 1832. Le grand pont de pierre qui unit la ville au faubourg date de 1755.

Un peu en amont du nouvel abattoir était le boulevard de Chaillouet. Plus bas, on voit encore la base des tours de Barbazan, de Chaillouet, du Sault-Périlleux et de la plate-forme de Chaillouet, démolies pour dégager les abords de l'abattoir en 1857. La tour Charlemagne, qui a laissé son nom à une ruelle du quartier de Nervaux, avait été transformée en glacière. Elle a disparu de 1856 à 1857.

Au quartier de Nervaux s'appuyait le boulevard de la tour Saint-Paul. Dans l'axe de la rue de Crémone, s'ouvrait la poterne de Saint-Quentin. Après avoir successivement rencontré les plates-formes Alexandre et des Cordeliers, on arrivait à la porte de Comporté ou de Preize.

Cette porte, flanquée de tours, communiquait à une autre porte avancée couverte par un cavalier de pierre. Elle était l'une des plus anciennes de Troyes, comme l'indique son nom primitif (*comporté, porte des comtes*). On la refit à neuf en 1499, ou tout au moins dans les années suivantes ; dans les derniers temps, ce n'était qu'une poterne pratiquée dans l'épaisseur du rempart.

En avant de la poterne de la Madeleine, s'élevait le boulevard Belin bâti en 1576, et sur lequel le théâtre actuel est bâti. La base de ses revêtements borde la salle et la petite place que limite la voûte souterraine de la Vienne. A la sortie de la rue Jaillant-Deschainets, le comte de Saint-Pol, commandant pour la Ligue, avait fait bâtir en 1590 un boulevard triangulaire relié à la tour Saint-Antoine. Il portait le nom du duc de Chevreuse commandant à Troyes pour la Ligue. Elevé à la hâte et composé de matériaux pris dans les démolitions de l'église de Saint-Martin, de Saint-Antoine et de la Trinité de Preize, ce boulevard s'écroula de lui-même. Au XVe siècle, il y avait là une porte entre deux tours, par laquelle passa Isabeau de Bavière.

En remontant le long des jardins établis sur le boulevard de de Chevreuse, on arrive à la porte de Belfroy, par laquelle Charles VIII et plusieurs rois firent leur entrée. Détruite par l'incendie de 1524, elle fut reconstruite sur-le-champ, et subsista sous sa nouvelle forme jusqu'en 1825. Nous avons détaillé sa physionomie en commençant notre excursion à travers la ville. Un peu à droite, et raccordé avec les défenses de la Vicomté, était le boulevard de Belfroy. Plus bas, précisément au bout de la rue longeant le côté sud de Saint-Nicolas, s'ouvrait la porte d'Auxerre, autrefois porte au

Mître ou du Bourreau. Elle ne servait plus dès le xvie siècle ; sa forme ogivale appartenait à l'art du xive siècle.

Le plus important de tous les boulevards, remplacé maintenant par la caserne d'infanterie qui en déborde l'ancienne base, était le boulevard de la Tour-Baleau. C'était une puissante citadelle aménagée en casemates, chambres de guet, corps-de-garde, chemins couverts et souterrains ; elle était percée de meurtrières et d'embrasures, découpée au sommet, en merlons et en créneaux. Quatre pièces d'artillerie célèbres étaient placées sur ses remparts. On les nommait le gros Breteuil (pierrier pris aux Anglais), la Couleuvrine, la Guillemette et la Chevreuse. C'étaient des pièces de gros calibre. La Guillemette était une bombarde qui datait de 1430 ; elle fut conduite au siège d'Anglure en 1431. On la tirait à demi-charge les jours de réjouissance, au grand dommage des vitres du voisinage. Formée de cercles rivés et juxta-posés, elle mesurait 20 pouces de diamètre ; sa charge était de 55 livres de poudre. Elle ne fut enlevée et détruite que dans les premières années de la révolution de 1792.

Le boulevard de la Tour-Baleau, nommé plus tard boulevard de Guise, fut bâti dans l'espace de onze ans, de 1529 à 1540. On commença à le défigurer en 1838. Il fut rasé définitivement en 1848. Son étendue avait permis d'établir, sur les plates-formes, des terrassements plantés et disposés en jardins. Un réservoir occupa, dans les derniers temps, les sommets de la Tour-Baleau. Il alimentait une pompe placée dans le voisinage de Saint-Nicolas.

La partie de l'ancienne enceinte qui s'étendait de la porte de Preize jusqu'à celle de Croncels, a perdu successivement et par parties, entre 1848 et 1860, ses fossés et ses remparts. L'établissement de voûtes sur la Vienne, le nivellement des fossés et des remparts remplacés par des chaussées et des jardins d'agrément, a rendu l'endroit tout-à-fait méconnaissable. Partout ailleurs les cours d'eau et les jalons oubliés par la pioche guident la marche des curieux.

Outre l'enceinte militaire maniée, remaniée, complétée, fortifiée de siècle en siècle, la ville, dans ses prolongements de banlieue, avait des *faux-fossés,* ouvrages en terre qui protégeaient les écarts et les faubourgs.

Comme il est à peu près impossible de guider le lecteur à travers des jardins, des enclos et des maisons qui ont repris la place de ces travaux défensifs, contentons-nous de déterminer la direction des faux-fossés.

Ils coupaient la chaussée de Croncels aux abords de la rue de la Mission, traversaient la ligne du chemin de fer, au bout de cette rue ; ils inclinaient ensuite à droite, à travers les marais de Saint-André et de Chicherey, pour arriver par la rue des Faux-Fossés-Saint-Nicolas à la route du faubourg Sainte-Savine. Continuant leur développement circulaire par la rue Coulommière, ils longeaient les Fossés-Patris à Saint-Martin, pénétraient dans la rue Derne, et en arrivant à la chaussée de Preize, ils s'étendaient dans la direction de la chapelle de la Trinité de Preize, pour rejoindre les fossés de l'enceinte de Troyes.

Cette ligne de circonvallation, qui enveloppait la plus grande partie du Quartier-Haut, était motivée par les conditions topographiques des terrains qui dominaient la ville. Les faux-fossés se remplissaient d'eau au moyen d'écluses. Les ruisseaux qui subdivisent la Vienne dans le marais de Montier-la-Celle, et les trop-pleins des fossés d'enceinte, abreuvaient les douves de ces ouvrages avancés.

Au passage des faux-fossés dans les faubourgs de Croncels, de Sainte-Savine, de Saint-Martin et de Preize, on avait établi des portes et des ponts mobiles.

La porte avancée de Croncels se nommait la fausse-porte de Croncels ; celle de Sainte-Savine, la Porte-aux-Bœufs. Il est probable que celles de Saint-Martin et de Preize portaient le nom des sorties de Comporté et de Saint-Antoine, auxquelles elles servaient de védettes.

La destination militaire des faux-fossés fut d'assez courte durée. Creusés au XIVᵉ siècle pendant la guerre anglaise, ils furent négligés dès le temps de Louis XI. Sous François Iᵉʳ ils furent aliénés, puis successivement comblés. On en retrouve cependant des traces dans Saint-Martin, près de Sainte-Jule et des Fossés-Patris, dont le chemin de fer occupe une partie, et dans les dépendances de Sainte-Savine.

LYCÉE. — CHEMIN DE FER DE MONTEREAU A TROYES. — CHEMIN DE FER DE PARIS A MULHOUSE.

Pour rendre plus claire la description de l'ancienne enceinte militaire, nous avons dû laisser de côté quelques établissements qui ne s'y rattachent que par succession ou voisinage.

L'endroit où l'on achève la construction du Lycée était occupé, depuis 1848, par la gare de la petite ligne de Troyes à Montereau, qui se relie encore au chemin de Paris à Lyon. Elevée en 1847, cette gare fut incendiée le 19 février 1855. Réparée sommairement, elle servit jusqu'en 1857, époque à laquelle s'ouvrit le service de la grande ligne de Paris à Mulhouse.

Une galerie transversale, élevée d'un étage au centre et percée au rez-de-chaussée de portes en plein cintre, composaient le bâtiment de façade. Les abris des quais, des sorties et des entrées, se soudaient dans le sens de la voie à la construction principale. Au-delà, les gares de marchandises et les ateliers s'étendaient jusqu'à la petite rue Sainte-Jule. On commença à démolir les bâtiments de cette gare dans le cours de 1857.

La création de la ligne de Troyes à Montereau, effectuée en vertu d'une loi de 1844, a été la cause de nombreuses et énergiques manifestations de l'industrie de Troyes. Les pétitions, les brochures, les demandes, les délibérations, les articles de journaux, toutes les expressions de la polémique et de la discussion se multiplièrent pour obtenir le passage par Troyes de la ligne de Paris à Lyon. Des comités s'étaient formés pour veiller aux diverses phases de la question. Malgré tous ses efforts, la ville ne put obtenir du ministère et des chambres qu'un embranchement, le premier de ceux qui furent créés, et le premier inauguré sous le régime républicain, le 6 avril 1848.

La fête fut imposante. Le ministre provisoire des travaux publics présidait la cérémonie, accompagné de M. Stourm, membre du conseil d'administration, aujourd'hui conseiller d'Etat et directeur général des postes; de MM. le duc d'Harcourt, Pavée de Vendeuvre, anciens pairs de France; Demeufve, ancien député; de MM. Lignier et Crevat, commissaires du gouvernement dans l'Aube; Oscar Lafayette et Fontaine (de Melun), commissaires de Seine-et-Marne. Les abords de la gare étaient remplis d'une foule immense; les tambours battaient aux champs, tandis que le train glissait lentement sur les rails. Le canon tonnait, la garde nationale en haie présentait les armes, les corporations ouvrières déployaient des drapeaux, le clergé, l'évêque en tête, attendait le cortège. Tout cet ensemble était magnifique et entraînant, tant il se dégageait d'enthousiasme et d'exaltation des rangs de cette foule admirablement groupée et disciplinée.

En 1858, la gare de la ligne de Montereau achevait de tomber, et laissait la place au Lycée par suite d'un arrangement fait entre la compagnie des chemins de fer de l'Est et la ville de Troyes.

Les nouveaux bâtiments ne sont pas encore terminés.

La ligne du chemin de fer de Paris à Mulhouse, ses gares et ses dépendances, ainsi que le réservoir des fontaines publiques, se trouvent aux environs d'un ravelin en terre élevé par le comte de Saint-Pol, en 1590, pour fortifier le boulevard de Chevreuse.

La ligne de Mulhouse a été concédée à la compagnie des chemins de fer de l'Est, le 19 août 1855, à la charge de rembourser au pair le montant des actions engagées dans la compagnie de Montereau.

En 1854, le 8 mai, la compagnie, d'accord avec la ville de Troyes, fixait l'emplacement de la gare au lieu qu'elle occupe aujourd'hui, sous la condition du paiement par l'administration municipale d'une somme de 200,000 francs.

Vers la fin d'août de la même année, le tracé définitif de la ligne du chemin de fer dans le département de l'Aube était terminé. Le 10 octobre 1854, une enquête préalable s'ouvrait, et peu de temps après les travaux de terrassement, les constructions d'art et l'établissement des gares étaient entrepris.

Dans le cours du printemps de 1858, la gare se trouvait achevée, et la ligne était livrée au public sur la nouvelle ligne de Paris jusqu'à Chaumont.

Maintenant le trajet entre Troyes et Paris s'effectue en grande vitesse dans l'espace de quatre heures, moyennant une somme de 10 francs en 3e classe.

Ce prix et cette vitesse font songer naturellement aux anciens moyens de locomotion, et provoquent une curieuse comparaison.

En 1586, les entrepreneurs des coches faisant le service entre Troyes et Paris et retour furent obligés, par un réglement municipal, de ne pas conduire plus de sept ou huit per-personnes à la fois.

Il en coûtait par personne un écu pour aller, et un écu pour revenir. Chaque voyageur avait droit à dix livres de hardes (bagages). Les excédants se payaient quatre deniers par livre. Or, en ramenant la valeur de l'argent à sa puissance réelle, c'était une dépense d'environ cinquante francs, sans compter les frais d'hôtellerie pour faire cet agréable voyage dans une charrette posée sur l'essieu, couverte on ne sait comment, et qui roulait solennellement au pas quand les ornières ne l'obligeaient pas à de laborieuses stations. Pour avoir une idée de la durée du trajet, il suffit de constater le temps que mit un courrier de Louis XI, en 1470, pour porter une dépêche royale d'Amboise à Troyes. Quoiqu'il eût à ses ordres les chevaux de la poste royale nouvellement établie, le courrier ne marcha qu'à raison de cinq lieues et demie par jour; on comprend facilement la préférence que donnaient aux chevaux et aux mulets ceux qui pouvaient faire les frais d'une monture. Ce ne fut guère que sous Louis XIV que les carrosses marchèrent régulièrement. En 1668, une ordonnance de police accordait trois jours pendant l'été et quatre jours pendant l'hiver pour faire le trajet de Troyes à Paris. Cent ans plus tard, on n'avait pas gagné encore un jour sur la durée du parcours; enfin, en 1784, on constate une amélioration sensible. Il y avait des diligences qui partaient le lundi, à 5 heures du matin, et arrivaient le mardi soir à Paris... quand elles arrivaient. Le prix des places était de trente livres huit sous dans le carrosse. On en resta longtemps à ce prix et à cette rapidité. Il n'y a pas plus de quarante ans, des pataches, marchant en concurrence avec les diligences, mettaient trois journées pour faire le chemin. On couchait le premier soir à Nogent; le lendemain à Guignes, le soir du troisième jour on descendait enfin à Paris.

Il faut arriver à des temps très-rapprochés du nôtre pour trouver un trajet accompli dans la durée d'une journée ou d'une nuit de quatorze heures. Quant aux ennuis engendrés par les arrhes, par les inscriptions sur les feuilles pour des départs à jour fixe, par les diligences de passage qu'il fallait guetter, tout le monde a passé par-là, il y a moins d'une douzaine d'années, et il est encore des routes où l'on peut se procurer le plaisir d'une comparaison entre la diligence et le train.

La nouvelle gare de Troyes, bâtie à peu près sur le plan de l'ancienne, a plus d'importance. La gare aux marchandises, les ateliers et les dépôts, au milieu desquels rayonnent les voies de service, et stationnent ou circulent les trains, composent un ensemble qui réunit les conditions constitutives de l'intérêt qu'offrent les grands ensembles industriels.

La gare de Troyes est la plus importante de toutes celles qui se trouvent sur le parcours de la ligne de Paris à Mulhouse.

FONTAINES PUBLIQUES.

Les fontaines publiques, dont le réservoir est protégé par un gazonnement, sont de création récente.

Dès la fin du XVe siècle, la ville éprouvait le besoin de remplacer l'eau des puits par une autre de meilleure qualité.

En 1495, on était décidé à établir des fontaines, mais déjà, comme depuis, la question d'argent se mettait à la traverse. Il s'agissait d'amener en ville, par un canal long de 2,600 toises, les sources de la fontaine de Nuisement.

En 1629, le sieur Richault, ingénieur fontainier, proposait d'établir ces fontaines si désirées, mais qu'il avait fallut abandonner. La proposition de l'ingénieur fontainier, malgré ses conditions séduisantes, tomba littéralement dans l'eau. Il n'en fut bientôt plus question. Les générations se succédaient, et les puits voyaient se perpétuer leur privilège plusieurs fois séculaire de fournir une eau quelconque à la population. Vingt fois remises dans le courant de la discussion, vingt fois les fontaines publiques furent rejetées dans les futurs contingents.

L'année 1844 est marquée par un retour à l'idée sans cesse discutée depuis Louis XII. Successivement on vit se dérouler plusieurs propositions.

D'abord on avait essayé, au moyen de souscriptions volontaires, de forer un puits artésien sur la place du Marché-au-Blé, dans l'espoir d'arriver à la nappe jaillissante. Abandonné après un sondage assez profond, le puits artésien céda le pas à une proposition de l'hospice qui offrait d'établir un moteur au moulin de Paresse, sa propriété, moyennant rente du capital dépensé.

Vint un peu plus tard une compagnie qui demandait une somme annuelle de 30,000 fr. et une concession de 75 ans pour faire exécuter un projet de M. Deniel, ingénieur. Ce projet consistait dans un canal à ciel ouvert pratiqué dans la Seine à un point suffisamment élevé pour faire arriver l'eau sur tous les points.

Ultérieurement, sous la mairie de MM. Ferrand-Lamotte et Parigot, on revint à l'idée de forer un puits artésien pour l'abandonner aussitôt.

Dans le cours de 1851, un propriétaire originaire de Troyes, M. Jaillant-Deschainets, légua à la ville une somme d'environ 400,000 francs, applicable à des objets déterminés pour la plus faible partie, et à une entreprise d'intérêt public laissée au choix de la municipalité. Ce don entraîna l'exécution des fontaines publiques. Au mois de février 1853, la ville décida l'exécution de plans et de devis dressés sur sa demande par M. Mary, ingénieur divisionnaire. Les travaux, conduits rapidement, permirent, au printemps de 1856, de répandre l'eau de la Seine dans tous les quartiers de la ville.

Voici le résumé du système adopté par l'ingénieur :

Deux machines à vapeur sont établies au Pavillon de la Planche-Clément. Elles font monter l'eau de la rivière par des conduits en tôle bitumée jusqu'au réservoir voûté construit sur l'emplacement de l'ancien Ravelin.

Des tubes secondaires, soudés aux grandes conduites, alimentent les bornes-fontaines. La distribution s'opère à la fois pendant le trajet d'ascension et sous l'influence de la pression de la masse d'eau renfermée dans le réservoir.

Une force moyenne de treize chevaux suffit au service ordinaire.

L'eau s'élève dans la proportion de 250 mètres cubes à l'heure.

La différence des niveaux respectifs de la prise d'eau et du sommet du réservoir est de 12 mètres 40 centimètres. Il faut quinze heures pour remplir les deux bassins qui contiennent 3,750 mètres cubes d'eau. Le prix du mètre cube revient à un centime environ, sans faire entrer en ligne de compte les frais de premier établissement.

ÉCLAIRAGE. — USINE A GAZ COURANT.

L'éclairage public n'est pas un des côtés les moins curieux de l'histoire domestique de la ville de Troyes.

Entre l'obscurité et la chandelle ; entre la chandelle et l'huile, et de l'huile au gaz, il n'y a pas eu moins de temps, de difficultés et de lenteurs qu'entre les diverses transformations des moyens de voyager.

L'éclairage public ne fut d'abord qu'une mesure d'exception. Les jours d'alarme et de fête, chaque propriétaire accrochait un fallot à sa façade ; mais l'événement passé, les rues retombaient dans leur obscurité habituelle.

C'était un beau temps pour les malfaiteurs que celui où l'éclairage était confié seulement aux complaisances intermittentes de la lune. Aussi fallait-il à toutes les entrées et à toutes les sorties des chaînes de fer pour leur barrer passage ; il fallait multiplier les patrouilles du guet qui, chassant en aveugle, manquait le plus souvent ceux qu'il poursuivait. Quant aux particuliers, ils grillaient leurs fenêtres, vérouillaient leurs portes et les bardaient de ferrailles en y laissant entre-ouvert l'œil soupçonneux d'un guichet ; dans les rues, on ne sortait qu'armé, presque en patrouille, guidé par un fallot ou par une torche, car malgré le formidable déploiement de potences qu'on a vu échelonnées de tous côtés, les coupejarrets, les vagabonds et les détrousseurs montraient une audace contre laquelle il fallait prendre ses précautions. Ce n'étaient pourtant ni les moyens de répression, ni la rigueur des peines qui manquaient ; c'étaient les moyens préventifs et l'organisation. Des lanternes eussent mieux valu pour la sécurité des rues que des potences.

On avait cependant compris depuis longtemps la nécessité de l'éclairage, car le 29 octobre 1562 le corps de ville décida que des *lanternes et des chandelles* seraient mises dans les rues, sous la surveillance de préposés.

Malheureusement, il en fut des lanternes, sous Charles IX, comme des fontaines sous Louis XII ; il s'écoula deux cents ans avant que les lanternes vinssent se balancer au-dessus du pavé. En 1767, le maire de la ville, François de Mesgrigny, vicomte de Troyes, prit presqu'en même temps trois mesures importantes. Il fit établir deux cents lanternes, - étiqueter les rues, — numéroter les maisons. Jusqu'à l'époque de son administration, on disait, pour indiquer une adresse : c'est la troisième ou la cinquième maison avant ou après telle enseigne, telle hôtellerie ; c'est en face ou à côté de l'église de Saint-Jean ou de Sainte-Madeleine ; à l'angle de la rue qui fait suite ou commencement à tel quartier ; il y a un cordonnier ou un apothicaire à droite ou à gauche ; la maison est belle ou laide, neuve ou vermoulue ; il y a telle particularité à remarquer à sa façade. C'était commode, et surtout précis !

Les lanternes eurent un succès prodigieux ; on sortit pour les voir en exercice. Toutes les rues n'eurent pas d'abord le privilège de posséder ce luxueux luminaire, qui fit certainement murmurer les économistes d'un certain ordre qui avaient pris leur parti du fallot. Et pourtant il était impossible de faire les choses avec plus de simplicité. La lanterne consistait dans ce châssis vitré qui décore les écuries, et son luminaire se bornait à une chandelle de suif abandonnée sans mouchettes aux caprices du champignon. Cela devait à coup sûr plus fumer qu'éclairer.

Jusqu'en 1800, la chandelle resta paisiblement en possession des lanternes; mais, à cette époque, l'huile détrôna le suif; au lieu d'une chandelle, on eut des lampes. Pour y voir vraiment clair, il faut arriver à 1806, date de l'avènement du *réverbère,* car jusque-là les accidents mettaient souvent l'éteignoir sur la chandelle.

Après avoir critiqué la dépense, on critiqua l'éclairage.

L'habitude étant prise, on devint exigeant. Il fallut graduellement multiplier les reverbères et augmenter leur puissance. La banlieue, qui payait sa part de l'huile urbaine, réclama, à bon droit, son contingent de lumière, qu'on lui mesura avec plus d'économie que d'équité. Cependant, l'éclairage s'améliorait et s'étendait. Enfin, comme l'huile avait détrôné la chandelle, le gaz détrôna l'huile, et la console relégua le reverbère à la ferraille. On fit d'abord quelques tentatives d'éclairage au gaz portatif qui fut remplacé par le gaz courant. C'était en 1841. La compagnie Blanchet traita avec la ville, se mit à l'œuvre, et fut en mesure d'éclairer les principaux quartiers dans le cours de 1842. L'apparition de la première console fut un évènement comme jadis celle de la première lanterne.

Le gaz s'est multiplié et introduit partout, mais il n'a pu entièrement déposséder l'huile. La banlieue et les écarts qui exigeraient trop de dépenses pour jouir du gaz se résignent à l'huile; quelquefois ils peuvent faire des comparaisons humiliantes, pour les becs des consoles, tant on a perfectionné la lanterne. Maintenant le gaz est menacé par la lumière électrique, quoique la menace soit lointaine.

L'usine au gaz, fort bel établissement que possède une compagnie lyonnaise, est sur la chaussée de la Madeleine. C'est un endroit à visiter.

THÉATRE.

Il y aurait beaucoup à dire sur le théâtre, regardé à travers la littérature; restreint au point de vue local, il offre encore quelques particularités intéressantes.

Pendant le moyen-âge, le théâtre vivait sur des *Mystères*, vastes compositions qui n'étaient que des récits en action, une succession de tableaux empruntés à l'histoire sacrée, à la religion catholique, aux légendes des saints.

Il ne faut pas chercher dans le théâtre du moyen-âge les règles qui ont longtemps renfermé les compositions dramatiques, dans le cadre des trois unités classiques. La féerie moderne, sauf les ressources du machiniste et du décorateur, donne quelqu'idée des pièces du moyen-âge, dont la représentation se prolongeait souvent pendant plusieurs jours. La scène n'était alors qu'un assemblage de tréteaux et d'échelles qui laissaient aux spectateurs la faculté de voir les acteurs entrer et sortir, sans l'abri de la coulisse qui isole aujourd'hui le personnage et permet les coups de théâtre. Les décors avaient, la plupart du temps, besoin du secours d'inscriptions pour fixer l'assistance sur le lieu, ses dispositions, le mobilier et la fonction de certains objets. Quand il s'agissait de mettre simultanément en scène le ciel, le purgatoire et l'enfer, trois échafaudages se superposaient.

Les *Mystères* viennent directement des fêtes qui se pratiquaient dans les églises. L'*Epistola cum farsia,* qui se chantait à Saint-Etienne de Troyes, moitié en latin, moitié en français, était un dialogue consacré au récit du martyre de saint Étienne. Les fêtes dont il a été question à propos de la cathédrale, malgré leur caractère grotesque ou scandaleux, et notamment la *Fête des Fous,* renfermaient en germe les premiers essais dramatiques risqués sur les tréteaux ; les *Confrères de la Passion,* les *Enfants Sans-Souci,* les *Bazochiens,* sont les premiers associés qui aient commencé à pratiquer le théâtre au point de vue dramatique et comique. La province comptait des équivalents dans les sociétés accidentelles qui s'y formaient. Le drame, nous l'avons dit, prenait ses sujets dans l'histoire sainte. La comédie se bornait à des parades grotesques. Les *Confrères de la Passion* transformèrent, ou plutôt perfectionnèrent les anciens dialogues, et si les provinces ne suivirent que de loin le mouvement et l'organisation qui engendrèrent, sous Charles VI, la première troupe fixe de comédiens, néanmoins elles eurent, comme Paris, leurs acteurs et leurs pièces. Ainsi, les archives municipales de Troyes possèdent un manuscrit du xve siècle, divisé en trois parties ou journées, qui contient les mystères de la *Création*, de la *Passion* et de la *Résurrection de Jésus-Christ*. Ce mystère fut joué souvent et longtemps, car, en 1505, on le représentait, au moins en partie, sur une des places de la ville.

Ce qui prouve l'action directe du clergé sur les spectacles, et sa participation au théâtre primitif, est une charte de l'évêque de Langres, datée de 1408. Dans ce document, le prélat ordonne au doyen et au Chapitre de Saint Maclou de Bar-sur-Aube de fêter solennellement leur patron en faisant représenter, de concert avec quelques bourgeois, la vie et les miracles du saint « *avec diversité de costumes et personnages* » en présence du clergé et du peuple; il ajoute qu'une messe sera dite à un autel portatif placé sur les mêmes échafauds.

En 1531, on représenta, à Troyes, le *Mystère de la Passion*. Le spectacle dura dix jours.

1540 révèle, outre la pièce et les acteurs, quelques détails d'exécution; on fit *la Montre* (l'annonce accompagnée du personnel) de la *Diablerie de la Vengeance de Notre-Seigneur*. Les prêtres des diverses paroisses invitèrent les paroissiens disposés à jouer leur personnage dans la pièce à aller chercher des rôles. Les répétitions eurent lieu à grand orchestre, et durèrent quinze jours. Le prix d'entrée en dedans des barrières était d'un *douzain*.

Le vent était, à ce qu'il paraît, aux représentations pendant cette année 1540, car le 28 août, quatre mois après la *Diablerie de la Vengeance,* on jouait celle du jeu de *Monsieur Saint-Loup*. Il fallut trois dimanches consécutifs pour arriver au dénoûment. On payait un liard par personne.

Dès cette époque, les comédiens de Paris commencèrent

à jouer dans des salles fixes ; mais, en province, ce ne fut que plus tard qu'on vit les mystères et les farces céder la place aux premières tentatives qui ont marqué les débuts de l'art dramatique dans la voie où il est engagé aujourd'hui.

Les premières représentations dans des salles eurent lieu aux jeux de paume. Mais les salles closes, disposées en galeries, renfermant un matériel de décors, ne purent naturellement s'ouvrir que lorsque les pièces qui les motivaient eurent pénétré en province. Il est extrêmement probable que Troyes put être une des premières villes de France où les nouvelles formes de l'art se produisirent. En effet, un chanoine de Saint-Etienne devint célèbre comme traducteur du théâtre Italien et comme auteur de comédies. C'était Pierre de Larrivey, natif de Troyes et scribe du Chapitre. Ses œuvres sont aujourd'hui de véritables curiosités littéraires extrêmement recherchées, et qu'on a souvent réimprimées. Il n'est pas douteux que Pierre de Larrivey n'ait été représenté dans son pays.

Quoiqu'il en soit, on ne trouve de salle fixe, exclusivement affectée aux représentations tragiques ou comiques, que vers le temps où les œuvres de Corneille, de Molière et de Racine, eurent ouvert la voie aux auteurs secondaires.

A la fin du XVIIe siècle, Troyes possédait certainement un théâtre aux n°s 66 et 68. Il fut brûlé dans la nuit du 9 au 10 avril 1731. Il était rue de l'Hôtel-de-Ville, à côté de la maison de la *Plume-Blanche*.

Rebâti en 1732, sur l'emplacement de son devancier, le nouveau théâtre fut encore incendié le 7 avril 1775. Un journal contemporain, rédigé par l'abbé Tremet, chanoine de Saint-Urbain, raconte l'évènement dans tous ses détails : « La veille, dit-il, les comédiens avaient représenté leur co- » médie, quoique ce fut dans le Carême et même dans la » semaine de la Passion ; la scène étant jouée, les concierges » n'eurent pas le soin d'éteindre exactement le feu ; il se » ralluma et embrasa tout le bâtiment qui était très-consi- » dérable. »

Suivent les détails ordinaires, sans en excepter les vols qui aujourd'hui encore sont un des épisodes des sinistres.

Les deux évènements provoquèrent une translation du théâtre, car on craignait le retour du feu. On prit la précaution de l'isoler en l'élevant en dehors des remparts, sur le boulevard Belin, à côté de la porte de la Madeleine. La précaution n'a pas servi, car le bâtiment a traversé sans encombre une période de 91 ans. S'il eût valu la peine d'être conservé, il n'eût peut être pas été aussi heureux.

Il y a tout lieu de penser que le nouveau théâtre était destiné à supplanter la salle de la rue de l'Hôtel-de-Ville, même avant l'incendie, car le nouveau bâtiment était construit en 1768, sept ans avant la destruction de son devancier. Un sieur Goulin s'était mis à la tête de l'affaire, commandité par MM. Jouault-Janson, Jacquin, Marchand, et Belly père et fils. Il dépensa soixante mille livres. En 1770, on n'avait pas encore trouvé de troupe pour jouer dans la nouvelle salle. Il faut arriver à 1773 pour voir la trace des premières représentations. Or, à cette époque, il y avait encore l'ancienne salle, qui était préférée à cause de sa situation, préférence explicable par l'état et les conditions du nouveau théâtre, établi aux bords d'un fossé, contre un rempart qui l'isolait dans l'obscurité.

Le sieur Goulin se ruina. On en a la preuve dans une pétition qu'il adressa à l'Intendant de Champagne, au mois de février 1781. Des certificats de la municipalité et de divers créanciers attestent qu'il était réduit pour vivre aux produits de sa salle, sur laquelle il devait encore des sommes importantes, entre autres, celle de 29,000 livres au sieur Jacquin, doyen des procureurs au bailliage. Dans la même année 1781, le pauvre diable demandait à l'intendance la permission de faire donner des représentations dans la salle. De 1773 à 1778, le sieur Goulin avait eu pour associé le sieur Rozeli, directeur privilégié pour toute la Champagne. En 1779, le directeur titulaire était un nommé Valleville, qui ne fut pas plus heureux que son devancier, car il établissait qu'à Reims, dans les quatre mois d'automne, il avait pu faire 30,000 livres de recettes, tandis qu'à Troyes il avait perdu dans une campagne environ 10,000 livres.

La ville de Troyes devint propriétaire du théâtre Goulin,

qui se trouva ainsi purgé des hypothèques et des commandites qui le grévaient.

Ces misères du théâtre conduisent à une autre particularité, au prix des places. En l'an IV de la République, une troupe *civique et dramatique* qui jouait, frais déduits, au profit des pauvres, était obligée de recevoir des assignats en paiement du prix d'entrée. Elle exposa à l'autorité municipale que l'augmentation effrayante de la valeur des denrées, des marchandises, et surtout de la *chandelle*, annulait le produit des recettes destinées aux indigents. Elle demanda une augmentation. La municipalité, le 28 brumaire an IV, tarifa les places de la manière suivante : *premières loges et amphithéâtre, 25 livres ; — deuxièmes, 14 livres ; — troisièmes, 7 livres 10 sous ; — parterre, 6 livres.*

Le théâtre de Troyes, à défaut de grandes chances de bénéfice, a toujours offert un abri paisible aux directeurs et aux comédiens. Les querelles littéraires et les passions qui fermentent dans d'autres endroits, n'ont jamais beaucoup ému ses habitués. Le public, guidé par un sentiment de bienveillance qui fait honneur à sa charité, règle généralement ses jugements sur les ressources. — Que voulez-vous, dit-on, aux exigeants, ces pauvres gens sont si peu payés ! — comme si l'argent entrait pour quelque chose dans les questions d'art ; passe pour les garde-robes.

Toutefois il y a eu des tempêtes politiques sous la coupole de torchis inauguré par Goulin. La chanson patriotique y a aussi retenti avec accompagnement de drapeaux en 1789, — 1792, en 1830, en 1848. Le *rival* a souvent changé d'idoles, et plus d'une fois la police a dû déployer son écharpe et ses réglements pour calmer l'effervescence. Parmi les plus curieuses cabales, celle de l'an V, mérite une mention. On allait jouer une pièce réactionnaire : *l'Intérieur des Comités Révolutionnaires.* Le commissaire du directoire, pour prévenir tout désordre, signifie un *veto* à la troupe. Les comédiens rédigent alors une affiche annonçant la défense et un changement de spectacle. La salle est comble, le public veut à toute force la pièce défendue. La police hésite ; le piquet se tient l'arme au bras, enfin les comédiens cèdent à la pression et jouent *l'Intérieur des Comités*. Les *Jacobins* et les *Aristocrates*, comme s'appellent réciproquement les spectateurs, sont aux prises, les uns applaudissant, les autres sifflant. On se prend au collet, on joue des poings et des bâtons. Enfin le sifflet vaincu s'humilie devant le bravo, et la pièce va triomphante jusqu'au dénoûment.

Le lendemain, la pièce était défendue et la salle fermée.

Le théâtre de Troyes, quoique toujours classé parmi les scènes de troisième ou de quatrième ordre, a eu parfois des directeurs habiles, de bonnes troupes, et n'a pas été dédaigné par les grandes réputations des théâtres de Paris, Mlle Duchesnois, Mlles Georges et Déjazet, Mme Dorval, Mlle Fargueil, Mlle Rachel, Mlle Dobré, Mme Rose Chéri, encore à ses premiers débuts, Mlle Elisa Forgeot, Mmes Albert et Léontine Fay, depuis Mme Volnys, MM. Ligier, Bocage, Bernard-Léon, Mélingue, Félix, Hoffmann, Lhérie, Henri Monnier, Saint-Ernest, Gobert, célèbre par ses imitations de Napoléon Ier, Inchindi, Alexis Dupont, Ponchard, Odry, Lepeintre jeune, Frédérick Lemaître, Achard, Philippe et quelques autres célébrités, ont passé sur le théâtre de Troyes. Il a été fait très-peu de pièces pour le public habituel. Celles qui ont réussi sont : *Louise Fleuriot* (1852), drame d'histoire locale qui a eu un succès sans analogues ; les *Marie-Louise* (1853), pièce militaire de M. Bordot, empruntée aux souvenirs de l'invasion de la Champagne en 1814 ; puis les *Comtes de Champagne*, essai très-médiocre d'un acteur. Auparavant, le chemin de fer de Montereau avait motivé un à propos-vaudeville par M. Moreau, acteur-auteur de mérite (1844).

L'ancienne salle incommode, mal distribuée, plus mal organisée sous le rapport scénique, a vécu jusqu'en 1859 ; c'est un total de 91 ans, que bien peu de théâtres pourraient mettre en ligne. Et certes, ce ne sont ni les plaintes, ni les souhaits malveillants qui ont manqué à ce pauvre théâtre. Il s'est obstiné à donner un démenti aux précautions originaires, et quoique tout en bois, il a su se passer des pompiers.

Eu 1859, on a commencé la *restauration* du bâtiment, après avoir souvent agité des plans et des projets de reconstruction qui n'ont pas abouti. Cette *restauration* fort opportune à tous les titres, pourrait bien égarer les futurs archéologues, si nous ne disions que les architectes, usant de la latitude qu'on leur avait accordée, ont abusé du sens grammatical. Il reste juste un très-petit pan de bois ancien pour servir de paravent à l'entreprise. Il s'encadre dans la façade postérieure comme un fragment dans une mosaïque. Etabli en charpente, avec remplissages en briques, le nouveau théâtre offre autant de sécurité qu'un édifice en pierre. Il reste à juger son extérieur et ses appropriations.

Les cinq Faubourgs de Troyes.

Croncels.— Sainte-Savine.— Saint-Martin.— Preize.— Saint-Jacques.

FAUBOURG CRONCELS.

Il a été assez souvent question des faubourgs dans les diverses parties de ce livre, pour que nous résumions rapidement les faits qui s'y appliquent.

Le faubourg Croncels n'était originairement qu'un village dont il est fait mention dès le XIIe siècle. Peu à près, les maisons longtemps tenues à distance des murailles et des fossés se rapprochèrent.

On sait qu'entre la porte de la ville et Saint-Gilles se trouvait l'hôpital du Saint-Esprit qui, brulé au XVe siècle pendant la guerre anglaise, fut transféré dans l'endroit qu'occupe la caserne d'infanterie. La place de l'ancienne porte et de ses défenses avancées est maintenant ornée de plantations d'arbres.

La halle aux vins a été établie en 1840. Elle se trouve sur

un ancien enclos planté de vignes qui s'étendait des fossés à la Vienne.

L'auditoire du juge des faubourgs était près de ce ruisseau. Il faut noter que les terrains maraîchers qu'arrose la Vienne servirent de butte aux archers et aux arquebusiers.

La petite chapelle Saint-Gilles, curieux échantillon de charpente qui remonte à la fin du xve siècle, et a été additionné de transsepts dans le cours du siècle suivant, remplace une petite chapelle en pierre détruite en 1429. Celle-ci était plus au fond des terrains, sur le bord d'un des bras de la Vienne.

Il ne reste que quelques fragments des dispositions anciennes, mais elles suffirent pour faire apprécier ce qu'était autrefois l'ensemble. Chaque travée est déterminée par un entrait transversal ou poutre sur des liens adhérant aux pans de bois. Au centre de l'entrait pose un poinçon octogone joignant le sous-faitage. Chaque travée est éclairée par une fenêtre en ogive trilobée. Les profils des moulures poussées sur tous les angles des pièces de bois, dans les baies des fenêtres, le long des sablières, des poteaux et des liens, sont très-franchement avivés. Les voûtes sont en bardeau. On ne saurait trop regretter les badigeons, les torchis et les remaniements qui ont gâté Saint-Gilles à l'intérieur et à l'extérieur.

Le mobilier de la chapelle est intéressant. On y voit figurer plusieurs peintures sur bois du xvie siècle, quelques statuettes, des fragments de vitraux héraldiques, et une quantité de bancs de toutes les formes. Il en est qui remontent à Louis XIII ou Louis XIV.

Saint-Gilles, ancienne dépendance de Saint-André, près Troyes, était le siége de la confrérie des tisserands en draps. Les habitants du faubourg, ont fait les frais de la construction. Chaque année, les habitants fêtent le patron par des illuminations, des jeux et des danses.

Dans la rue des *Terrasses*, ainsi nommée dès le xve siècle, est établi le couvent de la Providence, fondé à Pargues en 1819 par l'abbé Boigegrain, transféré à Troyes en 1834. L'enseignement est le but principal de la fondation.

Une très-belle chapelle ogivale (formes du xiiie siècle) a été construite sur les plans de M. E. Millet, architecte diocésain. Une nef et des transsepts avec tribunes, un chevet carré, des voûtes à nervures, des fenêtres en arc aigu, et des pignons à chacune des extrémités du monument, résument la disposition générale de cette petite église solidement construite en moëllons et en pierres de taille.

En remontant le faubourg à gauche, une chapelle, une réunion de bâtiments et des jardins, signalent le couvent de la Visitation.

Les visitandines ne s'établirent pas à Troyes sans résistance, car l'évêque René de Breslay ayant évité de consulter la municipalité, le maire et les échevins firent barrer le passage aux religieuses quand elles arrivèrent à l'une des portes de la ville. L'évêque, malgré ses explications, fut réduit à emmener les sœurs à son château de Saint-Lyé. Pour vaincre la résistance du corps de ville, il fallut prendre des moyens détournés et subordonner la vérification d'un octroi, qui intéressait beaucoup la municipalité, à l'admission des religieuses. Néanmoins, l'établissement définitif de la Visitation, ne put encore s'effectuer sans de nouvelles résistances. En 1633, seulement, la communauté put se fixer au faubourg Croncels. M. de la Femas, intendant de Champagne, posa la première pierre du couvent, au nom du roi. Les bâtiments ne furent achevés qu'en 1670. La chapelle ne se compose que d'une nef éclairée par des fenêtres en plein cintre ; elle possède une toiture émaillée dont les dessins sont à peu près complets.

Après avoir signalé la rue de l'Ecorcherie où étaient les abattoirs des bouchers autorisés momentanément à exercer à Croncels ; les fourches patibulaires de la Croix-du-Petit-Pavé, dans les terrains voisins du chemin de fer, arrivons à l'angle droit de la rue de la Mission. Il y avait là un établissement de missionnaires qui subsista de 1640 jusqu'à 1723, date de sa translation à Notre-Dame-en-l'Isle.

C'était le point de départ des anciens faux-fossés.

Un enclos de murs qui s'étend du pavé du faubourg jusqu'au canal projeté de la Haute-Seine, le long de la rue des Capucins, est tout ce qui reste du couvent des frères mineurs de Saint-François. Protégés par les Choiseul Praslain, les capucins s'établirent au faubourg de 1610 à 1612, et y restèrent jusqu'à la suppression des couvents. Ils rendirent de grands services pendant les épidémies, et contribuèrent à amoindrir le protestantisme. Leurs missions eurent beaucoup de succès, surtout celle de 1681 qui fut terminée par une procession et la plantation d'une croix à l'endroit encore nommé le Calvaire, près de la porte Saint-Jacques. Six cents filles ou femmes habillées en costumes monastiques, suivirent le cortège. La croix fut saluée par de bruyantes décharges de mousqueterie.

Une maison bourgeoise, au n° 126 du faubourg, a remplacé le couvent des Carmélites qu'il ne faut pas confondre avec celui de la ville son contemporain.

La reine Anne d'Autriche, pendant son séjour à Troyes, fit cesser la résistance que les officiers municipaux apportaient à l'établissement d'une seconde maison de Carmélites. Elle posa la première pierre du couvent le 15 avril 1630, entourée des grands personnages de la Cour. La fête fut brillante. Le roi avait envoyé sa musique pour solenniser la cérémonie. Il donna 400 livres et la tuile nécessaire aux nouveaux bâtiments.

De la chapelle bâtie en 1660, il ne reste plus vestige. La clôture conventuelle entamée par le passage du chemin de fer est en partie détruite. A l'extrémité du faubourg, à l'endroit où se trouve la grande fontaine qui alimente le fossé Freslois, on voit quelques vestiges de murs ; ce sont les derniers débris de la Chartreuse de Troyes.

En 1315, sur la paroisse de Saint-Jean-de-Bonneval, Pierre de Moussey et sa femme établirent une Chartreuse ; en 1332, sollicités par un chanoine de Saint-Etienne, les religieux voulurent quitter Saint-Jean-de-Bonneval, et consentirent à se fixer dans les terrains de la Prée, entre Viélaines et Rozières. Malgré l'insalubrité du lieu entouré de marais, les Chartreux ne le quittèrent qu'en 1626, pour venir au faubourg. Le monastère était considérable. Le cloître élevé sur un plan carré mesurait cent pas sur chaque face. Mais les bâtiments n'étaient complets que sur les côtés du midi et du levant, qui comptaient chacun vingt-quatre arcades. Chaque chartreux occupait une cellule isolée. L'église ne paraît pas avoir eu beaucoup d'importance, surtout au point de vue de l'art. L'évêque Le Bouthilier Chavigny fit une retraite chez les pères Chartreux en 1699. On allait en pèlerinage au couvent pendant le cours de juin de chaque année, pour vénérer les reliques de sainte Syre.

Les bâtiments des Chartreux, vendus lors de la Révolution, ont à peu près disparu.

Mentionnons l'entrée de Louis XIV par le faubourg Croncels en 1668 ; elle eut lieu aux flambeaux.

Un incendie détruisit, en 1686, plusieurs maisons près des Capucins.

FAUBOURG SAINTE-SAVINE.

Une circonstance de la vie de sainte Savine, jeune fille grecque qui s'était faite un des apôtres de la religion chrétienne dans les Gaules, donna naissance au village qui fut le noyau du faubourg.

La jeune fille arrivait aux environs de Troyes, en compagnie d'une amie qui la suivait depuis l'île de Samos son pays. Elle cherchait son frère Savinien qui l'avait devancée dans l'apostolat. Assises en vue de la ville, les deux jeunes filles demandèrent à un passant des nouvelles de Savinien.

Le passant répondit que l'apôtre était mort à Sainte-Syre martyrisé par les soldats de l'empereur Aurélien.

A cette nouvelle, Savine tomba foudroyée, et son âme ne tarda pas à rejoindre celle de son frère bien-aimé.

Sa compagne raconta alors à la foule assemblée les mérites et les vertus de Savine qu'on ensevelit à la place même où la fatale nouvelle l'avait frappée.

Ceci se passait à la fin du IIIe siècle.

Quatre cents ans s'écoulèrent, et le souvenir de la jeune fille, embelli par la légende, prit les proportions d'un culte. Ce fut alors que l'évêque de Troyes, Ragnégisile, fit élever une église à la mémoire de la sainte, et voulut qu'on plaçât son propre tombeau dans la chapelle qu'il avait construite. Autour de ce modeste monument vinrent se grouper des maisons qui formèrent un village. Le village grandissant s'étendit de tous côtés et forma le faubourg.

Plusieurs fois détruite et plusieurs fois réédifiée, l'église conserva toujours le tombeau et les ossements de Ragnégisile ; quant aux restes de la sainte, ils furent transférés à l'abbaye de Montier-la-Celle.

L'église de Sainte-Savine appartient dans son ensemble à la dernière période de l'ogive, et correspond au règne de Louis XII. Son ornementation et ses dispositions répètent à un degré inférieur les monuments religieux de la même époque qui existent à Troyes. Le portail principal est un motif corinthien du temps de Louis XIII, à deux arcades sous fronton cintré et découpé. Il y a des statues et des fragments de vitraux intéressants, un beau coffre sculpté des débuts de la Renaissance, et une châsse en bois du même temps qui couvre le tombeau de Ragnégisile ; ce tombeau plusieurs fois ouvert, consiste dans une de ces grandes auges de pierre qui caractérisent les monuments funéraires des temps carlovingiens. Quelques peintures sur bois du XVIe siècle sont à remarquer.

Les Baudrot, maçons, Paupelier et Fournier, menuisiers sculpteurs, Cordonnier, Pothido, Rudiger, Linard et Jean Gonthier, sont les principaux verriers qui décorèrent les fenêtres de l'église.

Nous avons noté les Faux-Fossés qui traversaient le faubourg derrière l'église. Disons en passant que les habitants devaient contribuer au curage des fossés de la ville entre Croncels et la Tour-Baleau, et à l'entretien des remparts.

Tout à l'extrémité du faubourg, en retraite sur la gauche, est une propriété entourée de canaux alimentés par la Vienne. C'est l'ancien emplacement du couvent des Bernardines de Notre-Dame-des-Prés fondé vers 1230.

La mère du pape Urbain IV s'était retirée dans ce monastère qui lui donna une honorable sépulture au milieu de son église. Ce fut à cette considération que les religieuses obtinrent du pape troyen, en 1264, une somme de cinq mille florins destinée à la reconstruction de l'église.

De grands travaux de réparation furent faits en 1630 par

l'abbesse Marie de la Chaussée. Lors de la suppression du couvent, il y avait encore vingt-cinq religieuses.

Les principaux événements à noter pendant les cinq siècles et plus que dura le monastère sont des émigrations temporaires motivées par les événements militaires. Ainsi, en 1590, les religieuses se réfugièrent dans les bâtiments du Saint-Esprit (Oratoire), pour se mettre à l'abri des suites de la guerre déclarée par la Ligue à Henri IV. Une toute autre cause détermina, en 1658, l'abandon partiel de Notre-Dame. Les nonnes étaient en pleine insurrection domestique. La plupart, « *à cause de leur mauvais ménage et mésintelligence,* » dit un document contemporain, obtinrent la permission de se retirer pour trois ans au prieuré de Saint-Quentin, rue de Molême. A cette époque la règle cistercienne avait singulièrement fléchi. Notre-Dame-des-Prés était devenu célèbre par l'hospitalité savoureuse qu'y recevaient les amis de la communauté. La correspondance du XVIIe siècle, qui existe aux Archives, révèle des délicatesses culinaires et une recherche du bien-être fort appréciées des visiteurs. Les *conserves* et les *choux farcis* de Notre-Dame avaient une grande réputation. On ne se douterait pas en voyant maintenant les abords du couvent enveloppés de brumes au milieu de taillis et d'un réseau aquatique lentillé où pointent les roseaux et les glaïeuls, que l'*air* de Notre-Dame était fort prisé. Une religieuse dans une de ses lettres dit « *qu'une once d'air du préau vaut plus, pour le bien-être et la santé, qu'une livre de tout autre.* » Quand on a vu les transformations paysagistes des lieux déchus, on peut croire à la sincérité de l'éloge. Du reste, quand il fait beau depuis longtemps, les chemins de Chicherey et de la Rivière-de-Corps avec leurs herbes vertes, avec les massifs et les canaux qui y entretiennent l'ombre et la fraîcheur, forment une promenade qui a son prix.

FAUBOURG SAINT-MARTIN.

Il n'y a pas quarante ans, Saint-Martin, qui forme une dépendance considérable de la ville, était un village habité surtout par des vignerons et des jardiniers.

Mais peu à peu la salubrité de l'air, le bon marché — nous ne disons pas la qualité des terrains, — le voisinage du Quartier-Haut, et la franchise dont jouissaient les objets de consommation libres de toutes taxes d'octroi, attirèrent les habitants désireux de jouir des avantages de la ville, et de se soustraire à ses inconvénients et à ses charges. La chaussée déserte du tour de ville et les ruelles où s'espaçaient quelques pauvres chaumières, se couvrirent en peu de temps de maisons dont le nombre s'accrut en proportion des facilités d'accès que la ville offrit au voisinage, d'abord par des percements, ensuite par les démolitions successives de l'enceinte militaire. Saint-Martin devint ainsi une véritable petite cité bourgeoise qui comptait, en 1847, de 3 à 4,000 habitants. Une première tentative afin d'annexion de la commune à la ville ayant échoué, le Conseil municipal de Troyes en fit une seconde en 1854, et en 1855 il obtint gain de cause.

Les monuments historiques du faubourg Saint-Martin étaient l'ancienne chapelle de Sainte-Jule, dans la rue de ce nom, le couvent des Antonins, et l'église placée sous le vocable de Saint-Martin.

La chapelle de Sainte-Jule avait remplacé l'église primitive de la commune, que le comte de Saint-Pol avait fait démolir en 1790 pour en employer les matériaux à la construction du fort Chevreuse. A son tour, ce petit monument fut détruit en 1833. Il n'avait d'autre intérêt que celui de préciser l'emplacement où la sainte avait souffert le martyre.

Mais l'église, si brutalement renversée par le comte de Saint-Pol, devait avoir une valeur artistique et historique de quelque importance. L'évènement nous réduit à de simples conjectures.

L'église actuelle, destinée à remplacer celle que la guerre avait fait détruire, fut entreprise vers 1591. Son ensemble fut terminé assez rapidement.

L'édifice se compose d'une nef principale et de basses-nefs qui la contournent derrière le chœur.

A la grande nef sont des fenêtres en ogives très-élargies, avec meneaux carrés disposés en arcatures à deux rangs séparés par une frise de cercles et d'ovales. A l'appui, un motif de galerie en cercles entrelacés.

A la grande voûte s'inscrivent des nervures en croisées d'ogives avec liernes et tiercerons, rosaces et clefs pendantes.

Aux basses-nefs, les fenêtres sont en plein-cintre, les nervures n'ont que deux branches.

Les piliers n'ont pas de chapiteaux ; ils sont décorés de corniches d'un maigre profil.

Huit travées se succèdent du portail au fond du sanctuaire. Elles sont en arc ogivé jusqu'aux transsepts ; en plein cintre au chœur. Il n'y a pas de portes aux transsepts ; on y trouve de grandes fenêtres qui rappellent celles de Saint-Nizier. Le fenêtrage au-delà de la grande nef offre quelques variantes dans la disposition des meneaux.

Il y a de beaux vitraux à Saint-Martin, mais on a surfait le mérite du plus grand nombre ; quelques-uns sont même d'une exécution assez grossière. En revanche, à la deuxième chapelle du côté nord et à la première chapelle sud du chœur, il y a deux verrières qu'on peut hardiment attribuer à l'école de Linard Gonthier, car on y retrouve toutes les qualités du maître. La première (celle de la deuxième chapelle nord), où figure l'*Histoire d'Abraham et de Jacob*, surmonte une famille de donateurs peinte avec un talent et une finesse incomparables. *La légende de sainte Anne et l'Enfance de la Vierge* (première chapelle sud du chœur) se recommande par un dessin résolu, une composition magistrale et de très-beaux détails.

On attribue à un certain Jean Blondel la plupart des verrières autres que celles dont nous parlons. On ne saurait garantir cette tradition, car dans aucune nomenclature des verriers anciens on ne rencontre ce nom.

A la petite porte latérale sud, datée de 1610, on trouve l'encadrement si connu : un fronton échancré sur colonnes.

Le portail de l'église est un calque corinthien de la composition d'un chanoine de la cathédrale, du nom de Maillet. Il date de 1681.

A côté de l'église de Saint-Martin est l'ancien couvent des Antonins. Ces hospitaliers, établis d'abord vers le milieu du XIIIe siècle dans la rue des Bûchettes, ou au moins dans le Clos de la Madeleine, se fixèrent ensuite, vers 1341, dans la rue de Saint-Abraham, nom qui s'appliquait aussi bien à la grande rue de Saint-Martin qu'à celle de la *Rouarie,* auparavant de Provins, puis successivement de Saint-Abraham, des Filles, et de Jaillant-Deschainets.

En 1590 leur église fut démolie en même temps que celle de la paroisse et la chapelle des Trinitaires de Preize, pour fournir des pierres au boulevard de Chevreuse. A la suite de cet évènement, ils se retirèrent sur le territoire de Saint-Martin, dans la justice de Saint-Jean-Châtel. Ils y restèrent jusqu'en 1777, date de leur réunion à l'Ordre de Malte, et furent remplacés par les Ursulines, acquéreurs de la maison, en 1780. Les bâtiments actuels sont affectés au Petit-Séminaire. Le corps de-logis principal remonte au commencement du XVIIe siècle. Les fenêtres et les portes à bossages rappellent l'architecture du temps de Louis XIII.

En 1845, le clergé du diocèse fit un appel à la générosité des fidèles pour élever une chapelle. De 1846 à 1848, un monument ogival à une seule nef, flanqué d'éperons, percé de grandes fenêtres, voûté en pierre et décoré de colonnettes, fut élevé sur les dessins de M. Boucher, architecte du département. Le peu d'épaisseur des murs, la mauvaise qualité des matériaux et la poussée des voûtes ont amené la ruine de la construction vers la fin de 1859. La chapelle est interdite. L'interdiction est un acheminement à une démolition.

Dès l'an 1100, les abbés de Montiéramey avaient les droits de haute, moyenne et basse justices à Saint-Martin. C'était un don de Hugues Ier, comte de Champagne. On a vu que le martyre de sainte Jule s'accomplit sur le territoire de la commune. Rappelons qu'à l'angle droit du faubourg Saint-Martin s'étendaient dans le sens du mail de la Madeleine la maison, l'église, et le cimetière de Saint-Abraham, hôpital de pélerins fondé en 1178 par le comte Henri-le-Libéral. L'établissement fut détruit pendant la guerre anglaise du XIVe siècle, et transféré en ville, rue de la Rouarie, en 1488. Les faux fossés traversaient le faubourg à la hauteur de la rue des Fossés-Patris et de la rue Derne. On rencontre encore le tronçon abandonné de la ligne de fer de Montereau, depuis la petite rue Sainte-Jule jusqu'à la rue Carrée et au-delà.

FAUBOURG DE PREIZE.

Cette partie de la banlieue de Troyes a subi des transformations nombreuses. Le sol a été littéralement bouleversé. Pendant longtemps le marais de Preize ne fut traversé que par la voie romaine de Troyes à Beauvais, qui touchait la rue du Puits-Sainte-Jule, le Marché-Rupt et Pouilly, pour prendre la direction de Ponts-sur-Seine.

Sous les comtes de Champagne, en dehors et dans le voisinage de la porte de Comporté (Preize), s'établit la première maison conventuelle des Cordeliers (1237).

Aux Cordeliers succédèrent, en 1260, les Trinitaires ou Mathurins, dont l'église fut détruite par le comte de Saint-Pol, dans cette célèbre année 1590, où la Ligue fit un dernier effort pour repousser Henri IV. Abandonnée par les religieux, puis démolie, la maison fut remplacée par une petite chapelle dédiée à la Trinité, et qui subsista jusqu'à la Révolution.

Au quatorzième siècle, les faux fossés de la ville de Troyes passaient au-dessous du couvent des Trinitaires, et venaient rejoindre les fossés d'enceinte de la ville, du côté de la prise d'eau qui fait face à l'entrée de Nervaux.

Lorsque le canal de la Haute-Seine fut entrepris en 1808, tout le revers droit du faubourg de Preize se trouva encaissé par l'exhaussement des banquettes du canal, qui amenèrent la suppression des rigoles secondaires alimentées par la Seine et les ruisseaux qui sillonnent les bas-fonds de l'ancien marais. Le chemin de fer, en obligeant à élever des remblais sur le côté gauche du faubourg, changea également les conditions topographiques des terrains compris entre Preize et Saint-Martin. La démolition des remparts, le canal et le chemin de fer ont eu la meilleure influence sur les environs de Preize. De grandes maisons, des ateliers, des jardins, sont venus entrecouper les habitations des jardiniers qui n'en ont pas moins amélioré et agrandi les cultures maraîchères qui prospèrent de ce côté de la banlieue, jusqu'au fond de la section des Tauxelles. Comme les sentiers de Chicherey et de la Rivière-de-Corps, les chemins verdoyants des Tauxelles et des environs de Preize offrent beaucoup de charme et de fraîcheur, seulement il faut choisir son temps et ne pas s'y risquer avant les chaleurs de l'été.

Longtemps le faubourg de Preize eut le privilège peu enviable de réunir les guinguettes les plus fréquentées et les plus bruyantes du tour de ville. Les franchises d'octroi avaient eu la propriété de multiplier les bouchons. Tous les lundis, les buveurs foisonnaient entre le mail et la *Souricière,* établissement suffisamment qualifié par sa désignation. On sait, de reste, ce que sont les scènes de cabaret et leurs suites. Bien longtemps Preize fut à ce régime. L'amélioration du quartier, et surtout celle des mœurs, ont fait disparaître la plupart des enseignes du faubourg, bien avant l'application des tarifs d'octroi aux spiritueux. Une fabrique de bonneterie circulaire a remplacé au commencement du faubourg une filature de coton qui avait, elle-même, été précédée par un établissement du même genre.

Le pont de la Coulommière, qui traverse le canal depuis son achèvement, a remplacé un autre pont dont les pieux, entamés par la hache, et le tablier troué par le feu, restaient comme un souvenir des désastres de l'Invasion de 1814. Le brave général Gautherin s'était retiré au faubourg de Preize, dans une modeste maison où il resta jusqu'à la fin de sa longue et honorable carrière.

FAUBOURG SAINT-JACQUES.

De même que les autres faubourgs, Saint-Jacques commença par être un petit village. Les maisons furent longtemps tenues à distance de la ville, au-delà de la rue aux Moines, qui conduit aux prairies de Pont-Sainte-Marie. Cependant, les Fallets, qui bordent la chaussée du mail et s'enfoncent du côté de la prairie, ont été certainement le siège d'un ou de plusieurs établissements gallo-romains, car depuis longtemps on découvre des débris de céramique, d'ustensiles, et d'objets de cette lointaine période. La voie romaine d'Agrippa, après avoir abouti à Troyes par les terrains de Saint-André, partait par Saint-Jacques pour se prolonger vers Châlons-sur-Marne.

Très-anciennement, à la bifurcation des routes d'Arcis et de Bar-sur-Aube, s'élevait le prieuré de Saint-Jacques, qui, dès le XIe siècle, possédait les droits seigneuriaux sur le bourg. En 1593, après la démolition de l'église des Mathurins, de Preize, et les dommages essuyés par le couvent, les religieux de Saint-Jacques s'unirent aux Mathurins qui se fixèrent définitivement au prieuré.

On sait que les Trinitaires avaient pour mission le rachat des chrétiens faits prisonniers par les mahométans. Troyes vit plusieurs fois des processions de captifs libérés par les soins et le dévoûment des religieux du faubourg. La solennité qui s'accomplit le 18 octobre 1667 produisit une vive impression. Les prisonniers étaient accompagnés chacun de deux enfants habillés en anges, et tenant des chaînes. A la fin du XVIIe siècle, les bâtiments conventuels furent restaurés. L'ancienne église, refaite à la même époque, fut remplacée, moins d'un siècle après, par un nouvel édifice qui a été démoli après la Révolution. Une filature de laine s'établit au commencement de ce siècle dans les bâtiments de Saint-Jacques. Après des vicissitudes diverses, l'ancien couvent des Mathurins a été transformé, en 1857, en usine à sparterie, à la suite de l'incendie qui, en avril de la même année, avait réduit en cendres l'atelier alors établi aux moulins de Chaillouet.

Le couvent des Carmélites, voisin des anciens Mathurins, a renoué les traditions de l'Ordre, interrompues par la première révolution. D'abord réfugiées dans une maison de la rue du Vert-Galant, n° 18, elles allèrent ensuite rue du Grand-Cloître-Saint-Pierre, n° 28, puis elles finirent par occuper la vaste propriété qu'elles possèdent entre le faubourg et la fontaine de la Vacherie.

En 1855, le 28 mai, on posa la première pierre de la chapelle neuve élevée sur les plans de M. Rozaire fils. Ce petit édifice, de dispositions pittoresques et d'aspect moitié religieux, moitié militaire, est une imitation libre de l'architecture du XIVe siècle. L'intérieur en est richement peint, doré et meublé. Au-dessus de l'autel est une vierge de M. L. Duveau, artiste de talent, qui a donné aux Carmélites une preuve de son habileté. En 1857, le chapitre et les bâtiments neufs du couvent ont été complètement terminés.

L'école normale primaire, une brasserie importante, des chantiers de bois et des étendoirs de tanneur, se trouvent dans le faubourg Saint-Jacques.

ENVIRONS DE TROYES.

SAINT-JULIEN. — ROZIÈRES. — VILLEMEREUIL. — SAINT-ANDRÉ. — PONT-SAINTE-MARIE. — BARBEREY-SAINT-SULPICE.

Si le voisinage de Troyes péche par l'absence du pittoresque, si la vue y est bornée faute de variété, de mouvement et de relief dans le plan des surfaces, néanmoins on ne saurait contester d'autres mérites : la fraîcheur, l'ombre, une végétation brillante, pleine des oppositions que fournissent l'industrie appliquée à la culture, et la riche variété des plantations qui l'enveloppent. Toutes les grandes lignes aquatiques de la banlieue circulent entre des files de peupliers à projections vigoureuses. Quand s'interrompent ces vertes colonnades, les saules, avec leur branchage éploré, les frênes aux cîmes touffues et aux feuilles lancéolées, le noisetier qui se masse en taillis, pêle-mêle avec l'aunelle, servent de bordure aux eaux courantes. Les rives des canaux n'ont pas la nudité des berges que côtoient les mariniers dans les pays de navigation. Les ronces, les graverais, les néfliers, le sureau, la vigne vierge, toutes les pousses d'aventure parmi lesquelles se faufilent la véronique, l'épine noire, et les sauvageons florifères semés par le vent, égaient les marges du labyrinthe que décrivent les dérivations. Allez à travers les haies fleuries des Tauxelles, dans les taillis de Fouchy, le long des chaussées du Vouldy et des Blanchisseurs ; engagez-vous dans les sentiers capricieux qui serpentent à travers la Vacherie, les abords de Saint-André, dans les prolongements de Chicherey et de la Rivière-de-Corps, partout vous trouverez l'eau et la verdure combinées avec une multiplicité d'aspects inimaginable.

Ici se montrent des chaumières avec les expansions moussues, les lichens et les joubarbes qui décorent les toits de chaume ; plus loin, la tuile rouge regarde à travers les éclaircies bocagères ; de ce côté ce sont des chemins creux bordés de lilas et des éminences devant lesquelles s'allongent des prairies d'un vert qui rappelle les herbages normands. Partout c'est un luxe d'arbres fruitiers qui donne à l'œil et à l'odorat l'illusion d'une neige odorante pendant la floraison printannière.

Si vous voulez voir combinés l'industrie et le paysage, dirigez-vous vers le Vouldy, où naguère les comtes de Champagne avaient un palais d'été, où Louis XIII pêcha dans les réservoirs du baron du Vouldy, au milieu des glaces cassées. Vous verrez, en passant, fumer les usines des teinturiers et des apprêteurs. Les bruissements des vannages vous signaleront la filature de la Pielle, et plus loin les usines jumelles de la Rave et de Notre-Dame. En passant, vous pourrez jeter un coup-d'œil sur les vastes plantations de pépinière et les parterres du Vouldy.

Sur la chaussée des Blanchisseurs, autre aspect. Des prairies tendues de toiles blanches, de longs séchoirs clos en persiennes, rappellent ces fameuses blanchisseries du moyen-âge qui mettaient à contribution les fabriques flamandes et hollandaises. Le moulin de Paresse, avec son nom épigrammatique, ne traduit pas seulement l'inaction involontaire à laquelle les règlements d'eau ont condamné ses roues, il fait souvenir d'une redoutable fabrication, celle de la poudre à canon.

Plus haut se trouvent sur la même ligne, Pétal et la papeterie Le Roy.

Le moulin de Pétal, anciennement de Pétau, puis de Pestail, enfin, Pétal est aussi ancien que le canal des Trévois. La meunerie, la papeterie et la fabrication du tan et de la poudre s'y sont succédé. Plusieurs fois ce moulin a été incendié.

Il existe à côté une fabrique de carton créée depuis quelques années, et qui s'est transformée en papeterie.

La papeterie Le Roy porte ce nom depuis la fin du XIIIe siècle. Dans le principe, on la confondait avec l'usine située au-dessus, sous le nom collectif de moulins de la Moline.

Fabrique de papier depuis l'origine de la papeterie troyenne, le moulin Le Roy est le dernier et l'unique établissement qui rappelle l'ancienne et si considérable fabrication dont les Le Bé étaient les chefs. Mais, grâce aux procédés modernes, la production de cette seule usine équivaut à celle de plusieurs des anciennes papeteries. Ceux qui veulent assister à un des plus intéressants spectacles que puisse offrir l'industrie, doivent visiter l'établissement. L'informe chiffon devient en quelques minutes la feuille de papier sur laquelle on écrit ou l'on imprime.

Le moulin de la Moline, le premier de tous ceux qui se succèdent sur les canaux créés par les comtes de Champagne, devint une filature de coton en 1820. Il avait, antérieurement, prêté une partie de sa force motrice à la chamoiserie et à la fabrication des huiles.

Le chemin de Croncels cotoie la riche pépinière de la famille Baltet, et révèle des merveilles d'arboriculture dont la Belgique et la Hollande se rendent souvent tributaires.

Aimez-vous l'industrie? on en a mis partout. Aux Hauts-Clos prospèrent de riches collections de volatiles, une fabrique de noirs de raffinerie et d'engrais. Dans toutes les profondeurs ombreuses de Saint-André, peuplées de rossignols et de fauvettes, la culture domestique dispute la place aux lilas, à l'aubépine, au fusain et à l'aulnelle.

Du côté de Chaillouet, les filatures pilotées au milieu des eaux, n'ont pas, tant s'en faut, banni la verdure. Un peu plus bas, Saint-Quentin, ancienne usine à laine et à coton, après avoir fait de blé farine, est revenue au culte du froment. Ce moulin n'est qu'une éclaircie au milieu des peupliers, des frênes et des marsaults.

Il n'est pas sans intérêt de faire remarquer que deux des quatre usines de Chaillouet, nommées les *moulins brûlés* depuis la guerre anglaise, pendant laquelle ils furent détruits, ont été consacrées à la fabrication du papier dès son introduction à Troyes. Aujourd'hui la filature du coton utilise la force motrice que se partageaient précédemment la meunerie, le lainage et le tan.

Au-dessous, mais sur une section particulière du bras de la Seine, qui réunit tout le volume des eaux distribuées en amont, tournent les roues du moulin de Saint-Quentin. Son nom lui vient de ses premiers propriétaires, les religieux du prieuré de la rue de Molême, qui gardèrent l'usine jusqu'à la Révolution.

D'abord moulin à blé, puis successivement utilisé par la draperie, la filature de coton, Saint-Quentin fit retour à la farine tout en devenant une vermicellerie. Aujourd'hui on y pratique exclusivement la grande mouture.

Sans plus insister sur des agréments rustiques qui n'ont pas besoin de description, signalons les localités extérieures qui se recommandent à des titres particuliers.

Saint-Julien.

Ce village est le rendez-vous des promeneurs qui mettent la matelotte de moitié dans leurs plans de campagne. Une partie de bateau sur la Seine donne à la fois un plaisir aux yeux et un stimulant aux estomacs. L'église mérite une visite, le château des Cours, dont le parc s'ouvre périodiquement le jour de la fête patronale, devant la foule des promeneurs de Troyes, rappelle quelques noms entourés d'une certaine célébrité. Pendant la possession de M. Rémond des Cours, homme distingué par son intelligence et quelques travaux littéraires ; Fontenelle, Baluze, Sacy, Bouhours, etc., vinrent résider au château.

Le petit château de Saint-Julien fait vis-à-vis aux anciennes vannes tranchines remplacées par le grand déversoir. C'est le point de départ du magnifique travail hydraulique exécuté sous les comtes de Champagne. La rivière naturelle au-dessous de ce déversoir, ne s'alimente plus qu'au moyen des trop-pleins de la rivière factice qui vient distribuer la Seine à Troyes. Cette circonstance lui a valu le nom de *Bâtarde*.

Dans la propriété de la Bueric, qui borde la rivière près du déversoir, est un peuplier blanc, de Hollande, qui a pris des proportions gigantesques. Il mesure de circonférence au niveau du sol 12 mètres 40 centimètres. Le volume de sa cîme donne 78 mètres de développement circulaire ; sa hauteur totale dépasse 42 mètres. C'est le plus remarquable des peupliers connus. On ne peut mettre en comparaison que le peuplier du jardin botanique de Dijon.

CHATEAU DE ROZIÈRES.

A une courte distance de Saint-Julien, et à l'extrémité d'une avenue plantée qui aboutit à la route de Croncels, on trouve le château de Rozières.

C'est le rendez-vous de la ville de Troyes, le jour de la fête patronale de sainte Madeleine. « Rozières n'a pas seulement les plus belles pelouses, les allées les mieux sablées, et le parc le plus habilement planté de tous les châteaux du voisinage; il a encore un parterre digne de son nom, de beaux canaux encadrés de gazon, et au-dessus desquels le peuplier, le saule, le noisetier, le sycomore, rempart impénétrable aux rayons du soleil, secouent leurs têtes feuillues. Ajoutez des percées habilement ménagées sous les dômes de feuillage, des salles de verdure, des sentiers qui fuient et se jouent dans les réseaux du taillis, une allée d'ypréaux presque séculaires dont les cîmes gigantesques font l'étonnement des curieux, et vous aurez le côté champêtre de la résidence. »

Pas de journal, pas de chronique d'été qui n'ait dit sous une forme ou sous une autre ce que nous redisons ici.

Ce beau parc fut, dit-on, dessiné par Le Nôtre. En tout cas, il appartient à l'Ecole qui a discipliné la végétation des jardins de Versailles. Cependant, il ne faut pas conclure de Rozières à *Roses*, car ce serait donner une entorse à l'étymologie. Rozières n'a pas une origine si fleurie. Son nom vient tout uniment des roseaux qui hérissaient le territoire avant le défrichement des marais de Saint-Germain et de Viélaines. A force d'industrie, l'homme a triomphé des conditions paludéennes de la contrée. Les rigoles ont eu raison des flaques d'eau, le roseau a disparu ou tout au moins s'est exilé, et sur ce sol fertilisé se sont élevés le parc et les jardins qui sont l'honneur de la résidence. Le restaurateur du jardin français de Rozières est M. Arson, ancien maître de forges, qui a soustrait le domaine aux risques d'un morcellement qui eût achevé de compléter les dommages causés par l'industrie un moment en possession du château.

Un pavillon militaire de la Renaissance, un bâtiment de pierre du temps de Louis XV, et un grand corps-de-logis en bois, du xvi° siècle, le tout beaucoup mieux aménagé à l'intérieur que remarquable à l'extérieur, compose l'habitation. Aussi, et malgré un splendide salon, n'est-ce pas là que se trouve l'intérêt.

Autrefois le château était ceint de murailles crénelées, et

Saint-André. — Portail de l'Eglise.

pourvu de tout l'attirail militaire des places fortes. La seigneurie était tenue noblement en franc-alleu, avec les droits afférents aux trois justices féodales.

Parmi les anciens propriétaires figurent Pierre de Provins, maire de Troyes sous François Ier; Adrien de Potremol, trésorier extraordinaire des guerres; Pierre Guichon, trésorier-général des fortifications de France, et la famille Berthelin.

Tout près de Rozières se trouve la Prée, où fut d'abord établie la Chartreuse de Troyes (1332). Vinrent ensuite les religieuses de Sainte-Scholastique, qui furent promptement dispersées.

Au village de Bréviandes, qu'on aperçoit à l'horizon de Rozières, était établie la Maladrerie-des-deux-Eaux, refuge des malheureux atteints de la lèpre, la plus hideuse et la plus terrible des maladies qui affligèrent l'espèce humaine pendant le moyen-âge. On voit encore l'emplacement de l'hôpital au confluent des deux bras du Triffoire qui arrose le village. Cet établissement subsista jusqu'au commencement du xviiie siècle, mais depuis long-temps il n'avait plus d'utilité.

Saint-André.

Non loin de Rozières, et très-près de Troyes, se trouve dans l'ancien marais de l'Isle-Germaine le village de Saint-André. Au milieu des taillis qui enveloppent le village, on peut voir encore les derniers vestiges de la célèbre abbaye de Montier-la-Celle, établie par saint Frobert au viie siècle. Malheureusement il ne reste plus rien du cloître et de l'église, monument du temps de Louis XII et de François Ier, qui n'avait pas moins de 66 mètres de long sur 33 mètres de largeur aux transsepts. La révolution en a fait une carrière. Les vitraux, les statues et le trésor qui constituaient une collection d'une grande valeur ont été dispersés ou détruits.

Plus heureuse, l'église de Saint-André a échappé aux conséquences des évènements si funestes à l'église conventuelle.

Construit économiquement, sans fenêtres à la grande nef, sans arcs-boutants, et d'une élévation médiocre, cet édifice n'en renferme pas moins quelques détails intéressants. La porte latérale (côté sud), combinée dans les conditions particulières à celles du commencement du xviᵉ siècle, si nombreuses à Troyes, se recommande par ses rinceaux, ses niches et son arrangement général. Toutefois, hâtons-nous de le dire, ce qui fait de l'église le but de tous ceux que l'art intéresse, est le portail principal.

Il date de 1549, et a été construit aux frais des habitants.

Il n'y a plus là le moindre vestige d'ornementation ogivale. La Renaissance règne souverainement dans l'ensemble aussi bien que dans les détails.

Deux ordres superposés que nous appellerons corinthien et composite, par analogie, constituent la disposition. Le corinthien est au rez-de-chaussée, le composite est à l'étage.

Deux portes en plein-cintre, et au-dessus deux fenêtres de même forme, s'ouvrent entre deux trumeaux qui occupent la droite et la gauche du portail. Un entablement sépare les deux ordres, et un fronton couronne le sommet de l'ensemble. Cinq colonnes cannelées et guirlandées, avec figurines sous l'astragale, bordent les trumeaux et les baies. Les archivoltes et les encadrements des niches, comme du reste, tous les accessoires d'ornement, appartiennent à l'horticulture : fruits, fleurs et légumes.

Dans les trumeaux de l'étage, au lieu de cartouches on a pratiqué des niches. Entre les deux fenêtres est la statue de saint André portant sa croix. Au lieu de meneaux, les fenêtres ont des impostes et des dormants sculptés. Une frise de modillons sert de départ aux rampants du fronton dont le tympan est décoré des armes de France entourées du collier de l'Ordre de Saint-Michel.

La Renaissance n'a rien produit de plus riche et de plus attrayant que ce portail, qui réunit tous les genres d'intérêt.

Pont-Sainte-Marie.

Les prairies de ce village, ont, comme les parcs de Rozières et des Cours, le privilège d'amener sur leurs gazons la plus grande partie de la population valide de Troyes, lorsque revient la fête de l'Assomption. Le paysage est plat, sans accidents, mais les prairies qui sont immenses, les lignes d'arbres prolongées de tous côtés, et la Seine, dont les eaux serpentent à travers prés et broussailles, suffisent pour attirer les promeneurs. L'habitude et certaines traditions culinaires entraînent ceux qui résistent au plaisir de danser ou de voir danser sur l'herbe.

Le Pont-Sainte-Marie est un ancien fief des chanoines de Saint-Etienne, qui passa plus tard aux marquis de Gallifet, dépossédés de leur seigneurie en 1792. Le chapitre avait donné au Pont-Sainte-Marie divers avantages qui amenèrent plusieurs gens de métier sur son territoire. Victime prédestinée des guerres du moyen-âge, comme les autres villages de la banlieue, Pont eut beaucoup à souffrir de l'Invasion de 1814. L'incendie laissa peu de maisons sur pied. Il n'y paraît plus aujourd'hui.

Ce qui donne au Pont-Sainte-Marie un attrait de tous les temps, c'est son église, ou mieux, le grand et le petit portail qui la décorent.

Rien à signaler à l'intérieur, qui rappelle Saint-André et Sainte-Savine.

Quant à la porte méridionale, elle semble un dernier effort de l'art ogival à son déclin ; elle vaut les plus jolies que possèdent les églises de Troyes.

Le grand portail pratiqué sous les trois pignons qui terminent les nefs au dehors, place sous les yeux comme pour un concours, trois motifs du commencement du XVIe siècle. Celui du centre, sans mélange de nouveau style, est entièrement ogival ; celui de gauche marque la transition qui est accomplie à celui de droite.

On connaît la donnée si souvent reproduite et variée de tant de façons, lorsque survint la Renaissance. Pilastres appliqués, voussure ogivale, double baie surbaissée, tympan rempli de niches, le tout fleuri et festonné de ciselures ; en quelques mots, telle est la grande porte centrale. Celle de gauche a retenu l'ogive au tympan, mais sur l'ogive plane le fronton, et dans la fenêtre les meneaux s'alignent en arcades. Quant à la porte qui sert de base à l'arrangement, elle s'encadre entre des colonnes corinthiennes portant entablement. L'ouverture de droite a tout-à-fait abandonné les formes ogivales. Sur le rez-de-chaussée disposé comme celui de la porte gauche, s'arrondit une fenêtre à cintre surbaissé avec meneaux géminés, niches à dôme, voussures garnies de têtes de chérubins. Un entablement supérieur domine tout le motif.

Tout près de Saint-Parres, village voisin de Saint-Jacques, on voit encore les vestiges du prieuré de Foicy. C'était, dans l'origine, une riche et puissante abbaye. Il ne reste plus rien des anciennes constructions. La maison prieurale n'a pas d'intérêt.

BARBEREY. — SAINT-LYÉ. — VILLEMEREUIL. — MOUSSEY. SAINTE-MAURE. — VERMOISE.

Si maintenant on veut élargir le cercle de l'excursion, on peut pousser en toute assurance vers Barberey-Saint-Sulpice et Villemereuil, avec certitude de ne perdre ni son temps, ni sa peine. Moussey, qu'on traverse en gagnant Villemereuil, Sainte-Maure, et Vermoise son voisin, offrent aussi plus d'un attrait à l'excursionniste.

Le château de Barberey est une de ces habitations moitié brique et moitié pierre qui ont été en faveur depuis Henri III jusqu'à Louis XIII. Le château de Barberey n'a pas les formes alourdies qui sont comme le préambule de l'architecture du temps de Louis XIV. Il est svelte et élancé ainsi que les pavillons de la bonne période de la Renaissance. C'est un corps-de-logis avec des ailes sur chaque face, mais doublées du côté du jardin. S'il fallait un peu d'histoire pour rehausser la valeur de cet élégant châtelet, nous dirions qu'il a appartenu aux Choiseul, aux Mairat, membres d'une ancienne et grande famille de Troyes, et qu'il remonte de reconstruction en démolition à une forteresse féodale du xiiie siècle où les habitants du voisinage venaient se réfugier à la première alerte.

Entre la Chapelle-Saint-Luc et Barberey, se trouve une filature de bourre de soie construite en 1845. Le moulin auquel elle a succédé fut brûlé pendant l'invasion de 1814. Avant la révolution de 1792, le couvent de Foicy était propriétaire de la chute d'eau et de ses dépendances. La papeterie, la draperie et la mouture des grains, selon les vicissitudes de l'industrie, s'établirent au moulin du monastère. De la possession plus de sept fois séculaire de l'abbaye, il est resté un nom. *Fouchy*, comme on désigne la filature et les environs, est une modification de Foicy.

A une courte distance de Barberey est un gros village cotoyé par la Seine; c'est Saint-Lyé, célèbre par un monastère fondé par saint Romain, au vi^e siècle, et placé sous le vocable qui a donné son nom au village.

Le couvent fut détruit, et à sa place s'éleva un château qui dépendait du domaine royal. Le château et ses dépendances rurales furent donnés, par le roi Louis VII, à l'évêché de Troyes.

Dans les chroniques municipales et ecclésiastiques on voit souvent revenir le nom de saint Lyé. Les évêques avaient fait du château leur résidence d'été. Plusieurs grands personnages s'y arrêtèrent ou y séjournèrent. Un mariage royal s'accomplit à la chapelle épiscopale du château. Louis X (le Hutin), y épousa la fille du roi Martel de Hongrie, en 1315.

Il existe encore à Saint-Lyé, une partie des bâtiments moitié civils, moitié militaires, qui appartenaient aux évêques de Troyes.

Quant à Sainte-Maure, tout est dans le paysage et dans l'église. Le château est une grande maison à l'italienne, devant laquelle un Atlas gigantesque, attribué à Girardon, porte le monde. L'église, monument de grandes proportions, construit au   siècle, possède un tombeau qui passe pour avoir renfermé le corps de la patrone.

A Vermoise est un débris authentique de l'architecture militaire du commencement du XVI⁰ siècle. C'est un pavillon à fenêtres carrées, coupées par des meneaux rectangles. Des tours en poivrière flanquent le bâtiment. Ce vestige est d'une tournure qui dénonce un souci de défense. On ne trouve plus assez d'échantillons d'anciennes constructions militaires pour négliger le pavillon de Vermoise.

Villemereuil et Moussey ont aussi chacun son attrait particulier. A Moussey est une petite église romane dont le porche complet du XII⁰ siècle est une rareté ; à Villemereuil, ancienne seigneurie des Molé, se montre un joli château auquel on donnerait un passeport de la Renaissance, si l'on ne savait qu'il a été construit au commencement du règne de Louis XV. Il est vrai que l'architecte a copié un fragment du château d'Estissac, appartenant jadis à la famille Séguier. C'est un corps-de-logis avec pavillons carrés engagés dans les angles sur chaque façade. La brique et la pierre y alternent.

Notre excursion s'arrête ici. En la prolongeant, nous excéderions les limites que nous nous sommes tracées, car ce ne sont pas les sujets qui manquent. Le Paraclet, d'Abailard et d'Héloïse, l'abbaye de Clairvaux, où malgré la présence des détenus qui ont remplacé les moines, plane toujours la grande ombre de saint Bernard ; Brienne-le-Château, inséparable de l'enfance de Napoléon I⁰ʳ, et quelques autres endroits non moins célèbres, n'ont pas besoin d'être recommandés à ceux qui peuvent les visiter.

TABLE DES MATIÈRES.

A.

B.

C.

D.